高等职业教育教材

运输经济法规

（第二版）

陈　斌　主　编

刘建锋　主　审

中国铁道出版社有限公司

2023年·北京

内 容 简 介

本书以铁路运输基础法律规范、合同法律制度为支撑,以铁路运输密切相关的现行法律、法规和司法解释为核心,结合铁路货物、行李和旅客运输实务,重点阐述铁路运输法律规范的规定和应用,主要内容包括铁路运输基础法律规范,合同法律制度,铁路运输合同,铁路运输行政管理,铁路货物、行李损失法律责任,铁路旅客人身伤害违约责任与保险责任,铁路运输人身损害侵权责任和铁路运输民事纠纷处理。

本书可作为高职铁道交通运营管理专业和城市轨道交通运营管理专业、中职铁路运输管理专业教材,也可供从事铁路运输和城市轨道交通相关运营、管理、技术、业务和培训工作的干部职工学习参考。

图书在版编目(CIP)数据

运输经济法规/陈斌主编 . —2 版 . —北京:中国铁道出版社,2017.9(2023.2 重印)

高等职业教育教材

ISBN 978-7-113-22986-3

Ⅰ.①运… Ⅱ.①陈… Ⅲ.①铁路运输—运输经济—法规—中国—高等职业教育—教材 Ⅳ.①D922.296

中国版本图书馆 CIP 数据核字(2017)第 075555 号

书　　名:**运输经济法规**

作　　者:陈 斌

责任编辑:金 锋 悦 彩　　　编辑部电话:(010)51873206　　　电子邮箱:sxyuecai@163.com

封面设计:陈东山

责任校对:赵 瑷

责任印制:樊启鹏

出版发行:中国铁道出版社有限公司 (100054,北京市西城区右安门西街 8 号)

网　　址:http://www.tdpress.com

印　　刷:三河市宏盛印务有限公司

版　　次:2008 年 8 月第 1 版　　2017 年 9 月第 2 版　　2023 年 2 月第 8 次印刷

开　　本:787 mm×1 092 mm 1/16　印张:12.5　字数:345 千

书　　号:ISBN 978-7-113-22986-3

定　　价:36.00 元

重 印 说 明

　　《运输经济法规(第二版)》于 2017 年 9 月在我社出版。本次重印作者在第 7 次印刷的基础上做了以下修改：

　　1. 按照《中华人民共和国民法典》、《中国国家铁路集团有限公司铁路旅客运输规程》(中华人民共和国交通运输部令 2022 年第 37 号)、《中国国家铁路集团有限公司铁路旅客运输规程》、《铁路旅客车票实名制管理办法》(中华人民共和国交通运输部令 2022 年第 39 号)更新了相关内容。

　　2. 删除、修改了部分案例。

中国铁道出版社有限公司

2023 年 2 月

第二版前言

随着社会经济的改革与发展,与之相适应的各种民事法律、法规、司法解释也相继建立、更新和完善,本书在第一版教材的基础上,与时俱进,作相应的修订,以体现教材内容的先进性。随着铁路实行政企分离和运营模式的市场改革,管理机制和经营行为在法治的轨道上有了更深远的强化和推进,铁道交通运输行业的人才培养规格也必须适应铁道交通运输发展的要求,提高法律知识、法律运用能力和法律素养。

一、教材特点

(一)采用项目教学体例

以现行法律、法规、司法解释为依据,以铁路法律专题设立项目,结合铁路现场实际,分为各项典型工作任务编写,注重融入目前新近颁布、修订的法律、法规、规章和司法解释,体现教材对新知识的吸收和运用。

(二)重点突出、实用性强

突出铁路行业特色,以铁路运输密切相关的法律、法规、司法解释为核心,重点阐述铁路运输合同和铁路运输法律规范的知识、规定和应用。内容紧扣铁路货物、行李和旅客运输实务,力求学以致用。

(三)注重案例教学和能力培养

为便于教学、复习和自学,对法律重点、难点问题,以教学提示、教学案例的方式加深理解。为了促进法律运用能力的培养,在教材每一项目后均附有教学案例和以任务单形式下达的实训任务。

二、教学建议

教学中应以本教材为基础,及时跟踪和铁路运输相关的法律、法规、司法解释的新发展和规章、文电规定的新变化,不断更新和补充教学内容。

教学方法可灵活多样,针对不同的教学内容,应采取不同的教学方法和手段,侧重案例教学、模拟法庭教学、角色扮演教学,并辅之以多媒体教学、网络教学等信息化现代教学技术进行生动的视听教学。

三、编写分工

本教材由柳州铁道职业技术学院陈斌主编,陕西浩公律师事务所刘建锋律师主审。参加编写的有:陈斌(项目1～7、项目8的典型工作任务4),柳州铁道职业技术学院李新胤(项目8的典型工作任务1～3)。

教材的编写得到了铁路相关部门、铁道运输专业教学指导委员会和各铁道职业院校的大力支持,在此表示衷心感谢。

由于编者水平有限,教材难免有不足之处,恳请读者批评指正。

编　者
2017 年 2 月

第一版前言

本书由铁道部教材开发小组统一规划,为铁路职业教育规划教材。本书是根据铁路职业教育铁道运输专业教学计划"运输经济法规"课程教学大纲编写的,由铁路职业教育铁道运输专业教学指导委员会组织,并经铁路职业教育铁道运输专业教材编审组审定。

随着市场经济的发展,各种经济类法律、法规陆续出台并实施,法律、法规的调整对象已覆盖到社会经济活动的各个层面。铁路运输作为重要的经济活动,也必须在法律、法规的规范下展开。在市场经济条件下,加强铁路运输法律规范体系的构建和完善,普及并运用运输经济法律、法规,使运输物流市场有序化,运输经营行为规范化,显得更为迫切和重要。因此,铁道交通行业的人才培养规格也必须适应铁道运输发展的要求,增强法律知识、法律素养和法律运用能力。

本教材重点突出、实用性强,突出铁道行业和铁道专业特色,以经济法律关系、合同法律制度为基础,以与铁路运输密切相关的法律、法规、规章为主要内容,重点阐述铁路运输合同和铁路运输法律规范的理论、规定和应用。内容紧扣铁路运输实际,力求学以致用。

本教材以现行法律、法规、规章为依据,按专题分章编写,注重融入目前新近颁布、修订的法律、法规、规章,体现教材对新知识的吸收和运用。

为便于教学、复习和自学,每章后均附有复习思考题,书后还附有教学案例。

教学中应以本教材为基础,及时跟踪铁路运输的新发展和相关法律、法规、规章、文电规定的新变化,不断更新和补充教学内容。

教学方法可灵活多样,针对不同的教学内容,应采取不同的教学方法和手段,侧重启发式、案例式、研讨式教学,并辅之以多媒体课件、网络教学等现代化手段进行教学。

本教材由柳州运输职业技术学院陈斌主编,由陕西惠智律师事务所刘建锋律师主审。参加编写的有:石家庄铁路运输学校谷立存(第一章),陈斌(第二、三、四、五章)。

在编写过程中,得到了铁道部、南宁铁路局干部处、运输处及各兄弟院校的大力支持,在此表示衷心感谢。

由于编者水平有限,教材难免有不足之处,恳请读者批评指正。

编 者
2008 年 8 月

目　录

项目 1
铁路运输基础法律规范

项目描述

铁路运输基础法律规范,是学习铁路运输各项法律规范的基础知识与基本技能,主要内容包括铁路运输法律规范体系、民事法律规范、经济法律规范、经济法律关系,重点是法律规范的效力与适用原则,民事行为能力,民事代理与无效代理,民事责任,铁路法调整的法律关系,经济法律关系的构成要素,经济法律关系的产生、变更与消灭。

教学目标

(1)知识目标

了解铁路运输法律规范体系的构成、铁路法调整的法律关系,理解法律规范的效力与适用原则,经济法律关系的主体、客体与内容,掌握民事行为能力、民事代理与无效代理、民事责任的规定以及经济法律关系的发生、变更与消灭的依据。

(2)能力目标

确定铁路运输各项法律规范在铁路运输法律体系中所属的种类、地位和作用,剖析铁路运输经济法律关系的客体,判断铁路运输经济法律关系的产生、变更与消灭以及铁路客货运输中的无效代理。

(3)素质目标

深化和发展市场经济即法治经济的内涵与外延,以有法可依、有法必依的理念,分析和处理铁路客货运输中遇到的经济法律问题。

教学条件

铁路客货运输现场参观,多媒体设备及课件,铁路客货运法规汇编。

教学建议

教学重点是铁路运输法律规范体系的构成、民事行为能力、经济法律关系的构成要素。教学难点是经济法律关系的客体与无效代理。建议采用案例教学,并通过项目实训任务单的单项练习、综合练习及案例分析,培养铁路运输法律规范的运用能力。

工作任务

典型工作任务1　铁路运输法律规范体系

一、铁路运输法律规范的渊源

国家法律体系,以宪法为根本,以宪法相关法、民商法等多个法律部门的法律为主干,由法律、行政法规、地方性法规等多个层次的法律规范构成。

铁路运输法律规范的渊源,源自国家法律体系对铁路运输行业的法律规范。铁路运输法律规范体系,不仅包括铁路部门的法律规范,而且也包括所有适用于铁路运输的法律规范,特别是民商法、经济法、行政法、诉讼法、仲裁法等法律部门的法律规范。铁路运输法律规范是铁路运输各项法律规范的总称。

二、铁路运输法律规范体系的构成

依据立法的相关规定,铁路运输法律规范体系,主要由法律、行政法规、规章等多个层次的法律规范构成,国际条约与协定、司法解释也是重要的组成部分。

(一)法　　律

法律由全国人民代表大会及其常务委员会制定、补充和修改。铁路运输依据的法律主要有:

1.《中华人民共和国立法法》(简称《立法法》)。

2.《中华人民共和国铁路法》(简称《铁路法》)。

3.《中华人民共和国民法典》(简称《民法典》)。

4.《中华人民共和国保险法》(简称《保险法》)。

5.《中华人民共和国安全生产法》(简称《安全生产法》)。

6.《中华人民共和国传染病防治法》(简称《传染病防治法》)。

7.《中华人民共和国动物防疫法》(简称《动物防疫法》)。

8.《中华人民共和国进出境动植物检疫法》(简称《进出境动植物检疫法》)。

9.《中华人民共和国食品安全法》(简称《食品安全法》)。

10.《中华人民共和国治安管理处罚法》(简称《治安管理处罚法》)。

11.《中华人民共和国价格法》(简称《价格法》)。

12.《中华人民共和国仲裁法》(简称《仲裁法》)。

13.《中华人民共和国民事诉讼法》(简称《民事诉讼法》)。

【教学提示】　法律根据内容需要,可以分编、章、节、条、款、项、目。编、章、节、条的序号用中文数字依次表述,款不编序号,项的序号用中文数字加括号依次表述,目的序号用阿拉伯数字依次表述。

(二)行政法规

行政法规由国务院根据宪法和法律制定。铁路运输密切相关的行政法规主要有:

1.《铁路安全管理条例》。

2.《铁路交通事故应急救援和调查处理条例》。

3.《国内交通卫生检疫条例》。

4.《植物检疫条例》。

5.《进出境动植物检疫法实施条例》。

【教学提示】　国务院依照全国人大的授权或为执行法律的规定需要制定行政法规的事项,根据实际需要,以办法、条例或者实施细则等形式对部分事项制定行政法规。

（三）规　　章

规章由国务院各部委等具有行政管理职能的直属机构,根据法律和国务院的行政法规、决定、命令,在本部门的权限范围内制定。国家铁路主管部门颁布的规章主要有:

1.《铁路运输企业准入许可办法》。

2.《铁路旅客车票实名制管理办法》。

3.《铁路旅客运输安全检查管理办法》。

4.《铁路危险货物运输安全监督管理规定》。

5.《铁路旅客运输规程》(以下简称《客规》)。

6.《铁路货物运输规程》(以下简称《货规》)。

【教学提示】　国家铁路主管部门(交通运输部国家铁路局、国铁集团)颁布的规章,包括各种规程、规则、办法、细则和规定等。

（四）国际条约、协定

国际条约、协定是指国家批准、核准、加入的国际条约、双边或多边协定。我国铁路参加的铁路合作组织国际铁路多边协定主要有:

1.《国际旅客联运协定》(简称《客协》)。

2.《国际旅客联运协定办事细则》(简称《客协办事细则》)。

3.《国际铁路货物联运协定》(简称《货协》)。

4.《国际铁路货物联运协定办事细则》(简称《货协办事细则》)。

5.《国际铁路货物联运统一过境运价规程》(简称《统一货价》)。

（五）司法解释

司法解释是由最高人民法院等司法机关,依据全国人民代表大会常务委员会的授权,就法律、法规的适用所作的解释或说明。铁路运输密切相关的最高人民法院的司法解释主要有:

1.《关于审理铁路运输损害赔偿案件若干问题的解释》。

2.《关于审理人身损害赔偿案件适用法律若干问题的解释》。

3.《关于审理铁路运输人身损害赔偿纠纷案件适用法律若干问题的解释》。

4.《关于铁路运输法院案件管辖范围的若干规定》。

5.《关于适用〈中华人民共和国民法典〉总则编若干问题的解释》。

6.《关于适用〈中华人民共和国仲裁法〉若干问题的解释》。

7.《关于适用〈中华人民共和国民事诉讼法〉的解释》。

【教学提示】　依据全国人民代表大会常务委员会的决议,凡属于法院审判工作中具体应用法律、法令的问题,由最高人民法院进行解释。最高人民法院规定,最高人民法院制定并发布的司法解释,具有法律效力。

三、法律规范的效力与适用原则

《立法法》对法律、行政法规、规章等法律规范的效力与适用原则做了如下规定:

（一）上位法优于下位法

法律的效力高于行政法规、规章。行政法规的效力高于规章。

法律解释权属于全国人民代表大会常务委员会，法律解释同法律具有同等效力。

【教学提示】　上位法没有规定，则适用下位法的规定。例如，法律没有规定的，适用行政法规的规定，如《铁路法》中没有规定铁路旅客车票实行实名购买、查验制度，则适用法规《铁路安全管理条例》的规定。

铁路运输法律规范中大部分是铁路部门规章，而且还包含大量的技术规范，在很大程度上反映出行政、技术立法的特点，但是部门规章的法律效力层次低，适用范围较小，如果规章规定与法律、法规不一致，则适用法律、法规的规定。

（二）特别法优于一般法

同一机关制定的法律、行政法规、规章，特别规定与一般规定不一致的，适用特别规定；没有特别规定的适用一般规定。

【教学提示】　《铁路法》属于规范铁路行业的特别法，有明确规定的，即使与一般法《民法典》的规定不同，仍适用《铁路法》的规定。《铁路法》没有明确规定的，适用一般法的规定。例如铁路旅客、路外人员人身损害的赔偿数额，《铁路法》中没有明确规定，则适用一般法《民法典》及最高人民法院相关司法解释《关于审理铁路运输人身损害赔偿纠纷案件适用法律若干问题的解释》《关于审理人身损害赔偿案的司法解释》对人身损害赔偿数额的规定。

（三）新法优于旧法

同一机关制定的法律、行政法规、规章，新的规定与旧的规定不一致的，适用新的规定。

【教学提示】　新法优于旧法，也称后法优于先法。当新法和旧法对同一事项有不同规定时，在新法生效后，与新法规定相抵触的旧法规定自动废止不再适用。

（四）新法一般规定与旧法特别规定不一致须裁决

法律之间、法规之间、规章之间，对同一事项的新的一般规定与旧的特别规定不一致，分别由相应的全国人民代表大会常务委员会、国务院、制定机关裁决。

（五）法不溯及既往

法律、行政法规、规章不溯及既往，但为了更好地保护公民、法人和其他组织的权利和利益而做的特别规定除外。

典型工作任务 2　民事法律规范

一、民　　法

民法是调整平等主体的自然人、法人和非法人组织之间的人身关系和财产关系的法律规范的总称。

《民法典》是为了保护民事主体的合法权益，调整民事关系，维护社会和经济秩序，对民事活动中的共同性问题所作的法律规定，规定了民事活动的基本原则和一般性规则，在民法中起统率性、纲领性作用，是民法体系中调整民事法律关系最基本的法律。

二、民事法律关系

民法调整的民事法律关系，包括平等主体的自然人、法人和非法人组织之间的人身关系和财产关系。

民事主体在民事活动中的法律地位一律平等。

民事主体从事民事活动,应当遵循自愿、公平、诚信的原则,不得违反法律,不得违背公序良俗,应当有利于节约资源、保护生态环境。

处理民事纠纷,应当依照法律;法律没有规定的,可以适用习惯,但是不得违背公序良俗。

【教学提示】 自愿,即按照自己的意思设立、变更、终止民事法律关系;公平,即合理确定各方的权利和义务;诚信,即秉持诚实,恪守承诺。

公序良俗,即公共秩序与善良风俗。公序,即一般社会公共利益与公共秩序,包括国家利益、社会公共利益和社会经济秩序,也包括商业惯例。良俗,即一般道德观念或良好道德风尚,包括社会公德、商业道德和社会良好风尚,也包括民间习惯。

三、民事权益

民事主体的合法权益,包括人身权利、财产权利及其合法权利。

《民法典》规定,自然人享有生命权、身体权、健康权、姓名权、肖像权、名誉权、荣誉权、隐私权、婚姻自主权,法人、非法人组织享有名称权、名誉权、荣誉权。自然人依法享有继承权。民事主体依法享有物权、债权、知识产权、股权和其他投资性权利。

典型工作任务 3 民事行为能力

一、自然人的民事权利

自然人的民事权利能力一律平等。自然人从出生时起到死亡时止,具有民事权利能力,依法享有民事权利,承担民事义务。

十八周岁以上的自然人为成年人。不满十八周岁的自然人为未成年人。

【教学提示】 自然人是个人,包括公民、外国人及无国籍的人。

自然人的出生时间和死亡时间,以出生证明、死亡证明记载的时间为准;没有出生证明、死亡证明的,以户籍登记或者其他有效身份登记记载的时间为准。有其他证据足以推翻以上记载时间的,以该证据证明的时间为准。

自然人从事工商业经营,经依法登记,为个体工商户。农村集体经济组织的成员,依法取得农村土地承包经营权,从事家庭承包经营的,为农村承包经营户。

二、自然人的民事行为能力

自然人的民事行为能力,分为完全民事行为能力、限制民事行为能力和无民事行为能力。

(一)完全民事行为能力

年满十八周岁能完全辨认自己行为的成年人,为完全民事行为能力人,可以独立实施民事法律行为。

十六周岁以上的未成年人,以自己的劳动收入为主要生活来源的,视为完全民事行为能力人。

【教学提示】 16 周岁以上未满 18 周岁的未成年人,能够以自己的劳动取得收入,并能维持当地一般生活水平的,可以认定为以自己的劳动收入为主要生活来源的完全民事行为能力人。

(二)限制民事行为能力

八周岁以上能辨认自己行为的未成年人,为限制民事行为能力人,实施民事法律行为由其法定代理人代理或者经其法定代理人同意、追认,但是可以独立实施纯获利益的民事法律行为或者与其年龄、智力相适应的民事法律行为。

不能完全辨认自己行为的成年人,也为限制民事行为能力人,实施民事法律行为由其法定代理人代理或者经其法定代理人同意、追认,但是可以独立实施纯获利益的民事法律行为或者与其智力、精神健康状况相适应的民事法律行为。

【教学提示】 八周岁以上的未成年人实施的民事法律行为,是否与其年龄、智力状况相适应,可以从行为与本人民事活动相关联的程度、本人的智力能否理解其行为,并预见相应的行为后果,以及行为标的数额等方面认定。

不能完全辨认自己行为的成年人实施的民事法律行为,是否与其智力、精神健康状态相适应,可以从行为与本人民事活动相关联的程度,本人的智力、精神状态能否理解其行为,并预见相应的行为后果,以及行为标的数额等方面认定。

(三)无民事行为能力

不满八周岁的未成年人,不能辨认自己行为的八周岁以上的未成年人,不能辨认自己行为的成年人,均为无民事行为能力人,由其法定代理人代理实施民事法律行为。

【教学提示】 当事人是否患有精神病,人民法院应当根据司法精神病学鉴定或者参照医院的诊断、鉴定确认。在不具备诊断、鉴定条件的情况下,也可以参照群众公认的当事人的精神状态认定,但应以利害关系人没有异议为限。

精神病人(包括痴呆症人)如果没有判断能力和自我保护能力,不知其行为后果的,可以认定为不能辨认自己行为的人;对于比较复杂的事物或者比较重大的行为缺乏判断能力和自我保护能力,并且不能预见其行为后果的,可以认定为不能完全辨认自己行为的人。

三、法人与法定代表人

(一)法人及其分类

法人是具有民事权利能力和民事行为能力,依法独立享有民事权利和承担民事义务的组织。法人的民事权利能力和民事行为能力,从法人成立时产生,到法人终止时消灭。

法人应当依法成立,有自己的名称、组织机构、住所、财产或者经费。法人成立的具体条件和程序依照法律、行政法规的规定。设立法人,法律、行政法规规定须经有关机关批准的,依照其规定。

法人分为三类:营利法人、非营利法人、特别法人。

营利法人,是指以取得利润并分配给股东等出资人为目的成立的法人。营利法人包括有限责任公司、股份有限公司和其他企业法人等,如铁路局集团公司、地方铁路公司。

非营利法人,是指为公益目的或者其他非营利目的成立,不向出资人、设立人或者会员分配所取得利润的法人。非营利法人包括事业单位、社会团体、基金会、社会服务机构等,如学校、工会。

特别法人,是指机关法人、农村集体经济组织法人、城镇农村的合作经济组织法人、基层群众性自治组织法人,如市场监督管理局、人民法院。

此外,需要注意的是非法人组织是不具有法人资格,但是能够依法以自己的名义从事民事活动的组织。非法人组织包括个人独资企业、合伙企业、不具有法人资格的专业服务机构等。

【教学提示】 特别法人中,机关法人是指有独立经费的机关和承担行政职能的法定机构,从成立之日起,具有机关法人资格,可以从事为履行职能所需的民事活动;农村集体经济组织、城镇农村的合作经济组织,依法取得法人资格,法律、行政法规有规定的,依照其规定;居民委员会、村民委员会具有基层群众性自治组织法人资格,可以从事为履行职能所需的民事活动,未设立村集体经济组织的,村民委员会可以依法代行村集体经济组织的职能。

（二）法定代表人及其他工作人员

依照法律或者法人章程的规定,代表法人从事民事活动的负责人,为法人的法定代表人。法定代表人以法人名义从事的民事活动,其法律后果由法人承受。

法定代表人因执行职务造成他人损害的,由法人承担民事责任。法人承担民事责任后,依照法律或者法人章程的规定,可以向有过错的法定代表人追偿。

执行法人或者非法人组织工作任务的人员,就其职权范围内的事项,以法人或者非法人组织的名义实施民事法律行为,对法人或者非法人组织发生效力。

【教学提示】　营利法人应当设执行机构。执行机构行使召集权力机构会议,决定法人的经营计划和投资方案,决定法人内部管理机构的设置以及法人章程规定的其他职权。执行机构为董事会或者执行董事的,董事长、执行董事或者经理按照法人章程的规定担任法定代表人;未设董事会或者执行董事的,法人章程规定的主要负责人为其执行机构和法定代表人。

事业单位法人设理事会的,除法律另有规定外,理事会为其决策机构。事业单位法人的法定代表人依照法律、行政法规或者法人章程的规定产生。

社会团体法人应当依法制定法人章程,设会员大会或者会员代表大会等权力机构、理事会等执行机构。理事长或者会长等负责人按照法人章程的规定担任法定代表人。

为公益目的以捐助财产设立的基金会、社会服务机构等,经依法登记成立,取得捐助法人资格。捐助法人应当依法制定法人章程,设理事会、民主管理组织等决策机构,并设执行机构。理事长等负责人按照法人章程的规定担任法定代表人。

与一般委托产生的代理行为不同,法人的法定代表人以法人名义从事民事活动,是职务代表行为;法人或非法人的工作人员,依据授权在职权范围内,以法人或非法人组织的名义实施民事法律行为,是职务代理行为。职务代表行为和代理行为,不仅受到民事法律关系的约束,还受到劳动法律关系或行政法律关系的约束。

四、法人的民事行为能力

（一）法人民事行为能力的范围

法人应当在核准登记的范围内从事经营、业务活动。法人的行为能力范围与权利能力的范围是一致的,不得超出或违反所从事的经营、业务范围,否则无效,并承担由此而产生的法律后果。

【教学提示】　例如,×××化工贸易公司,在工商登记注册的经营范围为普通化工品的销售和运输,却超范围在铁路办理危险货物运输,这是法律所不允许的。

（二）法人民事行为能力的行使

1. 由法定代表人或组织机构行使

法人的民事行为能力,通常由法人的法定代表人行使,也可以由法人的权力机构、执行机构行使。

【教学提示】　董事长、执行董事、经理、理事长、会长、厂长、校长等法定代表人,以法人的名义直接参与民事活动,法人对其法定代表人在职权内的法律行为负责。董事会、理事会、职工代表大会、厂务管理委员会等法人的权力机构、执行机构,也可以在其职权范围内行使法人的民事行为能力。

2.通过委托工作人员代理行使

法人的法定代表人、权力机构、执行机构或非法人组织,委托工作人员代理法人或非法人组织行使民事行为能力,在职务授权的范围内以法人或非法人组织的名义从事民事活动,法人或非法人组织直接承担其法律后果。

委托代理授权采用书面形式的,授权委托书应当载明代理人的姓名或者名称、代理事项、权限和期间,并由被代理人签名或者盖章。

【教学提示】　铁路货物运输中,托运人或收货人的代表人或委托的代理人办理货物的托运、领取、变更或履行其他权利、义务时,应向车站提出委托书(见表1-1)或证明委托的介绍信。

表 1-1　铁路货物运输委托书

典型工作任务4　民事法律行为和民事代理

一、民事法律行为

民事法律行为,是民事主体通过意思表示设立、变更、终止民事法律关系的行为。

(一)民事法律行为的成立与生效

民事法律行为可以基于双方或者多方的意思表示一致成立,也可以基于单方的意思表示成立。法人、非法人组织依照法律或者章程规定的议事方式和表决程序做出决议的,该决议行为成立。

民事法律行为可以采用书面形式、口头形式或者其他形式;法律、行政法规规定或者当事人约定采用特定形式的,应当采用特定形式。

民事法律行为自成立时生效,但是法律另有规定或者当事人另有约定的除外。行为人非依法律规定或者未经对方同意,不得擅自变更或者解除民事法律行为。

(二)意思表示

以对话方式做出的意思表示,相对人知道其内容时生效。以非对话方式做出的意思表示,到达相对人时生效。以公告方式做出的意思表示,公告发布时生效。

行为人可以明示或者默示做出意思表示。

【教学提示】　以非对话方式做出的采用数据电文形式的意思表示,相对人指定特定系统接收数据电文的,该数据电文进入该特定系统时生效;未指定特定系统的,相对人知道或者应当知道该数据电文进入其系统时生效。当事人对采用数据电文形式的意思表示的生效时间另有约定的,按照其约定。

以默示做出意思表示的,沉默只有在有法律规定、当事人约定或者符合当事人之间的交易习惯时,才可以视为意思表示。

(三)民事法律行为的效力

具备下列条件的民事法律行为有效:

1.行为人具有相应的民事行为能力。

2.意思表示真实。

3.不违反法律、行政法规的强制性规定,不违背公序良俗。

(四)民事法律行为的无效与撤销

无效的或者被撤销的民事法律行为自始没有法律约束力。

1.无效的民事法律行为

下列民事法律行为无效:

(1)无民事行为能力人实施的。

(2)行为人与相对人以虚假的意思表示实施的。

(3)行为人与相对人恶意串通,损害他人合法权益的民事法律行为无效。

(4)违反法律、行政法规的强制性规定的(不导致该民事法律行为无效的除外)。

(5)违背公序良俗的。

民事法律行为部分无效,不影响其他部分效力的,其他部分仍然有效。

【教学提示】　限制民事行为能力人实施的纯获利益的民事法律行为或者与其年龄、智力、精神健康状况相适应的民事法律行为有效;实施的其他民事法律行为经法定代理人同意或者追认后有效。

相对人可以催告法定代理人自收到通知之日起一个月内予以追认。法定代理人未作表示的,视为拒绝追认。民事法律行为被追认前,善意相对人有撤销的权利。撤销应当以通知的方式做出。

2.予以撤销的民事法律行为

下列民事法律行为,有权请求人民法院或者仲裁机关予以撤销:

(1)一方以欺诈手段,使对方在违背真实意思的情况下实施的民事法律行为。

(2)第三人实施欺诈行为,使一方在违背真实意思的情况下实施的民事法律行为,对方知道或者应当知道该欺诈行为的。

(3)一方或者第三人以胁迫手段,使对方在违背真实意思的情况下实施的民事法律行为。

(4)一方利用对方处于危困状态、缺乏判断能力等情形,致使民事法律行为成立时显失公平的。

(5)基于重大误解实施的民事法律行为。

【教学提示】　一方当事人故意告知对方虚假情况,或者故意隐瞒真实情况,诱使对方当事人做出错误意思表示的,可以认定为欺诈行为。

以给公民及其亲友的生命健康、荣誉、名誉、财产等造成损害,或者以给法人的荣誉、名誉、财产等造成损害为要挟,迫使对方做出违背真实的意思表示的,可以认定为胁迫行为。

一方当事人乘对方处于危难之机,为牟取不正当利益,迫使对方作出不真实的意思表示,严重损害对方利益的,可以认定为趁人之危。

行为人因对行为的性质、对方当事人、标的物的品种、质量、规格和数量等的错误认识,使行为的后果与自己的意思相悖,并造成较大损失的,可以认定为重大误解。

一方当事人利用优势或者利用对方没有经验,致使双方的权利与义务明显违反公平、等价有偿原则的,可以认定为显失公平。

行为人在神志不清的状态下所实施的民事行为,应当认定无效。间歇性精神病人的民事行为,确能证明是在发病期间实施的,应当认定无效。

民事法律行为无效、被撤销或者确定不发生效力后,行为人因该行为取得的财产,应当予以返还;不能返还或者没有必要返还的,应当折价补偿。有过错的一方应当赔偿对方由此所受到的损失;各方都有过错的,应当各自承担相应的责任。法律另有规定的,依照其规定。

二、民事代理

(一)代　理

民事主体可以通过代理人实施民事法律行为。代理人在代理权限内,以被代理人名义实施的民事法律行为,对被代理人发生效力。

依照法律规定、当事人约定或者民事法律行为的性质,应当由本人亲自实施的民事法律行为,不得代理。

【教学提示】 依照法律规定、当事人约定或者民事法律行为的性质,应当由本人亲自实施的民事法律行为,本人未亲自实施的,应当认定行为无效。

(二)代理的种类

代理包括法定代理和委托代理。

1. 法定代理

法定代理,是由法律直接规定而产生的代理。法定代理人依照法律的规定行使代理权。

【教学提示】 如父母是未成年人的监护人,是法定代理人。被代理人取得或者恢复完全民事行为能力,法定代理终止。

2. 委托代理

委托代理,是由被代理人委托授权而产生的代理。委托代理人按照被代理人的委托行使代理权。

代理人不得以被代理人的名义与自己实施民事法律行为或以被代理人的名义与自己同时代理的其他人实施民事法律行为,但是被代理人或被代理的双方同意或者追认的除外。

代理人需要转委托第三人代理的,应当取得被代理人的同意或者追认。

【教学提示】 例如,服装厂厂长委派该厂采购、销售等职能部门负责人作为代理人,或者委托厂外的业务代办公司代理,参加各种形式的订货会议或展销会议,以该厂的名义与其他单位签订购销合同等。

(三)代理终止

1. 法定代理终止

有下列情形之一的,法定代理终止:

(1)被代理人取得或者恢复完全民事行为能力。

(2)代理人丧失民事行为能力。

(3)代理人或者被代理人死亡。

(4)法律规定的其他情形。

2. 委托代理终止

有下列情形之一的,委托代理终止:

(1)代理期间届满或者代理事务完成。

(2)被代理人取消委托或者代理人辞去委托。

(3)代理人丧失民事行为能力。

(4)代理人或者被代理人死亡。

(5)作为代理人或者被代理人的法人、非法人组织终止。

(四)代理责任

1. 民事责任

代理人不履行或者不完全履行职责,造成被代理人损害的,应当承担民事责任。

2. 连带责任

代理人和相对人恶意串通,损害被代理人合法权益的,代理人和相对人应当承担连带责任。

代理人知道或者应当知道代理事项违法仍然实施代理行为,或者被代理人知道或者应当知道代理人的代理行为违法未作反对表示的,被代理人和代理人应当承担连带责任。

3. 转托责任

转委托代理经被代理人同意或者追认的,被代理人可以就代理事务直接指示转委托的第三人,代理人仅就第三人的选任以及对第三人的指示承担责任。转委托代理未经被代理人同意或者追认的,代理人应当对转委托的第三人的行为承担责任,但是在紧急情况下代理人为了维护被代理人的利益需要转委托第三人代理的除外。

(五)无效代理

行为人没有代理权、超越代理权或者代理权终止后,仍然实施代理行为,未经被代理人追认的,对被代理人不发生效力。

相对人可以催告被代理人自收到通知之日起一个月内予以追认。被代理人未作表示的,视为拒绝追认。行为人实施的行为被追认前,善意相对人有撤销的权利。撤销应当以通知的方式做出。

行为人实施的行为未被追认的,善意相对人有权请求行为人履行债务或者就其受到的损害请求行为人赔偿,但是赔偿的范围不得超过被代理人追认时相对人所能获得的利益。

相对人知道或者应当知道行为人无权代理的,相对人和行为人按照各自的过错承担责任。

【教学提示】 表见代理,行为人没有代理权、超越代理权或者代理权终止后,仍然实施代理行为,相对人有理由相信行为人有代理权的,代理行为有效。

典型工作任务5　民事违约责任与侵权责任

一、民事责任

《民法典》规定,民事主体依照法律规定和当事人约定,履行民事义务,承担民事责任。

(一)民事责任的方式

承担民事责任的方式主要有:(1)停止侵害;(2)排除妨碍;(3)消除危险;(4)返还财产;

(5)恢复原状;(6)修理、重作、更换;(7)继续履行;(8)赔偿损失;(9)支付违约金;(10)消除影响、恢复名誉;(11)赔礼道歉。法律规定惩罚性赔偿的,依照其规定。

承担民事责任的方式,可以单独适用,也可以合并适用。

(二)民事责任的份额

1. 按份责任

二人以上依法承担按份责任,能够确定责任大小的,各自承担相应的责任;难以确定责任大小的,平均承担责任。

2. 连带责任

连带责任,由法律规定或者当事人约定。二人以上依法承担连带责任的,权利人有权请求部分或者全部连带责任人承担责任。

连带责任人的责任份额根据各自责任大小确定;难以确定责任大小的,平均承担责任。实际承担责任超过自己责任份额的连带责任人,有权向其他连带责任人追偿。

(三)民事责任的免责事由

1. 不可抗力

因不可抗力不能履行民事义务的,不承担民事责任。法律另有规定的,依照其规定。

2. 紧急救助

因自愿实施紧急救助行为造成受助人损害的,救助人不承担民事责任。

3. 正当防卫

因正当防卫造成损害的,不承担民事责任。正当防卫超过必要的限度,造成不应有的损害的,正当防卫人应当承担适当的民事责任。

二、违约责任

《民法典》规定,依法成立的合同,对当事人具有法律约束力。因当事人一方的违约行为,损害对方人身权益、财产权益的,受损害方有权选择请求其承担违约责任或者侵权责任。

三、侵权责任

《民法典》规定,民事权益受到侵害的,被侵权人有权请求侵权人承担侵权责任。侵权的民事责任,最主要的是财产损失赔偿责任和人身损害赔偿责任。

(一)侵权归责

1. 过错责任

行为人因过错侵害他人民事权益,造成他人人身或财产损害的,应当承担侵权损害赔偿责任。

2. 过错推定责任

根据法律规定推定行为人有过错,行为人不能证明自己没有过错的,应当承担侵权责任。

3. 无过错责任

行为人损害他人民事权益,不论行为人有无过错,法律规定应当承担侵权责任的,依照其规定。

4. 公平分担

受害人和行为人对损害的发生都没有过错的,可以根据实际情况,由双方分担损失。

【教学提示】 过错推定,实行举证责任倒置,如行为人不能证明自己无过错,则推定其有过错,因而承担侵权赔偿责任。例如,受害人不听从值守人员劝阻,硬行通过铁路平交道口、人行过道,或者无视禁行警示规定沿铁路线路纵向行走、在铁路线路上坐卧,造成人身损害,铁路运输企业举证证明已充分履行安全防护、警示等义务的,不承担赔偿责任;如不能证明已充分履行安全防护、警示等义务,则应承担赔偿责任。

高度危险责任即适用无过错责任。例如,从事高空、高压、地下挖掘活动或者使用高速轨道运输工具造成他人损害的,经营者应当承担侵权责任,但能够证明损害是因受害人故意或者不可抗力造成的,不承担责任。被侵权人对损害的发生有过失的,可以减轻经营者的责任。承担高度危险责任,法律规定赔偿限额的,依照其规定。高速轨道交通运输工具,是指高速铁路、普速铁路、城市铁路、地下铁路、有轨电车等通过轨道运行的交通工具。

(二)二人以上侵权

1. 共同侵权连带责任

二人以上共同实施侵权行为,造成他人损害的,应当承担连带责任。

二人以上实施危及他人人身、财产安全的行为,其中一人或者数人的行为造成他人损害,能够确定具体侵权人的,由侵权人承担责任;不能确定具体侵权人的,行为人承担连带责任。

2. 叠加侵权责任划分

二人以上分别实施侵权行为造成同一损害,每个人的侵权行为都足以造成全部损害的,行为人承担连带责任。能够确定责任大小的,各自承担相应的责任;难以确定责任大小的,平均承担赔偿责任。

3. 连带责任份额确定方法

法律规定承担连带责任的,被侵权人有权请求部分或者全部连带责任人承担责任。

连带责任人根据各自责任大小确定相应的赔偿数额;难以确定责任大小的,平均承担赔偿责任。

支付超出自己赔偿数额的连带责任人,有权向其他连带责任人追偿。

(三)不承担责任和减轻责任的情形

1. 不承担责任

因不可抗力造成他人损害的,不承担责任。法律另有规定的,依照其规定。

损害是因受害人故意造成的,行为人不承担责任。

2. 减轻责任

(1)过错相抵

被侵权人对损害的发生也有过错的,可以减轻侵权人的责任。

(2)适当责任

因紧急避险造成损害的,由引起险情发生的人承担责任。如果危险是由自然原因引起的,紧急避险人不承担责任或者给予适当补偿。紧急避险采取措施不当或者超过必要的限度,造成不应有的损害的,紧急避险人应当承担适当的责任。

(四)责任主体特殊规定

1. 未尽安全保障义务的侵权责任与补充责任

宾馆、商场、银行、车站、娱乐场所等公共场所的管理人或者群众性活动的组织者,未尽到安全保障义务,造成他人损害的,应当承担侵权责任。

因第三人的行为造成他人损害的,由第三人承担侵权责任;管理人或者组织者未尽到安全保障义务的,承担相应的补充责任。

2. 执行职务的侵权责任

用人单位的工作人员因执行工作任务造成他人损害的,由用人单位承担侵权责任。

劳务派遣期间,被派遣的工作人员因执行工作任务造成他人损害的,由接受劳务派遣的用工单位承担侵权责任;劳务派遣单位有过错的,承担相应的补充责任。

3. 完全民事行为能力暂时欠缺的侵权责任

完全民事行为能力人对自己的行为暂时没有意识或者失去控制造成他人损害有过错的,应当承担侵权责任;没有过错的,根据行为人的经济状况对受害人适当补偿。

完全民事行为能力人因醉酒、滥用麻醉药品或者精神药品对自己的行为暂时没有意识或者失去控制造成他人损害的,应当承担侵权责任。

（五）侵权损害赔偿范围

1. 财产损失赔偿的范围

侵害他人财产的,财产损失按照损失发生时的市场价格或者其他方式计算。

2. 人身损害赔偿的范围

（1）侵害生命权、健康权

侵害他人造成人身损害的,应当赔偿医疗费、护理费、交通费等为治疗和康复支出的合理费用以及因误工减少的收入。造成残疾的,还应当赔偿残疾生活辅助具费和残疾赔偿金。造成死亡的,还应当赔偿丧葬费和死亡赔偿金。

（2）侵害其他人身权益

侵害他人人身权益造成财产损失的,按照被侵权人因此受到的损失赔偿;被侵权人的损失难以确定,侵权人因此获得利益的,按照其获得的利益赔偿;侵权人因此获得的利益难以确定,被侵权人和侵权人就赔偿数额协商不一致,向人民法院提起诉讼的,由人民法院根据实际情况确定赔偿数额。

（3）精神损害赔偿

侵害他人人身权益,造成他人严重精神损害的,被侵权人可以请求精神损害赔偿。

典型工作任务6　经济法律规范

一、经 济 法

经济法是泛指按照立法程序制定的、管理经济活动和调整经济关系的各项法律规范的总称。经济法是法律体系的重要组成部分。

（一）经济法是由国家制定和认可的经济行为规范

经济法是由国家强制力保证实施,用以确认和调整国家机关、社会组织、经济实体和自然人在国民经济管理和经济协作过程中所发生的经济关系。

【教学提示】　经济法产生于经济基础,为经济基础的性质所制约,同时又服务于经济基础。因此,随着社会经济的发展,国家必须不断制定颁布新的经济法律规范,并适时修改调整现行法律规范,使经济法成为保护和发展经济的重要法律依据和保证,充分发挥经济法的作用和功能。

（二）经济法所调整的是一定范围的经济关系

经济法所调整的社会关系具有经济性质。经济法是国家为管理经济活动和调整由此而产生的经济关系而制定颁布的法律规范。

【教学提示】　经济法只调整具有经济性质的社会关系,即经济关系,非经济关系不属于经济法的调整范围。而且,经济法调整的对象是一定范围内的经济关系而不是所有的经济关系,例如,遗产的继承关系属于民事法律关系,就不属于经济法调整的对象。经济法调整的经济关系大致可以分为两类,即纵向的经营管理关系和横向的经营协作关系。区分不同的经济法律关系案例参见【教学案例 1-1】。

（三）确认主体资格是经济法的一个重要特点

经济法规定了经济关系主体的法律地位,并赋予其一定的权利和义务。特别是在横向的经营协作关系中,各类主体在法律地位上都是平等的,在经济活动中都能够以自己的名义依法享有经济权利,承担经济义务。

【教学提示】　经济法关系主体大致可以分为经济管理主体和经济活动主体,包括国家行政机关、企业和其他社会组织、企业内部组织和有关人员、城镇个体工商户和农村承包经营户及其他自然人,在一定的条件与范围内,国家也可以作为经济法律关系的主体出现,经济法学称之为特殊主体。

（四）经济法是调整各种经济法律关系的法律规范的总称

经济法律规范中,有的是经济法律,有的是条例、细则、规定、办法等经济法规,有的是部门规章,此外还有涉外经济法律规范等。经济法是调整各种经济法律关系的法律规范的总称。

【教学提示】　虽然不同的经济法律规范,其性质及法律效力不同,但各种不同的经济法律规范之间具有内在的有机联系,共同构成了经济法的科学体系。

二、经济法的基本原则

经济法的基本原则是由国家的社会制度和经济制度所决定的,是经济法本质特征的具体体现。经济法除了具有其他法律共同遵循的基本原则以外,还有经济法本身必须遵循的原则。

（一）遵循客观经济规律的原则

客观经济规律是社会经济发展过程中,各种经济关系、经济现象之间存在的内在的、本质的联系,是一种不以人们意志为转移的客观存在。制定和实施经济法律规范,必须遵循客观经济规律的要求,按照客观经济规律办事,只有这样才能使经济法起到应有的作用。

【教学提示】　价格法规定,价格的制定应当符合价值规律。国家实行并逐步完善宏观经济调控下主要由市场形成价格的机制。大多数商品和服务价格实行市场调节价,极少数商品和服务价格实行政府指导价或者政府定价。目前铁路客运运价、货物运价即属于政府定价。

遵循客观经济规律,也包括符合自然规律的要求。在经济活动中如果片面强调经济效益,违背自然规律,必然会给社会发展带来严重的危害。

【教学提示】　通过制定与实施资源法、能源法、环境保护法,来减少或避免经济发展对生态环境产生的环境污染、水土流失、生态失衡等破坏。青藏铁路的建设就是绿色铁路、环保铁路的典范,只有符合经济规律与自然规律的共同要求,才能做到社会经济的可持续发展。

（二）国家适度干预经济的原则

市场经济的一个重要特征是经济秩序的契约化。一方面体现出市场主体在法律上享有自由、平等的权利,另一方面也要求政府充当经济契约的协调者、管理者。

【教学提示】　在市场经济中,由于人们在追求自身利益的过程中往往忽视了社会利益,表现为经济的自发性、生产的盲目性、无政府主义、垄断和不正当竞争、社会分配不公等弊端,造成社会经济运行中的许多消极因素,不利于市场的正常发展和社会经济的稳定,因此需要政府利用国家权力进行适度干预。

国家干预社会经济的方式主要有:(1)行政手段,指政府通过下达行政命令来影响国家的财政、税收、金融等部门的活动。(2)经济手段,指政府通过调整一些重要的经济指标(如利率、汇率、货币发行量等)来影响宏观经济运行和微观经济活动。(3)法律手段,即通过制定并实施各项经济法律规范来协调监督市场运行,从政府行为到企业行为,从产业政策到社会保障都用法律法规来进行规范。

【教学提示】 在市场经济条件下,市场经济一定程度上即法制经济,必须改变传统的以行政手段为主的管理方式,政府对社会经济进行国家干预应主要依靠法律手段和经济手段。

(三)自由、公平、平等竞争的原则

自由、公平、平等竞争是市场经济的基本要求,也是市场主体参与市场竞争所必须遵循的基本准则。

自由是指当事人意志自治,在市场中任何人都可以自由进入或退出市场竞争;在经济交往中签订合同时当事人各方也都具有自由意志,可以自主决定如何签约,也可以自由解除合约。

公平是指参与市场竞争的主体都以平等的身份,在机会均等和社会负担合理的基础上进行竞争。

平等是指参与市场竞争的主体在法律地位和享有的权利上一律平等。

【教学提示】 贯彻自由、公平、平等竞争的原则,一方面在法律允许的范围内,使各种市场主体可以自由、公平地进行竞争,优胜劣汰,促进市场繁荣与经济发展;另一方面,通过法制监督惩处市场竞争中的不平等现象和不正当行为,维护市场竞争者的合法权益和社会经济秩序。

(四)责、权、利相结合的原则

责即经济法律责任,包含两层含义:一是指法律法规所规定的义务;二是指因违法行为而必须承担的法律后果。经济法律责任制要求各种经济主体各尽其职、各负其责,在法律赋予的权限内进行管理、生产、经营、协作,否则就必须对各自的失职、违法、违约行为承担法律后果。

权是指权利、权限,既包括平等经济主体所享有的经济权利,也包括各级经济管理机关的经济权限。各经济主体应当根据责任权力相一致或权利义务相对等的原则行使自己的职责、权利。

利是指物质利益,即物质利益兼顾原则,既包括经济效益,也包括社会效益、环境效益、生态效益。国家通过制定各种经济法律法规来正确处理和调整各方面的物质利益关系,以此兼顾国家、集体、个人的不同利益与要求。

责、权、利相结合的原则体现了经济法的本质,贯穿于经济立法、司法与执法的整个过程。

三、经济法的调整对象

经济法调整的范围,主要包括以下纵横内外几方面的经济关系:

(一)宏观经济管理关系

宏观经济管理关系是指国民经济管理活动过程中所发生的经济管理关系,主要是指国家机关、业务主管部门和检查监督机构,在组织领导与监督管理经济活动过程中所发生的领导与被领导、监督与被监督的经济关系。这种经济关系有以下特点:

1. 纵向的隶属关系

宏观经济管理关系是一种纵向的隶属性的关系,反映在组织上是领导与被领导的关系,反映在业务上也是隶属的关系。

2. 行政的上下级关系

宏观经济管理关系在行政地位上具有领导与被领导、监督与被监督的关系,在经济上也带有一定的无偿性,即为整个国民经济的发展和国家的宏观经济计划服务。

3. 经济法律手段

宏观经济管理关系的调整方法,不仅要运用直接的行政手段,也要运用间接的经济法律手段,以此来指导、调控各种主体之间的经营管理关系,实现政府职能的转变。

【教学提示】　国家通过制定颁布价格法、反垄断法、铁路法、公路法等各种经济法律规范,调整国民经济运行中的经济关系,调整和优化产业结构,培育和发展市场体系,防止垄断,反不正当竞争,以法律手段实现政府在宏观经济管理中的规划、协调、监督、服务等主要职能。

(二)市场运行关系

市场运行关系是指市场经济运行过程中发生的横向经济关系,即具有平等主体资格的法人、经济组织实体、自然人之间发生的生产经营协作关系。

1. 市场运行关系的种类

经济法主要调整的是由国家计划制约、国家直接管理以及涉及全局利益等重要的市场运行关系,主要包括:

(1)经济联合关系

各主体进行合并、兼并、改组经济实体的过程中所发生的经济关系。

(2)经济协作关系

各主体之间在进行生产协作、业务往来过程中所发生的经济关系。

(3)经济竞争关系

各主体之间在经济利益上的对立与冲突关系。

2. 市场运行关系的特点

作为横向经济关系,市场运行关系主要有以下特点:

(1)横向经营关系

市场运行关系属于横向的生产经营协调关系,既有协作性,又有竞争性。经济法支持和规范经营协作,保护合法竞争,制止不正当竞争。

(2)主体地位平等

市场运行关系的各经济主体具有平等的法律地位,在等价有偿、互惠互利的原则上进行经济往来。

(3)权利义务公平

市场运行关系的各主体遵循平等协商的原则,体现双方的意志、利益与要求,即权利义务对等原则。

(三)组织内部经济关系

组织内部的经济关系指的是企业内部或经济联合体内部的经济关系,也就是企业领导机构及其下属生产组织之间,以及企业与职工之间在生产经营管理活动中所发生的经济关系。组织内部经济关系具有纵向隶属关系与横向经济协作关系相互交错、融合的特点。

【教学提示】　铁路局集团公司与下属站段,属组织内部的经济关系,包括内部管理、经济核算、生产计划、安全管理等多方面的经济关系。

（四）涉外经济关系

涉外经济关系主要指的是我国各经济主体同外国各经济主体以及国际组织之间在涉外经济活动中所发生的经济关系。

【教学提示】 铁路旅客与货物国际联运，既有铁路运输企业与涉外经营管理机关之间的经济管理关系，也有铁路运输企业与国外铁路发送路、过境路、到达路之间的市场运行关系。

调整上述各类不同经济关系的法律规范共同构成一个具有内在联系的统一的法律体系，即经济法体系。

四、铁路法调整的法律关系

《铁路法》是国家管理铁路行业的法律，是规范铁路运输法律关系的特别法，是调整政府机关、企事业单位、其他社会团体以及公民与铁路运输企业在铁路运输营业、铁路运输管理、铁路建设及铁路安全管理等方面建立的各种社会关系的法律规范。

在铁路运输活动中，主要存在三类法律关系，均属于《铁路法》调整的范围：

（一）铁路运输行政管理关系

铁路运输行政管理关系即国务院铁路主管部门与铁路运输企业之间发生的领导、组织、监督铁路运输的行政管理关系，一般称为铁路运输的纵向关系，主要是指不平等主体之间的管理与被管理关系。

（二）铁路运输合同关系

铁路运输合同关系即铁路运输企业与其他企业、事业单位、社会组织以及公民个人在承办货物运输或旅客运输业务中发生的合同关系，一般称为铁路运输的横向关系，主要是指平等主体间的合同关系。

（三）铁路运输经营管理关系

铁路运输经营管理关系包括铁路运输企业之间的分工协作关系以及铁路运输企业内部的调度、指挥、管理之间的关系，一般称为铁路运输的内部关系。

【教学提示】 例如，国铁集团与下属18个铁路局集团公司之间，各铁路局集团公司之间，铁路局集团公司与下属站段之间，即属于铁路运输的经营管理关系。

典型工作任务7　经济法律关系

一、经济法律关系的概念

经济法律关系是指经济法主体在进行经济管理和经济活动过程中所形成的、由经济法加以确认的经济权利和经济义务关系。

经济法律关系具有法律上的强制性，目的是规范经济活动中行为人的权利义务关系，使社会经济活动沿着符合国家与社会经济利益的方向发展。

二、经济法律关系的构成要素

经济法律关系属于法律关系的范畴，由主体、客体和内容三个要素组成。

（一）经济法律关系的主体

经济法律关系主体，是指经济法律关系的参与者，经济权利享有者和经济义务的承担者。

在通常的经济活动中,具有经济法律关系主体资格的,主要是指拥有一定财产、享有经济权利并承担经济义务、能够独立参与经济法律关系的法人、其他社会组织和自然人,特殊情况下国家也可以成为经济法律关系的主体。

1. 法人

包括营利法人、非营利法人、特殊法人。

【教学提示】 例如,铁路局集团公司、地方铁路公司为营利法人,学校为非营利事业单位法人,协会为非营利社会团体法人,工商行政管理局特别机关法人。

2. 其他社会组织

指不具备法人资格的社会组织。

【教学提示】 为暂时的经济目的,临时形成的合伙企业、经济联合体,只建立起经济上的战略合作关系,并不具备法人资格。

3. 自然人

自然人在一定的经济法律关系中可以成为主体。

【教学提示】 自然人为主体的现象,在铁路运输中最常见的是旅客作为合同的一方成为铁路旅客运输合同的主体。

4. 国家

国家在特定的经济法律关系中可以作为主体。

【教学提示】 国家以资产所有者的身份参加经济活动,以管理者的身份对铁路建设投资进行干预,对铁路运价进行控制,对铁路运输下达指令性计划。

(二)经济法律关系的客体

经济法律关系的客体,是指经济法律关系主体的权利与义务所共同指向的目标和所要达到的目的。经济法律关系的客体又称作标的,也就是权利与义务关系最终指向的客观事物或结果。

能够成为经济法律关系客体的有:物、经济行为与智力成果。

1. 物

物也称有形财物,是指能被人们所控制和支配,具有价值和使用价值,并以物质形态表现出来的财富,在法律上也称为财产。

物是经济法律关系中最为普遍的客体。物包括的种类很多,其中包括客观存在的物质财富,也包括货币和有价证券。物按其可否流通可分为限制流通物和非限制流通物;依照其在生产流通中的不同地位与作用,分为生产资料和消费资料,固定资产和流动资产;按其特性及能否被替代,分为种类物和特定物;按照分割后是否影响其使用价值,分为可分物和不可分物;按照其能否独立存在和使用,分为主物和从物。

我国法律规定,作为经济法律关系客体的物,受到国家政策、法律的严格限制,必须是主体在法律上和事实上能够控制和支配的以及国家政策和法律允许的物。

【教学提示】 在目前政策没有完全放开的情况下,国家铁路、公路、通讯基础设施等,都属于特殊客体,不能直接参与买卖经济关系,不能进行所有权的买卖,只能成为承包或租赁经济关系的客体;麻醉药品、武器弹药以及国家重要的物资和能源,由国家授权的专门机构或企事业单位专营,并在法律规定的范围内进行流通,麻醉药品的运输需要卫生部门的证明,烟花、爆竹的运输需要公安机关的证明。

2. 经济行为

经济行为是经济法律关系的主体在国民经济运行过程中为达到一定的经济目的而从事的

经济活动,表现为经济主体为了实现一定的经济权利和经济义务而采取的作为或不作为。经济行为包括经济管理、完成工作和履行劳务。

(1)经济管理

经济管理行为是指国家机关在其权限内行使管理职能,制定发展计划,下达指令性指标与任务,并指导、监督下属企业的履行的行为。

【教学提示】 例如,国家在抢险救灾、军事运输时,通过交通运输部给国铁集团及各铁路局集团公司下达指令性运输任务,并监督实施。

(2)完成工作

完成工作是指经济法律关系主体的一方利用自己的设备、技术和劳力为对方完成一定的工作,而对方则根据完成工作的数量与质量支付一定的报酬。

【教学提示】 例如,铁路勘察设计、铁路工程施工、站舍建筑安装等合同,承建方利用自己的设备、技术和劳力,为建设方完成建设工作,而建设方则根据完成工作的数量与质量,向承建方支付相应的报酬。

(3)履行劳务

履行劳务是指经济法律关系主体的一方利用自己的设施与技术条件为对方提供一定的劳务或服务,而对方则支付一定的酬金。这种经济法律关系的客体虽然多是通过物表现出来的,但物本身并不是客体,客体是经济行为。

【教学提示】 铁路仓储保管合同关系中的客体,并非是仓储保管的货物,而是仓储保管的劳务行为;铁路货物、行李运输合同关系中的客体,并非是货物、行李,而是运输货物、行李的服务行为;特别是铁路旅客运输合同关系中的客体,更不可能是旅客,而是完成旅客运输的服务行为。

完成工作和履行的劳务是有区别的。前者指的是物化的劳动,即劳动最终表现为一定的物质成果,即物化的劳动成果。而后者则没有物化的劳动成果,仅表现为一定的经济效果。

【教学提示】 铁路建筑施工其工作成果最终表现为竣工的工程建筑物,而铁路旅客、行李、货物运输,承运方将旅客、行李、货物安全及时运到目的地的劳务,其经济效果则表现为旅客、行李、货物的位移。

3. 智力成果

智力成果指的是人们智力劳动所创造或在生产经营中积累的非物质财富,即无形的知识财富。智力成果有三个主要特点:

(1)一般不具有直接的物质形态,往往要借助于一定的载体才能为人们所利用。

(2)具有一定的经济价值或是能够带来一定的经济效益。

(3)经法律规范和认可成为一种财产权,即无形资产。

【教学提示】 例如,文化产品需要借助书稿、印刷品、电子媒体等纸质或电子载体;商标的注册人允许他人用其注册商标,并由此获得一定的经济回报;专利权、商标权、版权等经法律规范和认可成为一种财产权;无形资产还包括经济信息、科技成果、商业秘密、商业信誉、企业标识、技术改进方案、合理化建议、管理经验等。

作为经济法律关系的客体,无形资产创造了巨大的生产力,并带来了显著的经济效益。近年来,随着经济的发展和改革开放的深入,无形资产的内容和范围也在不断变化,在社会经济生活中具有越来越重要的地位。

【教学提示】　铁路自主研发车辆产品的专利权、铁路经济信息和科技成果、铁路旅客列车的冠名权、铁路运输优质服务品牌等无形资产,不仅提高了铁路运输能力和影响力,也创造了明显的经济效益和社会效益。

（三）经济法律关系的内容

经济法律关系的内容是指经济法律关系主体享有的经济权利和承担的经济义务。经济法律关系的内容是经济法律关系的基础和最基本的要素。经济法律关系的实质就是权利义务关系,其经济权利与经济义务直接由法律规范确定,并得到国家强制力的保护与监督。

1. 经济权利

经济权利是经济法赋予经济法律关系主体的一种资格,即经济法主体依法为或不为一定的行为,以及要求义务方为或不为一定行为的资格。经济法主体在其合法权益受到侵犯或不能实现时,有权请求国家机关予以保护。

经济权利包括国家行政机关所享有的经济职权和一般经济法主体所享有的经营权利。

（1）国家行政机关所享有的经济职权

经济职权是政府机构在实现管理经济职能时,由法律所赋予的一种具有命令与要求服从性质的权利,是一种基于法律的规定而直接产生的权限,具有权力和责任相统一的特点。经济职权通常表现为立法权、决策权、许可权、命令权、免除权、审核权、监督权等。

【教学提示】　原铁道部作为国家行政机关享有经济职权,对所属各铁路局的管理就具有经济职权的性质。铁路实行改革后,政企分离为国家铁路局、中国铁路总公司(现国铁集团),分别承担原铁道部的行政职能、企业职责。

国家铁路局享有经济职权,负责组织监督铁路运输安全、铁路运输服务质量、铁路企业承担国家规定的公益性运输任务情况,办理铁路运输行政许可,规范铁路运输市场秩序。

国铁集团变为一般经济法主体,享有的是经济权利,对所属各铁路局集团公司的管理就转变为经济权利的性质。

（2）一般经济法主体所享有的经营权利

作为一般经济法主体,企业等经济组织所享有的经济权利包括:所有权、经营管理权、经济债权、工业产权、请求权等。

【教学提示】　例如,各铁路局集团公司对其管内的运输经营管理权,即属于经济权利。

①所有权

所有权是指所有者对其财产依法享有的独立支配权。财产所有权是一种物权,所有者在法定范围内可以行使独占性的、排他性质的权利,所有者可以根据自己的意志和利益对其享有占有、使用、收益、处分的权利。

②经营管理权

经营管理权是指企业进行生产经营活动时依法享有的权利。不同类型的企业所享有的经营管理权限及内容并不完全相同,一般都包括产、供、销和人、财、物等方面的经营管理权。

③经济债权

经济债权是指经济组织在经济管理、经济协作以及内部经济关系中所产生的各种权利。

④工业产权

工业产权是指经济法主体依法对应用于商品生产和流通中的创造发明和显著标记等智力成果,在一定地区和期限内享有的专有权,包括商标权、专利权、外观设计、服务标记等。

⑤请求权

请求权是指经济关系的主体,当自身的经济权益受到侵害时,或因经济活动中发生纠纷时,要求侵权人停止侵权行为或要求有关机关维护其合法权益的权利。请求权的内容包括:要求赔偿权、请求调解权、申请仲裁权和经济诉讼权等。

2. 经济义务

经济义务是经济法主体依法必须为或不为一定行为的责任。经济义务包括国家经济管理机关的经济责任和企业的经营职责、经济债务等。

(1)经济责任

经济责任包括享有立法与行政权利的国家机关制定法律法规的责任,以及执行机关应在特定的授权范围内行使职权的责任,不能玩忽职守,滥用职权,也不可随意转移、放弃和抛弃职权。

(2)经营职责

经营职责包括企业进行工商登记,依法纳税,接受审计监督;履行经营管理的职责,取得经济效益;完成国家指令性计划;全面履行合同和各种经济协议,不得侵害和损害其他经济主体的合法权利。

(3)经济债务

经济债务指的是义务主体按照合同的约定或者法律的规定,对所涉及的财产与劳务应尽特定的义务。

三、经济法律事实

(一)经济法律事实的概念

经济法律事实是指能够引起经济法律关系发生、变更与消灭的行为和客观现象。

(二)经济法律事实的分类

法律事实可以表现为人们有意识的活动,即法律行为;也可以表现为客观现象,称之为法律事件。

1. 法律行为

法律行为即能够引起经济法律关系发生、变更与消灭并产生法律后果的行为,法学上把这种行为通常分为积极的行为和消极的行为(或作为与不作为)。法律行为分为:行政行为、经营行为与司法行为。

(1)行政行为

行政行为即国家行政管理机关根据其职能与权限,在法定范围内所作的行为。包括上级主管部门的行政命令、国家计划指标的下达、财政部门的税收指令、工商行政管理部门的经济处罚等行政行为。

(2)经营行为

经营行为即法人、非法人组织或自然人根据现行法律规范的要求所作的行为。包括合法行为与违法行为。凡是符合法律要求所为的行为,即合法行为,受国家法律的保护。凡是做出了法律禁止的行为或不依法履行义务的行为,即为违法行为,属于无效行为。在处理违法行为时,要分析主体的主观心理状态,注意区分故意与过失、重大过失与一般过失,以确定违法行为的法律责任。

(3)司法行为

司法行为即由司法机关所作的行为。这种法律事实的特点,是以经济法律关系主体原有合法行为或违法行为作为前提条件,而且只能由经济司法机关或行政司法机关所为,其他组织无权作为。

【教学提示】 各级人民法院的审理与判决、仲裁机关的仲裁,均为司法行为。例如,合同的无效,由人民法院或合同仲裁机构确认。

2.法律事件

法律事件即指不依经济法主体主观意志为转移的客观现象。凡是能够引起经济法律关系发生、变更与消灭的客观现象,都属于法律事件。包括自然现象与社会现象,法律上也称之为不可抗力。

【教学提示】 由于洪水的自然现象发生水灾,致使铁路运输的货物遭到损失,引起货物运输法律关系的赔偿责任;由于战争的社会现象发生列车被炸,导致旅客列车停运或旅客人身伤亡,引起旅客运输法律关系的变更或消灭。

(三)经济法律行为

经济法律行为是指经济法主体为了引起经济法律关系的产生、变更与消灭而有意识、有目的的作为或不作为。

1.经济法律行为应具备的条件

并非一切经济行为都能成为经济法律行为,经济法律行为应当具备以下条件:

(1)主体资格合法

主体资格合法即行为主体具有法律规定的权利能力与行为能力,可以按照规定的业务范围和经营方式进行活动。

【教学提示】 例如,经营汽车配件的贸易公司,没有铁路危险货物运输托运人资质,却要求在铁路运输易燃、易爆等危险货物,被铁路发站拒运。

(2)内容合法

内容合法指的是经济法律关系的内容,即当事人的权利与义务,应当符合法律、法规和行政规章,不得损害国家、社会或第三人利益。

【教学提示】 例如,煤矿公司与地磅检衡单位串通订立协议,煤矿公司多付过磅费,地磅检衡单位在出具磅单时少报货物重量,以便在铁路运输时少交运输费用,此协议损害了铁路运输企业的利益。

(3)意思表示真实

这是经济法律关系有效的重要条件,只有当事人正确表述其意志,才能产生预期的法律后果。以隐瞒、欺诈、胁迫等手段进行的经济行为,不能产生法律效力。

【教学提示】 铁路货物运输中,托运人将工业用的碳酸氢铵瞒报为农业用化肥,以期达到获取低运价和逃避铁路建设基金的目的,此经济行为不能产生法律效力。

(4)形式合法

经济法律行为的形式也就是经济法主体的意思表示方式。从事经济法律行为必须采取法律规定的形式,依照法定程序进行。经济法律行为一般采取以下几种形式:

① 口头形式

口头形式是指用口头谈话、电话等方式进行意思表示的形式。

② 书面形式

书面形式是指当事人采用书面文件、数据电文等方式进行意思表示的形式。为保证书面文件内容的真实性和有效性,当事人须在书面文件上签名并加盖所在单位公章。有时还需要审批、注册登记、公证等手续。总之,内容要清楚,文字要确切,手续要完备。

【教学提示】 例如,铁路货物运输合同,就必须采用货物运单的书面形式,托运人须在运单上签名,属于单位需加盖所在单位运输专用章或公章,承运人须在运单上加盖车站货运业务专用章、货运员工作名章。

③ 推定形式

推定形式是指当事人用语言和文字以外的有目的有意识的积极作为来进行意思表示的形式。

【教学提示】 铁路工程公司与钢铁厂签订的钢轨买卖合同期满后,钢铁厂仍继续供货,铁路工程公司照收不误,就可根据双方的行为,推定双方在事实上已达成了延长原合同期限的协议。

④ 默示形式

默示形式是指当事人没有进行任何积极行为,也没有用口头或书面方式进行意思表示,而是以沉默的方式表示自己的意志。默示只有在有法律规定、当事人约定或者符合当事人之间的交易习惯的情况下,才能被看作为具有法律意义的意思表示形式。对默示形式既不能扩大解释,更不能乱用。

【教学提示】 铁路到站交付行李货物,旅客或收货人领取时未提出异议,则视为铁路完好交付行李货物的初步证明。经济法律行为的默示形式参见【教学案例1-2】。

2. 无效经济法律行为

无效经济法律行为指的是不具备经济法律行为的有效要件,不能产生行为人预期的法律后果,从一开始就不具备法律效力的行为。

超出经营范围进行活动、恶意串通规避法律的行为、乘人之危签订显失公平的合同等,都属于无效经济行为,法律不予认可和保护。

【教学提示】 托运人不具备铁路危险货物托运人资质,却超范围办理危险货物托运,发站也未认真审核,其签订运输合同的行为属无效经济行为,法律不予认可和保护。

四、经济法律关系的产生、变更与消灭

(一)经济法律关系的产生

经济法律关系的产生是指由于一定法律事实的存在,使特定的经济法律关系主体之间形成一定的权利义务关系。

【教学提示】 签订铁路货物运输合同的法律行为,必然在托运人、承运人双方当事人或托运人、收货人、承运人多方当事人之间形成一系列的经济权利与义务关系,而且这种权利与义务受到国家法律的保护与监督。

(二)经济法律关系的变更

经济法律关系的变更是指由于一定法律事实的存在,使原有经济法律关系的主体、客体与内容发生的变更。

1. 变更的形式

(1)主体的变更

主体的变更,既可以是主体性质的改变,组织形式的变更,业务范围的改变,也可以是主体数目的增减。企业因合并、归并、分立、分解,造成当事人一方的变更,其权利义务关系也随之转移。

【教学提示】　在铁路的多次体制改革中,郑州铁路局、武汉铁路局、西安铁路局曾经归并为郑州铁路局后又分立,原北京铁路局分立为北京铁路局、太原铁路局,原属上海铁路局的福州分局划归南昌铁路局。铁路局的撤销、分立、合并以及管辖范围的调整,都会造成铁路运输合同承运方的变更,其权利义务关系也随之转移。

（2）客体的变更

客体的变更指的是标的物名称、数量、质量以及范围大小的变更,也可以是客体性质的变更,从而引起权利与义务,即经济法律关系内容的变更。

【教学提示】　铁路运输中,旅客要求变更到站,本质上就是旅客运输合同的客体在位移数量方面的改变,也就是客运服务在运输距离上的改变,从而引起缴纳票款、提供客运服务等权利与义务的变更。

（3）内容的变更

内容的变更包括交货时间、地点,货款支付方式,违约责任,纠纷解决方式的选择等具体条款的改变。

【教学提示】　铁路货物运输中,托运人将原到达桂林西站专用线卸车、收货人为桂北饲料公司的一整车豆粕,变更到桂林西站站内卸车,变更收货人为漓江养殖物资加工公司,改变了货物运输合同内容的交货地点和收货人。

2. 变更的条件

为维护经济秩序,稳定经济生活,经济法律关系的变更受到严格的限制,根据法律规定,经济法律关系的变更应符合以下条件：

（1）由国家计划调整造成的变更。

（2）因不可抗力造成的变更。

【教学提示】　国家调整粮食储备调拨计划,粮食运输计划也相应变化,经由铁路运输的粮食货物运输合同也随之变更。

因无法预见、不可避免并且不能克服的自然现象或社会现象等不可抗力造成合同不能履行或不能完全履行的客观情况,可以变更法律关系。例如,在铁路运输中,因地震、台风、洪水等自然现象或战争、动乱等社会现象造成运输阻碍或货物毁损、旅客伤亡,属于因不可抗力导致合同不能履行或不能完全履行,可以变更到站、改签或根据不可抗力的影响程度,部分或全部免除铁路责任。

（3）特殊情况下需要变更

特殊情况下需要变更经济法律关系,须经双方当事人协商一致,有的还应按规定报上级主管机关批准。因合同的变更而给他方造成损失的,由变更方负责赔偿损失。

（三）经济法律关系的消灭

经济法律关系的消灭是指由于一定法律事实的出现,经济法律关系主体间的权利与义务关系自行终止。根据终止的不同情况,经济法律关系的消灭可分为绝对消灭与相对消灭,或自然消灭与提前消灭,也可以分为全部消灭与部分消灭。

项目小结

铁路运输基础法律规范,是学习铁路运输各项法律规范的基础知识与基本技能,重点学习铁路运输法律规范体系的构成、民事行为能力、民事责任、经济法律关系的构成要素,确定经济法律关系的客体,判定无效代理,以法律规范的效力与适用原则,分析和处理铁路客货运输中遇到的法律问题。

教学案例

【教学案例 1-1】 区分不同的经济法律关系。

案情简介:南方饲料加工公司与北方粮食贸易公司达成了玉米购销协议,约定由北方粮食贸易公司提供 180 t 玉米并负责办理铁路运输,南方饲料加工公司凭铁路领货凭证给付货款。此后,北方粮食贸易公司寻找货源,与中州粮库达成了购买 180 t 玉米的协议,约定由中州粮库办理铁路运输托运手续,将玉米运至到站,收货人为南方饲料加工公司。中州粮库如约在发站信阳站办理好 3 车 180 t 玉米的托运手续后,将领货凭证交给了北方粮食贸易公司。北方粮食贸易公司将领货凭证交给南方饲料加工公司,在收取南方饲料加工公司的货款后,未向中州粮库支付货款便不知去向。中州粮库在收不到货款的情况下,将装车后仍停留在发站粮库专用线上等待挂运的 3 车玉米全部卸空,并向发站提出终止运输,此情况下发站同意中州粮库的要求与其解除运输合同。南方饲料加工公司持领货凭证在到站领不到货物,便向铁路运输法院提起诉讼,要求承运人铁路运输企业交付货物或者赔偿损失。

此案中存在哪些经济法律关系? 铁路是否应承担交付货物或者赔偿损失的责任?

案例分析:分析此案,关键在于理清不同的经济法律关系。案例中存在三个不同的经济法律关系,一是南方饲料加工公司与北方粮食贸易公司订立的买卖合同关系,二是北方粮食贸易公司与中州粮库订立的买卖合同关系,三是中州粮库与铁路订立的货物运输合同关系。

(1)在南方饲料加工公司与北方粮食贸易公司订立的买卖合同关系中,由于北方粮食贸易公司收了货款,却未交付货物,存在违约行为,责任在北方粮食贸易公司。

(2)在北方粮食贸易公司与中州粮库订立的买卖合同关系中,由于北方粮食贸易公司未付货款,存在违约行为,中州粮库依法可以单方面解除与北方粮食贸易公司的买卖合同关系,责任在北方粮食贸易公司。

(3)在中州粮库与铁路订立的货物运输合同关系中,由于托运人中州粮库单方面终止运输,迫使承运人同意与其解除铁路运输合同关系,收货人南方饲料加工公司收不到货物,责任在中州粮库,铁路不承担交付货物或者赔偿损失的责任。

【教学案例 1-2】 经济法律行为的默示形式。

案情简介:东风汽车配件厂在 A 站托运一批汽车配件,用 1 个 20 ft 铁路通用集装箱装运,到达到站 B 站后,收货人桂远汽修公司派员领取货物,在与到站办理货运交接时,发现集装箱施封有松动现象,但觉得可能是运输途中振动所致,没有向到站提出异议,当即办理了领取手续将货物领出,当把集装箱拉回公司后,拆封时发现施封锁可以自由拔出,开箱清点发现汽车配件短少,便多次向到站提出赔偿要求,但均遭到拒绝,汽修公司遂向法院起诉,要求到站赔偿损失。此案铁路是否应承担赔偿责任?

案例分析:分析此案,问题的焦点在于铁路到站与收货人办理交接时集装箱货物是否完好。依据《铁路集装箱运输规则》的规定,铁路与托运人或收货人交接集装箱货物时,凭箱号、封印和箱体外状办理交接。收货人在接收集装箱时,应检查施封状态、封印内容和箱体外状,发现不符或有异状时,应在接收当时向车站提出。本案双方当事人在进行货物交接时,收货人并未提出异议,以默示的形式认可完好交付并领取了货物,根据《民法典》(合同编)规定,货物交接完毕后,运输合同终止,这表明双方的运输合同已经履行完毕,收货人事后提出异议,铁路不承担赔偿责任。

实训任务

任务单 (一)

作业人员:班级_____　姓名_____　学号_____　成绩_____　评阅人_____

任务要求:将正确答案填写在题中空格的下划线上,加深对铁路运输法律规范基础知识和基本法理的理解。

任务内容:

1. 铁路运输法律规范体系,主要由_____、_____、_____等多个层次的法律规范构成,国际条约与协定、_____也是重要的组成部分。

2. 法律解释权属于全国人民代表大会_____委员会,法律解释与法律具有_____效力。

3. 民法调整平等主体的自然人、法人和非法人组织之间的_____关系和_____关系。

4. 自然人的民事行为能力,分为_____民事行为能力、_____民事行为能力和_____民事行为能力。

5. 不能完全辨认自己行为的成年人实施的民事法律行为,是否与其智力、精神健康状态相适应,可以从_____与本人民事活动相关联的程度、本人的智力、精神状态能否理解其_____,并预见相应的行为后果以及_____标的数额等方面认定。

6. 法人可分为三类:_____法人、_____法人、_____法人。

7. 代理包括_____代理和_____代理。

8. 委托代理授权采用书面形式的,授权委托书应当载明代理人的姓名或者名称、_____事项、权限和_____,并由被代理人签名或者盖章。

9. 民事主体依照_____规定和_____约定,履行民事义务,承担民事责任。

10. 因_____不能履行民事义务的,不承担民事责任。法律另有规定的,依照其规定执行。

11. 因自愿实施紧急救助行为造成受助人损害的,救助人_____承担民事责任。

12. 因当事人一方的违约行为,损害对方人身权益、财产权益的,受损害方有权选择请求其承担_____责任或者_____责任。

13. 侵害公民_____造成伤害的,应当赔偿医疗费、因误工减少的收入、残废者生活补助费等费用;造成死亡的,并应当支付丧葬费、死者生前扶养的人必要的生活费等费用。

14. 从事高空、高压、易燃、易爆、剧毒、放射性、高速运输工具等对周围环境有高度危险的作业造成他人损害的,应当承担民事责任;如果能够证明损害是由受害人_____造成的,不承担民事责任。

15. 市场运行关系主要包括:经济_____关系、经济_____关系、经济_____关系。

16. 经济法律关系,是指经济法_____在进行经济管理和经济活动过程中所形成的、由_____加以确认的经济权利和经济义务的关系。

17. 经济法律关系属于法律关系的范畴,由_____、_____和_____三个要素组成。

18. 能够成为经济法律关系客体的有_____、_____、_____等。其中经济行为包括_____、_____和_____。

19. 经济法律关系的内容是指经济法律关系主体享有的_____和承担的经济义务。

任 务 单 (二)

作业人员: 班级_____姓名_____学号_____成绩_____评阅人_____

任务要求: 将正确答案的英文字母代号填写在题中的括号内,深化对铁路运输法律规范水平问题的理解。

任务内容:

1.( )由全国人民代表大会及其常务委员会制定、补充和修改。

　A. 法律　　　　　B. 行政法规　　　C. 地方性法规　　D. 行政规章

2. 行政法规是由( )根据宪法和法律制定的规范性文件。

　A. 国务院　　　　　　　　　　B. 全国人民代表大会

　C. 国务院各部委　　　　　　　D. 全国人大常委

3. 凡属于法院审判工作中具体应用法律、法令的问题,由( )进行解释。

　A. 中央政法委　　B. 司法部　　　C. 高级人民法院　　D. 最高人民法院

4. 最高人民法院制定并发布的司法解释,具有( )效力。

　A. 法律　　　　B. 行政法规　　　C. 规章　　　　　D. 同等

5. 在以下所列法律中( )属于一般法。

　A. 民法典　　　B. 保险法　　　C. 食品安全法　　D. 铁路法

6. 铁路旅客车票实行实名购买、查验制度,是在( )中规定。

　A. 铁路法

　B. 铁路交通事故应急救援和调查处理条例

　C. 铁路安全管理条例

　D. 关于审理铁路运输人身损害赔偿纠纷案件适用法律若干问题的解释

7. 从我国经济法的渊源分析,《铁路法》属( ),《铁路交通事故应急救援和调查处理条例》属( ),最高人民法院《关于审理铁路运输损害赔偿案件若干问题的解释》属( ),国家铁路局颁发的《铁路旅客运输安全检查管理办法》属( ),《铁路危险货物运输安全监督管理规定》属( )。

　A. 法律　　　　　B. 行政规章　　　C. 行政法规　　　D. 司法解释

8. 12 岁小学生购买全票乘坐高铁动车旅行,属于( )民事行为能力人。

　A. 完全　　　　B. 视为完全　　　C. 限制　　　　　D. 无

9. 3 岁小孩随大人乘坐旅客列车旅行,属于( )民事行为能力人。

　A. 完全　　　　B. 视为完全　　　C. 限制　　　　　D. 无

10. 行为人因对行为的性质、对方当事人、标的物的品种、质量、规格和数量等的错误认识,使行为的后果与自己的意思相悖,并造成较大损失的,可以认定为( )。

　A. 欺诈行为　　B. 胁迫行为　　C. 乘人之危　　D. 重大误解　　E. 显失公平

11. 一方当事人利用优势或者利用对方没有经验,致使双方的权利与义务明显违反公平、等价有偿原则的,可以认定为(　　)。

    A. 欺诈行为　　　　B. 胁迫行为　　　　C. 乘人之危　　　　D. 重大误解　　E. 显失公平

12. 当事人一方违反合同的赔偿责任,应当(　　)于另一方因此所受到的损失。

    A. 大　　　　　　　B. 小　　　　　　　C. 相当　　　　　　D. 两倍

13. 甲乙买卖合同期满后,甲方仍继续供货,乙方照收不误,双方的行为在事实上已达成了延长原合同期限的协议。属于经济法律行为采取的(　　)形式。

    A. 口头　　　　　　B. 书面　　　　　　C. 推定　　　　　　D. 默示

14. (　　)是一个概括名称,并不是一部具体的法律,而是各项经济法律规范的总称。

    A. 铁路法　　　　　B. 合同法　　　　　C. 保险法　　　　　D. 经济法

15. 经济法的调整对象是(　　)法律关系。

    A. 继承　　　　　　B. 经济　　　　　　C. 行政　　　　　　D. 财产

16. 经济法律关系的发生、变更和终止,都必须以一定的(　　)为依据。

    A. 事实关系　　　　B. 客观情况　　　　C. 法律事实

17. 作为经济法律关系主体的国家机关,主要是(　　)机关。

    A. 国家权力　　　　B. 经济管理　　　　C. 审判　　　　　　D. 检察

18. 经济法律关系最主要的参加者是(　　)。

    A. 企业　　　　　　B. 自然人　　　　　C. 国家机关　　　　D. 个体工商户

19. 经济法律关系的三大要素是(　　)。

    A. 主体、客体和内容　　　　B. 经济、行政、刑事　　　　C. 被告、原告和第三人

20. 我国法人大体上可分为(　　)。

    A. 国家法人、企业法人、社团法人　　　　B. 企业法人、机关事业单位法人、财团法人

    C. 社会团体、基金会、社会服务机构　　　　D. 营利法人、非营利法人、特别法人

21. 铁路局集团公司作为经济法律关系的主体属于(　　)。

    A. 法人　　　　　　B. 自然人　　　　　C. 国家　　　　　　D. 其他社会组织

22. 铁路货物运输经济法律关系中的客体是指(　　)。

    A. 物　　　　　　　B. 经济管理行为　　C. 完成工作　　　　D. 履行劳务

23. 在经济行为中,当事人没有任何积极行为,也没有用口头书面形式进行意思表示,但习惯上当事人的意思表示已为大家所公认了,此种形式称作(　　)。

    A. 履行合同行为　　　　　　　　　　B. 当事人的法律行为

    C. 推定形式　　　　　　　　　　　　D. 默示形式

24. 在经济法行为中,当事人用语言、文字以外的,通过有目的、有意识的积极行为来表示意思的形式,称作(　　)。

    A. 履行合同行为　　　　　　　　　　B. 当事人的法律行为

    C. 推定形式　　　　　　　　　　　　D. 默示形式

25. 铁路工程公司与铁路机修厂签订了一份旧设备转让合同,机修厂在约定时间内按合同规定将货款一次付清,不久工程公司原经理调离,新任经理提出设备须重新作价,否则不履行合同。新任经理(　　)。

    A. 可以变更合同　　　　　　　　　　B. 必须解除合同

    C. 可以不履行合同　　　　　　　　　D. 必须履行合同

26. 国家铁路局与国铁集团之间是铁路运输(　　)关系。

A. 行政管理　　　　B. 合同　　　　C. 经营管理　　　　D. 内部

27. 国铁集团与铁路局集团公司,铁路局集团公司之间铁路运输(　　　)关系。

A. 行政管理　　　　B. 合同　　　　C. 经营管理　　　　D. 平等协作

任 务 单 (三)

作业人员: 班级_____姓名_____学号____成绩____评阅人_____

任务要求: 在题号前的括号内,正确√,错误×,增强对处理铁路运输法律规范问题的判断能力。

任务内容:

(　　　)1.《铁路安全管理条例》属于铁路部门规章。

(　　　)2.《铁路旅客车票实名制管理办法》属于行政法规。

(　　　)3. 法律的效力高于行政法规、规章。

(　　　)4. 行政法规的效力高于规章。

(　　　)5.《铁路法》属于规范铁路行业的特别法。

(　　　)6.《民法典》不适用于铁路运输。

(　　　)7. 铁路运输行政管理关系,属于《铁路法》调整的范围。

(　　　)8. 铁路运输企业的工作人员,执行职务的行为,给他人造成损失,铁路运输企业应当承担民事责任。

(　　　)9. 承运人一般不接受儿童单独旅行(乘火车通学的学生和承运人同意在旅途中监护的除外)

(　　　)10. 行为人在神志不清的状态下所实施的民事行为,应当认定为无效。

(　　　)11. 间歇性精神病人的民事行为,确能证明是在发病期间实施的,应当认定无效。

(　　　)12. 代理人在被代理人授予的代理权限内,以代理人自己的名义实施民事法律行为。

(　　　)13. 二人以上共同侵权造成他人损害的,应当承担连带责任。

(　　　)14. 铁路局集团公司与下属站段,属组织内部的经济关系。

(　　　)15. 铁路旅客运输经济法律关系,由乘务员、旅客和旅客列车三个要素组成。

(　　　)16. 自然人不能成为经济法律关系的主体。

(　　　)17. 铁路仓储保管合同关系中的客体,是仓储保管的货物。

(　　　)18. 各铁路局集团公司对其管内的运输经营管理权,属于经济职权。

(　　　)19. 法律事实可以表现为人们有意识的活动,即法律事件。

(　　　)20. 铁路局集团公司分解,造成当事人一方的变更,其权利义务关系随之消失。

任 务 单 (四)

作业人员: 班级_____姓名_____学号____成绩____评阅人_____

任务要求: 将正确答案填写在题下的空白处,增强对铁路运输法律规范难点业务的分析能力和运用能力。

任务内容:

1. 在铁路运输中,日常用语经常提到客运工作、货运工作,也经常提到客运服务、货运服务,试分析经济法律关系的客体中,工作和劳务(服务)之间的区别。

2. 试运用经济法律关系的法律知识,分析铁路货物、行李或旅客运输合同中的客体是否指的是货物、行李或旅客。

3. 一位年轻父亲到车站为自己 7 周岁的小孩购买儿童票,准备乘坐旅客列车到外地探亲。铁路局集团公司派出货运处科室人员,参加货运事故分析会,负责处理货运事故、签订事故处理协议。试分析说明这两种情况分别属于民事活动中的何种代理行为。

4. 一名年仅 19 岁的高职学院女生,检票进站后等车时,被挤下站台,遭旅客列车辗断双腿。在医院抢救治疗的过程,其父母赶来处理此事,与车站协商签订了《铁路旅客人身伤害及携带品损失最终处理协议书》。事后,该女生认为其父母未征询过她本人意见,不认可该协议。试分析说明该协议是否有效。

项目 2

合同法律制度

项目描述

合同是社会经济最重要的一种法律制度。《民法典》(合同编)主要的学习内容,包括合同的概念与分类,合同的订立、变更、解除、转让和终止,合同的履行和担保,违反合同的责任,是学习铁路运输合同的铺垫与支撑。

教学目标

(1)知识目标

了解合同的概念与分类,理解无效合同,分析合同的履行和担保,掌握合同订立、变更、解除、转让和终止的法律要件及违反合同的责任。

(2)能力目标

明确合同的分类,确定合同订立、变更、解除、转让和终止的时机和条件,办理合同的担保,判定无效合同,划分违反合同的责任。

(3)素质目标

在市场经济的条件下,转变传统的计划运输为现代的合同运输,按照合同法的原则与条文规定,具体分析和处理铁路客货运输合同业务中遇到的法律问题。

教学条件

铁路客货运仿真实训室,多媒体设备及课件,铁路旅客车票,铁路货物运单,铁路客货运法规汇编。

教学建议

教学重点是合同的订立、变更、解除、转让和终止,侧重于铁路旅客运输合同与铁路货物运输合同。教学难点是合同的担保与违反合同的责任。建议采用案例教学、角色教学、多媒体教学,并通过项目实训任务单的单项练习、综合练习及案例分析,培养合同法的运用能力。

工作任务

典型工作任务 1　合 同 认 知

一、合同的概念

《民法典》(合同编)规定,合同是民事主体之间设立、变更、终止民事法律关系的协议。

合同也称为契约,是商品交换的法律形式,是所有商品经济社会最重要的一种法律制度,并随着商品经济的发展而发展。

合同不仅存在于经济领域,而且已扩展到社会生活的诸多方面。

二、合同的分类

(一)按是否为法律明确规定分

按合同的名称、内容是否为法律明确规定划分,合同可分为列名的合同和未列名的合同两大类。

1. 列名合同

列名的合同是指由法律作了规定并赋予特定名称的合同,又称典型合同。《民法典》(合同编)中列名的典型合同有 18 种,与铁路客货运输和铁路物流服务密切相关的有运输合同、仓储合同、保管合同、委托合同、保证合同。

(1)运输合同

运输合同是承运人将旅客或者货物从起运地点运输到约定地点,旅客、托运人或者收货人支付票款或者运输费用的合同。运输合同可分为客运合同、货运合同和多式联运合同。

(2)保管合同

保管合同是保管人保管寄存人交付的保管物,并返还该物的合同。

(3)仓储合同

仓储合同是保管人储存存货人交付的仓储物,存货人支付仓储费的合同。

(4)委托合同

委托合同是委托人和受托人约定,由受托人处理委托人事务的合同。

(5)保证合同

保证合同是为保障债权的实现,保证人和债权人约定,当债务人不能履行到期债务,或发生当事人约定的事情时,保证人履行债务或承担责任的合同。

2. 未列名合同

未列名的合同是指列名合同以外的合同,如联营合同、期权期货合同等。

【教学提示】　社会经济活动中,涉及的合同种类繁多,对未列名的合同,《民法典》(合同编)确立了法律适用的类推制度。《民法典》(合同编)规定,本法或者其他法律没有明文规定的合同,适用本编通则的规定,并可以参照适用本编或者其他法律最相类似的规定。

(二)按合同的标的分

按合同的标的划分,合同可分为转移财产的合同、完成工作的合同、提供劳务的合同、财产使用合同和其他合同。

1. 转移财产的合同

转移财产的合同是指当事人一方为取得财产所有权,付给另一方相当价值金钱的合同。转移财产的合同有两个基本特点:一是合同标的物为物质客体,具有使用价值和交换价值;二是合同的履行最终目的是实现所有权的转移。

转移财产合同主要包括买卖合同、供用电、水、气、热力合同等。

【教学提示】 例如,铁路与钢厂签订钢轨的买卖合同,即为转移财产的合同,合同履行后,所有权发生了转移。

2. 完成工作的合同

完成一定工作的合同是指当事人一方自己承担风险完成他方交给的工作,并由他方支付工作报酬的合同。其特点是:(1)主体的特定性,要求主体有一定的技术、设备、劳力等条件。(2)标的物的特殊性,标的物不是通用产品,具有特定的技术、质量要求。

完成工作的合同主要包括建设工程合同、承揽合同等。

【教学提示】 例如,铁路建设工程合同,要求建设施工单位必须具备主体资格,具有一定的技术、设备、劳力等资质条件,完成的轨道、桥梁、隧道等建筑物具有相应的技术、质量要求。

3. 提供劳务的合同

提供劳务的合同是指当事人一方按照约定的条件,用自己的劳动工具和劳动,为他方提供服务活动,并由他方支付劳务报酬的合同。其特点是:提供劳务必须由提供劳务的当事人一方履行,而不能将义务转让给第三人完成。

【教学提示】 例如运输合同、仓储合同,一方用自己的运输工具、仓库和劳动,为对方提供运输、仓储服务,并由对方支付劳务报酬。

4. 财产使用合同

财产使用合同是指一方当事人按约定对对方的财产行使使用权,使用期满后返还原物并支付租金的合同。其特点在于,财产使用合同是取得标的物的使用权,而不是所有权,使用期满后原物返还。财产使用合同如租赁合同等。

【教学提示】 例如,中新机械设备厂与铁路签订为期一年的租用 6 辆铁路棚车的租赁合同,在租赁期内,铁路对车辆的所有权不变,租用企业取得车辆的使用权,租用期满后车辆返还铁路。

5. 其他合同

其他合同包括联营合同、期权期货合同、借款合同等。

(三)按合同与国家计划的关系分

按合同与国家计划的关系划分,合同可分为计划合同和非计划合同。

1. 计划合同

直接根据国家计划签订的合同。其特点在于国家计划是这类合同签订的基础与前提,对双方都具有约束力,必须严格执行。

2. 非计划合同

不直接根据国家计划,而是按照各经济主体业务活动的范围签订的合同。是否签订合同与合同的内容均由双方自由协商决定。

(四)按参与合同的当事人数目分

按参与合同的当事人数目的多少划分,合同可分为双边合同与多边合同。

1. 双边合同

由权利义务对等的双方所签订的合同。

【教学提示】　例如,铁路旅客运输合同、铁路行李运输合同,只有铁路运输企业和旅客双方当事人,是典型的双边合同。

2. 多边合同

由两个以上权利义务主体参与的合同。

【教学提示】　例如,铁路货物运输合同,当托运人与收货人不是同一当事人时,即为多边合同。

(五)按是否交付标的物分

根据合同签订时,除当事人意思表示一致外,按是否还要交付标的物(或标的载体)来划分,可将合同分为诺成合同和实践合同。

1. 诺成合同

只要签约双方就权利义务关系经过协商,双方意思表示一致,不需要提交标的物(或标的载体)即可成立的合同,如建筑工程合同、铁路旅客运输合同。

【教学提示】　例如,铁路旅客运输合同,旅客在规定期限内提前购票,只要铁路运输企业有余票,双方经过协商达成一致,购票成功,铁路旅客运输合同即可成立,并不需要旅客(客运服务的载体)即刻就开始进入旅程。

2. 实践合同

除双方意思表示一致,并达成协议外,还需要提交标的物(或标的载体)才能成立的合同。

【教学提示】　保管合同是典型的实践合同。《民法典》(合同编)规定,保管合同自保管物交付时成立,但当事人另有约定的除外。保管合同属于提供劳务的合同,标的(客体)是保管人提供的保管劳务,保管物是标的(保管劳务)的载体。通常情况下,自寄托人将保管物交付保管人验收后,保管合同才能成立。如寄托人只是提出要保管,保管人也同意保管,而寄托人没有交付保管物,则保管合同还没有成立。

(六)按合同双方当事人分担权利义务的方式分

根据合同双方当事人分担权利义务的方式划分,合同可分为双务合同和单务合同。

1. 双务合同

当事人双方相互享有权利和负有义务,并且一方的权利是另一方的义务的合同。

【教学提示】　例如,铁路运输合同、仓储合同、租赁合同等,均为双务合同,当事人双方相互享有权利和负有义务。

2. 单务合同

一方当事人只享有权利、另一方当事人只负有义务的合同。

【教学提示】　例如,在社会公益活动中,未附带条件的赠与合同,受赠方只享有受赠权利,而赠与方只负有赠与义务。

(七)按两个合同之间的主从关系分

根据两个合同之间的主从关系划分,可将合同分为主合同和从合同。

1. 主合同

不以他种合同存在为前提,能自己独立存在的合同。

【教学提示】　例如,铁路货物运输合同、铁路包裹运输合同、铁路货物仓储合同、铁路行李保管合同、铁路货运业务委托合同,均为可以独立存在的合同,不需要以其他合同的存在为前提。

2. 从合同

必须以他种合同存在为前提才能成立的合同。

【教学提示】　例如,铁路行李运输合同,必须以铁路旅客运输合同的存在为前提条件才能成立,旅客凭车票办理行李托运;铁路货物运输保证合同,必须以铁路货物运输合同的存在为前提条件才能成立,收货人在领货凭证丢失时,可办理铁路货物运输保证合同,凭此领取货物,以担保铁路货物运输合同的正确履行。

(八)按合同的成立是否以一定的形式为要件分

根据合同的成立是否以一定的形式为要件划分,合同可分为要式合同和非要式合同。

1. 要式合同

要式合同是指依照法律的规定、交易的习惯或当事人的要求,必须采用某种形式才能成立的合同。所谓形式,一般是指要求书面形式,甚至要经过批准、登记或公证等手续等。

【教学提示】　铁路旅客、行李、货物运输合同,均采用书面形式,车票、行李票、货物运单即合同的书面凭证。

2. 非要式合同

非要式合同是指对于合同成立没有形式上的要求的合同。

三、合同的特征

(一)合同是双方或多方当事人的法律行为

合同是双方或多方当事人意思表示一致的结果。合同当事人确立、变更或终止一定法律关系的行为,是经济协作中最常见的法律事实,能引起一定的法律后果,是具有法律约束力的行为。

(二)合同关系中当事人的法律地位是平等的

合同是当事人之间的协议。在合同关系中只有当事人的法律地位平等,才能各自充分表达自己的真实意思,进行平等协商。在合同中,一方不得把自己的意志强加给另一方。

(三)合同是当事人的合法行为

合同中所确立的权利义务,必须是当事人依法可以享有的权利和能够承担的义务,这是合同具有法律效力的前提。如果在签订合同中有违法行为,当事人不仅不能达到预期的目的,而且还须对其违法情况承担相应的法律责任。

典型工作任务2　合同的订立、变更、解除、转让和终止

一、合同的订立

(一)订立合同的基本原则

1. 合法

合同的合法性是合同成立并具有法律效力的首要条件,也是合同获得国家承认、当事人的权益得到法律保护的前提。为了保证所订合同具有法律效力,达到预期的法律后果,当事人在订立合同时,必须遵守国家法律和行政法规的规定,在合法的前提下,设置合同的内容,确定当事人的权利和义务。

2. 平等、自愿、公平

订立合同的当事人的法律地位是平等的,当事人要在自愿的基础上协商一致达成协议,并遵循公平原则确定各自的权利、义务,不得订立显失公平的合同或条款,任何一方不得将自己的意志强加给对方,其他任何单位和个人也不得非法干预。

3. 诚实信用

当事人签订合同相互意思表示要真实。不得弄虚作假,隐瞒真相,或采用欺诈的手段签订合同,损害对方利益。

4. 公序良俗

当事人在订立合同时,不得损害国家利益和社会公共利益,不得扰乱社会经济秩序,不得违背善良风俗。必须强调社会责任,既要保证合同当事人双方权利的实现,也要防止违背或侵害国家利益、社会公共利益和良好道德风尚。

(二)合同订立的程序

订立合同的过程,就是当事人双方就权利与义务进行协商,达成协议的过程,是一种法律行为,必须遵守一定的程序。实践中,订立合同需要经过要约与承诺两个阶段。

1. 要约

(1)要约的含义与特征

要约是希望和他人订立合同的意思表示。提出要约的一方称为要约人,相对方称为受要约人。

提出订立合同建议(即提出要约),必须是确定的自然人、法人或非法人组织。同时,由于要约须经相对人承诺,才会发生要约人所希望发生的效力,所以要约必须是对于相对人的行为,要约须向一个特定人,即向一个具体的自然人、法人或非法人组织提出。

要约的内容要具体确定。由于要约一经相对人承诺,合同即为成立,所以要约人提出的要约,必须标明合同的主要条款,以供相对人考虑是否做出承诺。如果要约不标明合同的主要内容,或者内容不明确具体,则相对人难以表示肯定或否定,合同也就不能订立。

(2)要约与要约邀请的区别

要约邀请是希望他人向自己发出要约的意思表示。虽然要约邀请和要约都是意思表示,但两者的目的不同,要约以订立合同为目的,一旦相对人做出承诺,合同即告成立;而要约邀请的目的只是唤起别人向自己做出要约的表示,要约邀请自身并不发生必须与对方订立合同的效力,是订立合同的预备行为。

【教学提示】　例如,商品带有标价的陈列,自动售货机的设立及投标书的寄送等,包含了合同条款约束的内容,都视为要约。而寄送的价目表、拍卖公告、招标公告、招股说明书,仅仅是推介,则视为要约邀请。

广告是要约邀请还是要约,应依广告不同的目的、用途和背景,视其内容是否具有合同的约束力而定。

一是广告人为了引起顾客的兴趣,广告内容仅作商品(或服务)的一般宣传,不含有订立合同的条款,此类广告没有要约所具有的约束力,只能是一种要约邀请。现在盛行的广告,大多属于此种类型。

二是广告表明了合同的内容,对广告人有约束力,如悬赏广告,声明完成某一事项即予以一定报酬等,这种广告的目的在于唤起对方响应而订立合同,因此应视为要约,而不应看做要约邀请。对方订立合同的效力,所以它只是订立合同的预备行为。

(3)要约的约束力

要约是订立合同的一个重要阶段,是一种法律行为。除要约人预先声明不受约束的以外,要约于送达受要约人时起生效,要约人受其约束,在一定限期内不得撤回、变更或限制其要约。要约的约束力通常分以下两种情况:

①对话要约的约束力

对话要约是指要约人采取语言表达方式发出要约的行为,即要约人通过当面(或通过电话)与相对人对话提出订立合同的建议。对话要约没有提出承诺期限的,相对人只有立即做出承诺,才能约束要约人,否则要约人不受要约的约束;对话要约有承诺期限的,相对人须在约定期限内做出承诺,才对要约人产生约束力,相对人没有按照约定期限承诺的,要约人就不再受要约的约束。

②非对话要约的约束力

非对话要约是要约人采用信件及数据电文(包括电报、电传、传真、电子数据交换和电子邮件)方式向相对人发出的要约。非对话要约,定有承诺期限的,在期限届满之前对要约人有约束力,超过承诺期限时,即失去对要约人的约束力;没有规定承诺期限的,在通常得到承诺所需的合理期限内,对要约人有约束力。

要约人可以撤回其要约,但撤回要约的通知应当在要约到达受要约人之前或者同时到达受要约人。否则撤回无效,要约仍然有效。

要约人可以撤销其要约,但撤销要约的通知应当在受要约人发出承诺通知之前到达受要约人。但在下列情况,要约不得撤销:要约中确定了承诺期限或者以其他形式明示要约不可撤销;受要约人有理由认为要约是不可撤销的,并且已为履行合同做了准备工作。

2. 承诺

承诺是受要约人同意要约的意思表示。做出这种意思表示的人称为承诺人。要约人的要约一经受要约人(即承诺人)的承诺,合同即告成立。

合同关系中的受要约人须是特定人,承诺的发出者须是受要约的自然人、法人或非法人组织。

承诺应以明示的方式做出,缄默或者不行为不视为承诺。除了根据交易习惯或者要约表明可以通过行为做出承诺的以外,承诺的表示应以通知的方式做出。

承诺的内容须与要约的内容一致。承诺必须是无条件地接受要约,才能构成有效的承诺,从而与要约人构成合同关系。

【教学提示】 承诺与要约完全一致,也只能是相对而言的。例如,如果受要约人表示愿意与要约人订立合同,而且在承诺中仅对要约的某些非要害条款做了增、删、改等非实质性变动时,除要约人及时表示反对或者要约表明承诺不得对要约的内容做出任何变更外,该承诺有效,并且合同的内容应以承诺内容为准。如果受要约人承诺时,对要约的内容做出实质性变更的,则不是承诺,应视为拒绝原要约而提出新要约。如对合同的标的、数量、质量、价款或者报酬、履行期限、履行地点和方式、违约责任、解决争议方法的变更,是对要约内容的实质性变更。

承诺必须是在要约有效期内所做出的行为。要约对于要约人是有约束力的,但这种约束力不是没有限制的。通常把对要约人有约束力的期限,称为要约的有效期。因此,受要约人只有在要约的有效期内做出赞同要约的意思表示,才是承诺。否则,均为迟到的承诺。即逾期的承诺,除要约人及时通知受要约人该承诺有效外,为新要约。

承诺需要通知的于通知到达要约人时生效。承诺不需要通知的,根据交易习惯或者要约的要求做出承诺的行为时生效。承诺生效时合同成立,当事人一方要求签订确认书的,签订确认书时起合同成立。

承诺也可以撤回,但要求撤回承诺的通知应在承诺生效之前或者与承诺通知同时到达要约人。

3. 签订合同

签订合同,就是当事人双方进行要约和承诺的协商过程。在实践中,可能经过一次协商就能达成协议,也可能需要经过多次反复协商,才能达成协议。这种反复协商的过程,就是要约—新要约—再新要约……直至承诺的过程。

【教学提示】　实践中,需要具体分析合同订立的要约与承诺两个阶段,按合同法规定的程序和要件,确定合同是否成立。合同订立的程序参见【教学案例 2-1】。

(三)订立合同的形式

订立合同的形式有以下两种:

1. 口头合同形式

口头合同形式,是指当事人双方通过对话方式确立相互权利义务关系的合同形式。口头合同形式,一方以口头向对方提出要约,另一方以口头做出承诺,合同即成立,多用于能够即时结清的简单经济往来。

【教学提示】　例如,当面谈判或电话对话,就属于口头合同形式。口头合同简便易行,财产流转迅速,在经济交往中是一种不可缺少的合同形式。但是口头合同缺乏文字依据,一旦发生纠纷,容易出现口说无凭、举证困难的不利后果。因此,对于标的数额较大,履行期限较长,不能即时完成、结清的合同,不应采用口头形式,而应当采用书面形式。

2. 书面合同形式

书面合同形式是指合同书、信件和数据电文等可以有形地表现所载内容的合同形式。数据电文包括电报、电传、传真、电子数据交换和电子邮件。

【教学提示】　当事人订立合同,之所以要求采用书面形式,目的在于维护合同的严肃性,保证合同法律关系的连续性,避免由于组织机构的调整或者人事的变动,而影响合同的履行。

(1)书面合同的内容必须具体明确

书面合同可以证明合同法律关系的确立,作为监督、检查、管理合同以及解决合同纠纷的依据。因此,书面合同的内容必须明确、具体。

(2)书面合同有主件和附件之分

主件是指载明合同一般条款和主要条款的合同文本、信件和数据电文。附件是指说明主要条款的图表或文字。附件也是合同的组成部分。

【教学提示】　在特定的合同中,与履行合同有关的技术背景资料、可行性论证和技术评价报告、项目任务书和计划书、技术或质量标准、技术或操作规范、原始设计和工艺文件以及图纸、表格、数据和照片等,都可以根据当事人的协商作为合同的附件。例如,铁路运输超限货物,属于特殊货物运输,托运人除提出货物运单作为合同的主件外,还必须提供货物三视图、超限超重货物托运说明书、计划装载加固方案等技术资料作为合同的附件。

(3)书面合同有多种形式

书面合同可采用条文式、表格式,或者两者兼用、互为补充的方式。法律、法规规定应当采用书面形式的合同必须采用书面形式签订,否则视为合同形式不合法。

【教学提示】　例如,铁路运输合同就是采用表格式、条文式两者兼用、互为补充的方式,车票、行李票、包裹票、货物运单是表格式的书面合同,而合同主要条款,则采用条文式集中在《客规》《货规》及其引申规则中规定。

合同的订立的形式,除口头形式、书面形式外,还有默示形式、推定形式等特殊形式。

(四)合同的内容

合同的内容由当事人约定。合同的内容规定了当事人的权利和义务,是确认合同是否合法和当事人双方是否全面履行合同的主要依据。合同的内容一般应包括以下条款:

1. 当事人的名称或者姓名和住所

当订立合同的当事人为法人或非法人组织时,合同文本中应写明该法人或组织的名称、住所或经营场所、法定代表人或负责人姓名。当合同当事人为自然人时,合同文本中应写明该自然人的姓名、住址。

【教学提示】 例如,铁路货物运输合同,在货物运单(表2-1)上应记明托运人、收货人的名称或者姓名和住所。

表 2-1　货物运单(部分栏目)

托运人	名　　称	包头市钢制品贸易公司			
	地　　址	包头市漠北街125号	邮　编		014011
	经办人姓名	张俊	经办人电话	13623894176	E-mail	zhangjun@126.com
收货人	名　　称	贵阳市黔中机械厂			
	地　　址	贵阳市花溪路16号	邮编		550009
	经办人姓名	李东南	经办人电话	13823876537	E-mail	30296787@qq.com

2. 标的

合同标的是指合同当事人双方的权利义务共同指向的对象。由于合同种类不同,标的也不同。标的可以是实物,也可以是工作项目、劳务活动或智力成果。

【教学提示】 例如,买卖合同的标的是实物,借款合同的标的是货币。又如,运输合同、仓储合同的标的是劳务(服务),值得注意的是旅客、行李、货物只是标的(劳务、服务)的载体,而不是标的。

合同的标的,必须符合国家法律、法规的要求,并非所有的物和行为都可以作为合同的标的。标的是订立合同的前提,如果没有标的或标的不明确,合同就不能成立,也无法履行。

3. 数量

数量是标的的计量,是衡量标的大小、多少、轻重的尺度。标的数量是通过计量单位和计量方法来衡量的,必须使用国家法定计量单位,统一的计量方法,国家没有规定的,由双方商定。订立合同时,计量单位和计量方法必须合法、具体、明确。此外,特殊的标的物由于其理化属性可能会产生自然增减的情况,因此在合同中应当明确记载合理磅差、正负尾差、超欠幅度、自然损耗率等。

【教学提示】 在铁路运输中,数量是指发送量(人数、吨数)、周转量(人公里、吨公里)。

4. 质量

标的的质量是指标的的内在素质(物理、机械、化学、生物的性能、性质等)和外观现象(造型、形状、色泽等)的状况。签订合同时,必须明确、详细地载明标的的名称、品种、规格、型号、等级、质地等具体内容。

标的的质量是合同的主要内容,必须明确质量的标准。有国家标准或行业标准的,按国家标准或行业标准签订;没有国家标准或行业标准的,由双方协商签订。对于双方约定提交的样品,如果能够保存,双方应将相同的样品(经双方签封)各自保存一份;如果不易保存,应将样品名称、品种、规格、型号、等级、质地详细记载清楚,各存一份,以作为验收凭证。

【教学提示】　在铁路运输中,货运服务质量要求达到安全、优质、高效、便捷,客运服务质量要求达到安全正点、方便快捷、设备良好、车容整洁、饮食卫生、文明服务。

5. 价款或者报酬

价款或者报酬是指合同当事人一方向交付标的的另一方所支付的以货币为表现形式的代价。在以物为标的的合同中,这种代价称为价款;在以劳务、智力成果为标的的合同中,这种代价称为报酬。

价款或者报酬,除国家规定必须执行国家定价或指导价的以外,由当事人协商议定。除法律另有规定外,价款或者报酬必须采用货币计量来表示。

【教学提示】　例如,铁路旅客运输票价、铁路货物运输运价,执行国家定价,在《铁路客运运价规则》《铁路货物运价规则》中公布,临时调价以文件的形式公布,不能由当事人协商议定。

6. 履行时限、地点和方式

(1)履行时限

履行期限是指履行合同标的和给付价款或者报酬的时间界限。合同履行时限分为合同的有效期限和合同的履行期限。

合同的有效期限是指合同有效时间的起、止界限,如长期合同、年度合同、季度合同等。合同的履行期限是指合同约定的履行时间要求,可以按日、按旬、按月、按季分期履行。

【教学提示】　部分合同的履行期限就是合同的有效期限,如仓储合同、保管合同等。而有些合同既要规定有效期限,又要规定履行期限,如铁路货物运输,运输合同可以签订阶段运输需求,履行期限则可以分期、分批履行。

(2)履行地点

履行地点是指交付或提取标的的地方。合同中必须对履行地点做出明确规定。

【教学提示】　例如,托运人在铁路货物运单(表 2-2)中选择了门到门运输服务,则发站应负责上门取货,到站负责送货上门。

表 2-2　货物运单(部分栏目)

选择服务	☑门到门运输:□上门装车　□上门卸车 □门到站运输:□上门装车 □站到门运输:□装载加固材料 □上门卸车 □站到站运输:□装载加固材料	取货地址	鹰潭市新风路 219 号		
		取货联系人	陈春生	电话	13589713670
	□保价运输	送货地址	西安市古城街 162 号		
	□仓储	送货联系人	赵信礼	电话	13935872461

(3)履行方式

履行方式是指当事人履行合同义务采用的方式。合同的履行方式,取决于标的的性质,不同性质的标的,有不同的履行方式。

在合同中,必须明确规定是一次履行,还是分期、分批履行;是当事人自己履行,还是由他人代为履行。

合同的履行方式还包括标的的交付方式和价款或者报酬的结算方式。

7. 违约责任

违约责任是指因当事人一方或双方的过错,造成合同不能履行或不能完全履行时,责任方必须承担的责任。在合同中明确规定当事人双方的违约责任,有利于双方严肃认真地签订和履行合同,有利于追究责任方的违约责任。

【教学提示】 对于违约责任,法律、法规有规定的,按照法律、法规的规定执行;法律、法规没有规定的,由当事人双方协商确定。当事人可以在合同中约定,一方当事人违反合同时,向另一方当事人支付一定数额的违约金;或者约定因违反合同而产生损失的赔偿数额的计算方法。但约定的违约金、赔偿金,不得高于或者低于法律、法规规定的比例幅度或者限额。

8. 解决争议的方法

解决争议的方法,是指当事人因合同发生纠纷时的处理方法。当事人可在合同中约定解决争议的方法。解决争议的方法有:双方协商解决、由第三方调解、提交仲裁机关仲裁、向人民法院提起诉讼。

【教学提示】 如果双方在合同中书面约定了发生纠纷时通过共同选定的仲裁机构仲裁解决,则发生纠纷后只能向该仲裁机构提起仲裁,不能直接向人民法院提起诉讼。

二、合同的变更、解除

(一)合同的变更

1. 合同的变更的概念

合同的变更是指合同签订以后,由于履行条件发生变化,当事人之间就原合同的部分条款进行修改或补充所达成的新的协议。合同的变更是以原来签订的合同为基础的,是对原合同局部要素的变更。

因变更合同使一方遭受损失的,除依法可以免除责任的情况外,应由责任方负责赔偿。

【教学提示】 例如在铁路运输中,旅客改签变更乘车日期、车次、席(铺)位,托运人变更货物的到站、收货人。

2. 合同协议变更

当事人协商一致,可以变更合同。法律、行政法规规定变更合同应当办理批准、登记等手续的,依照其规定。当事人对合同变更的内容约定不明确的,推定为未变更。

(二)合同的解除

1. 合同解除的概念

合同的解除是指在合同没有履行或没有完全履行时,由于实现合同的条件发生变化,致使合同的履行成为不可能或不必要,由当事人依照法律或合同规定的条件和程序,提前终止合同效力的行为。

【教学提示】 例如在铁路运输中,旅客退票,托运人取消行李、货物运输,均为解除合同的情形。

合同的解除是当事人为避免履行合同而带来不应有的损失所采取的一项措施,合同自解除之日起,未履行的合同部分即不再履行。但是,合同的解除并不意味着因合同产生的债权债务关系的终止。合同解除后,责任方仍应当依法承担相应的合同责任,只有在责任方按法律规定或约定偿付了违约金和赔偿了损失后,双方的法律关系才真正消灭。

2. 合同协议解除

当事人协商一致,可以解除合同。当事人可以约定一方解除合同的条件。解除合同的条件成就时,解除权人可以解除合同。

3. 合同法定解除

依据《民法典》(合同编)规定,有下列情形之一的,当事人可以解除合同:

(1)因不可抗力致使不能实现合同目的。

(2)在履行期限届满之前,当事人一方明确表示或者以自己的行为表明不履行主要债务。

(3)当事人一方迟延履行主要债务,经催告后在合理期限内仍未履行。

(4)当事人一方迟延履行债务或者有其他违约行为致使不能实现合同目的。

(5)法律规定的其他情形。

【教学提示】　不可抗力表现为自然现象(如洪水、地震、台风、泥石流等)和社会现象(如战争、动乱等),例如因洪水造成铁路行车中断,致使旅客列车停运,铁路可安排旅客退票或乘坐恢复通车后的车次。

又如,农副产品买卖合同,针对的是季节性产品,双方在合同中约定了交付期限,如卖方错过了销售季节才交付,导致买方失去了签约时预期的时机,致使履行合同已失去必要性,这样买方就可提出变更或解除已经订立的合同。又如,铁路旅客未能按照车票标明的日期、车次按时乘车,没有在约定的期限内履行旅客运输合同,致使铁路也无法履行合同,铁路有权解除合同。

(三)当事人发生变化

1. 当事人一方发生合并、分立

合同当事人的合并、分立有三种情况:一是当事人同其他单位合并,原来确立的权利义务由新合并的单位承担;二是合同双方当事人合并,合同所设定的权利义务就成为单位的内部权利义务关系,无需再按单位外部的合同继续履行;三是当事人一方或双方发生分立,需由分立后的几个单位承担其权利义务。

【教学提示】　例如,铁路机构改革时,对铁路局进行合并、分立,并不影响铁路之前与旅客、托运人签订的运输合同的履行,由变更后的铁路局承担或分别承担履行合同的义务。

2. 当事人名称、人员变动

合同生效后,当事人不得因姓名、名称的变更或者法定代表人、负责人、承办人的变动而不履行合同义务。

【教学提示】　合同订立后,不得因承办人或法定代表人的变动而变更或解除。这是因为合同当事人的行为是一种整体行为,在法律上是法人的行为,而不是法定代表人或承办人的个人行为,行为的责任也不能由法定代表人或承办人来承担,当然法定代表人或承办人有过错的除外。如果合同可以因法定代表人或承办人的变动而变更或解除,必然会使法人之间的经济往来经常处于不稳定状态,从而干扰法人的生产和经营,影响正常的经济秩序。

例如,铁路物资公司与建材专用线签订了一份旧起重机设备转让合同,双方约定在规定期限内,建材专用线按合同规定将货款分次付清后,铁路物资公司交付旧起重机设备,但此间铁路物资公司原经理调离,新任经理提出设备须重新作价,否则不履行合同。铁路物资公司新任经理的做法是错误的,合同订立后,不得因法定代表人或承办人的变动而变更或解除,必须按原协议履行合同。

(四)合同变更、解除的程序

1. 协议变更、解除

要求变更或解除合同的一方当事人提出变更或解除的提议,对方接受变更或解除的提议,双方当事人的意思表示一致,变更或解除的协议即成立。合同变更或解除不需有关部门批准时,双方当事人协商一致之时生效,或者至双方当事人商定生效日期时生效。合同变更或解除需经有关部门批准时,有关部门批准的日期即为生效日期。

2. 法定解除

因法定事由发生,单方可解除合同的,有权解除合同的当事人一方应在法律规定或者当事人约定期限内,没有法律规定或约定期限经对方催告后在合理期限内,行使解除权,并当通知对方。合同自通知到达对方时解除。对方有异议的,可以请求人民法院或者仲裁机构确认解除合同的效力。

【教学提示】 例如,铁路在执行政府发布的运输禁令、发生列车脱轨行车中断或遇到台风、洪水的运输障碍时,应按旅客要求办理退票或改签,取消托运或变更运输径路。

三、合同的转让

合同的转让是指合同一方将合同的权利、义务全部或部分转让给第三人的法律行为。

合同一方将合同的权利、义务全部或者部分转让给第三人时,应当取得合同另一方的同意。法律、行政法规规定变更合同应当办理批准、登记等手续的,应依照其规定办理。

合同权利、义务的转让,除另有约定外,原合同的当事人之间以及转让人与受转让人之间应当采用书面形式。转让合同权利、义务约定不明确的,视为未转让。

合同的权利、义务转让给第三人后,该第三人取代原当事人在合同中的法律地位。

【教学提示】 目前铁路旅客、行李、货物运输合同,均为书面的实名制合同,不得转让。

四、合同的终止

合同的终止,是指当事人之间由合同确定的权利、义务,因各种原因而消灭,不再对双方发生作用。

(一)合同的终止的特殊性

合同的终止在合同的法律关系中具有其特殊性,既不同于合同的变更,又不同于合同的中止。合同的变更,只是合同的权利、义务发生内容上的变化,权利、义务并未完全终止。合同中止只是在法定的特殊情况下,当事人暂时停止履行合同,在这种特殊情况消失以后,当事人仍然承担继续履行的义务。

(二)合同的终止的种类

合同的终止是随着一定法律事实的发生而发生的。以造成合同终止的法律事实分析,合同的终止有以下几种情况:

1. 合同因履行而终止

履行合同是签订合同的最终目的,一旦当事人按照合同的规定,全面履行了合同,合同也就完成了其使命,合同即行终止。

2. 合同因撤销而终止

当事人对因重大误解而签订的合同或显失公平的合同,可以要求仲裁机关或人民法院撤销。被撤销的合同双方的权利、义务从合同签订时起,对合同双方均不发生法律效力。

3. 合同因提存而终止

债权人无正当理由拒绝债务人履行义务,债务人将履行的标的物,按法律规定向有关部门提存的,应当认为债务已经履行。因此,合同一方当事人遇到这类情况将标的物提存后,就不再受合同权利义务的约束,合同法律关系即行终止。合同因提存而终止属于合同因履行而终止的一种特殊情况。

4. 合同因协议而终止

合同当事人经协商一致,自愿终止双方的权利义务关系。

5. 合同因混同而终止

因合同的主体发生变化,本为双方当事人的合同主体混同为一个民事主体,原合同失去履行的必要性,合同关系自行终止。

6. 合同因抵消而终止

合同双方当事人相互负有同种类的给付义务,两项义务相互充抵,达到合同关系的消灭。因抵消终止合同一般需具备四个条件:

(1)双方互相负有相同的义务,互享相同的权利。如果双方互有的义务、互享的权利不一致,不能完全充抵其所有的权利、义务,合同不能终止。

(2)双方的义务须为同一性质,即同类的给付。如果当事人给付种类不同,抵消不仅不能满足当事人的需要,也会造成在数量计算上的困难。当然在特殊情况下,双方当事人同意,也可充抵。

(3)双方的义务须均到履行期。如果双方的义务都到履行期,当事人才有权利履行,合同才能充抵,如果一方义务未到履行期,或者双方义务都未到履行期,则合同不能充抵,这是因为合同是双务的,承担义务的一方,一般也是享有权利的一方,必须经双方协商同意才能充抵。

(4)债权、债务的性质可以抵消。如法律规定不能抵消或当事人约定不能抵消的权利、义务,不能抵消。

7. 合同因不可抗力而终止

由于洪水、地震、台风、泥石流、战争、动乱等不可抗力的原因致使合同义务不能履行而终止合同。

8. 合同因债权人免除债务而终止

债权人免除债务人部分或者全部债务的,合同的权利义务部分或者全部终止。

9. 合同因违约而终止

合同一方当事人违反合同的规定,不履行或不完全履行合同,使对方履行合同成为不必要,可以终止合同的权利、义务。

10. 合同因期限届满而终止

合同期限届满,即使合同未能履行或者未能全面履行,合同的权利、义务也不再具有法律效力,合同因合同期满而终止。

(三)合同终止后的法律后果

需要注意的是,合同终止后就产生了唯一的法律后果:合同当事人权利、义务的消灭。但是由于当事人其他原因引起的违约责任、赔偿责任等则不能因合同终止而免除。合同的终止是仅就合同约定的权利、义务而言的,是合同约定的权利、义务的灭失,当事人因其他原因而产生的权利、义务则不在此范围之内。

典型工作任务3　合同的履行和担保

一、合同的履行

(一)合同履行的概念

合同的履行是指合同依法成立后,当事人双方按照合同规定的各项条款,全面完成各自承担的义务,以使双方当事人的目的得以实现的行为。

当事人按照合同规定的标的、数量、质量、期限、地点和方式等全部条款完成了应尽的全部义务叫全部履行;当事人仅完成了合同规定的部分义务叫部分履行。

合同的履行是以合同的有效为前提和依据的。合同全部有效,应全面履行;部分条款无效,则应履行有效条款部分。

【教学提示】　例如,托运人与铁路运输企业,签订了10辆车的阶段运输协议,可以在阶段内分次办理托运与承运,直至10辆车的运输计划全部完成,此为全部履行,如仅完成了计划中8辆车的运输,则为部分履行。

(二)合同履行的原则

合同履行的原则,是当事人双方在完成合同规定的义务的全过程中,必须共同遵守的原则。

1. 实际履行原则

实际履行原则,也称实物履行原则,是指合同双方当事人必须严格按照合同规定的标的履行各自的义务。合同规定的标的,非经权利人同意,义务人不得任意变更,也不得用其他标的代替。即使一方违约也不能以偿付违约金、赔偿金的方式代替履行,对方要求继续履行合同的,仍应继续履行。

实际履行包含两个方面的内容:(1)必须按照合同中规定的标的履行,合同规定的品种、规格、牌号、质量,不得擅自更改,不能以次充好、以假充真,也不能改换标的,用其他物品或金钱代替合同的履行;(2)在合同当事人一方违反合同的情况下,违约方即使支付了违约金或赔偿金,也不能免除其履行合同的责任,如果受害方仍要求违约方继续履行合同,违约方还必须按照合同规定的标的继续履行义务。

实际履行合同原则可以防止有的单位、个人宁可支付违约金、赔付赔偿金,也要故意不履行合同的情况发生。

【教学提示】　例如,市场价格发生变化时,有的当事人为了追求高额利润,拒绝向合同对方供货,而把产品以高出合同约定的价格向他人出售,然后以种种借口单方面撕毁合同,致使对方遭受损失。处理此类问题,除应责令违约方偿付对方损失外,还应强制违约方继续履行合同。

实际履行作为一项原则,双方当事人必须严格遵守,但遇到下列情况时,允许当事人不实际履行或以货币、其他物品、劳务行为代替履行:

(1)由于不可抗力发生致使合同无法实际履行

不可抗力是指当事人无法抗拒的事件,当事人没有能力或没有条件进行抵抗。如果发生不可抗力的事件,致使当事人按原合同履行义务成为不可能的,法律允许当事人不实际履行合同。

(2)以特定物为标的的合同实物已经灭失,实际履行已不可能

特定物是指具有单独特性不能用其他物品代替的物。如在铁路运输过程中,货物发生被盗丢失或毁损灭失,承运人无法再交付货物,只能用支付违约金或赔偿损失的办法代替合同的履行。

(3)由于一方违约,使合同履行成为不必要

这是指因合同义务人迟延履行合同,标的物的交付不仅不能给权利人带来经济利益,而且还会带来损失。

【教学提示】　例如,季节性较强的商品迟延交货,就可能对权利人造成损失。在这种情况下实际履行已没有意义,法律也允许用支付赔偿金的办法代替原标的的实际履行。

2. 全面履行原则

全面履行原则,也称适当履行原则,是指合同当事人必须按照合同规定的条款全面履行各自的义务,即必须按合同规定的数量、品种、质量、交货地点、期限和包装要求交付标的并及时支付相应的价款或者报酬。这一原则的意义在于约束当事人信守诺言,讲究信用,按合同的规定全面履行义务,以保证当事人双方的合法权益。

二、合同的担保

依据《民法典》物权编担保物权分编的规定,在货物运输等经济活动中,债权人需要以担保方式保障其债权实现的,可以依法设定担保。担保方式为保证、抵押、质押、留置和定金。

(一)合同担保的概念

合同的担保,是指合同的当事人根据法律规定或双方约定,为确保合同的切实履行而设定的一种权利义务关系。

(二)合同担保的法律特征

1. 附属性

附属性也称从属性。合同的担保一经成立,即在原合同关系的基础上产生一种新的担保法律关系。但这种担保法律关系不是一种独立存在的法律关系,而是一种从属于主合同的法律关系,必须以有效的合同存在为前提,如果合同主债权的请求权转移给第三人,那么担保的请求权也转移给第三人,合同变更或消失时,担保也随之变更或消失。

2. 预防性

担保一般是在签订合同的同时成立,既可以为合同的条款之一,也可以另立担保合同。设立担保的目的就是为了防止违约和在违约的情况下保障权利人不受经济损失。担保确立后,即具有法律约束力,只要一方不履行合同,另一方就有权请求履行合同担保义务或主动行使相应的权利,这对违约有警戒作用,因而会产生预防违约受损的积极效果。

3. 选择性

当事人对是否设立担保、担保的具体形式及金额均可根据合同的性质加以选择。但留置权这一担保形式只适用于特定的合同,且担保金额的最大限度只能是合同的实际损失,而不能由当事人选择。

(三)合同的担保形式

合同的担保形式主要有如下几种:

1. 定金

定金是指合同的一方,为了证明合同的成立和保证合同的履行,预先付给对方一定数量的货币。定金的数额由当事人约定,但不得超过主合同标的额的20%。

我国法律规定的定金属于违约定金。违约定金具有预定赔偿额的性质,但其作用却不仅限于此,主要体现在:

(1)定金具有证明合同成立的作用

给付和接受定金,可视为该合同成立的依据。

(2)定金具有预先给付的资助作用

定金是在合同签订后、未履行前先行付给的,因此接受定金的一方就可以及时将这笔款项用于生产经营,从而有利于合同的履行。

(3)定金具有督促双方当事人履行合同的作用

根据定金罚则,给付定金的一方不履行合同时,就丧失了该定金;接受定金的一方不履行合同时,应向对方双倍返还定金。正是定金的这种惩罚性加强了合同的约束力,因而能促进合同的全面履行。

2. 保证

(1)保证的概念

保证是指保证人作为一方当事人的关系人,以自己的名义向另一方当事人作履行合同担保的一种方式。

保证合同履行的第三人是保证人,被担保履行合同的义务人为被保证人。保证合同一般由保证人与被担保合同的权利人订立。保证合同是从合同,被担保的合同是主合同,保证人是保证合同的义务人,主合同的权利人也是保证合同权利人。

【教学提示】 例如,在铁路货物运输中,收货人在到站领取货物时,如果运单领货凭证联未到或丢失,则收货人除应出具有效证明外,还应取得铁路认可的担保单位的保证合同,方可领取货物。此时,被担保的铁路货物运输合同是主合同,保证合同是从合同。

(2)保证人的资格

保证人可以是法人、非法人组织和自然人。按法律规定,保证人应具有相应的财产能力,即当被保证人不履行合同时,保证人能够代替被保证人履行合同或承担不履行合同的赔偿责任。保证的实质是以担保人的财产、名誉进行担保,存在着一定风险,所以在签订担保合同时,应注意审查保证人的保证能力,选择有偿付能力的人做保证人。

(3)保证的主要法律特征

①保证人是主合同当事人以外的第三人,以自己的名义担保主合同的履行,而不是主合同义务人的代理人,在义务人不履行债务时,承担代履行或连带承担赔偿损失的责任。

②保证是从合同,保证债务为从债务,以主合同存在为前提,保证依其所担保的合同为转移,合同无效则保证无效。

③保证人的承责范围,应以主合同中义务人所承担的义务为限,具体范围依保证人与被保证合同权利人的约定,但法律有规定的除外。

④保证人代被保证人履行合同后,即相应取得权利人的地位,有权向主合同的义务人(即从合同保证合同的被保证人)请求赔偿。

3. 抵押

抵押是指合同当事人中的债务人或者第三人为保证合同的履行而将自己特定的财产提供给债权人作为抵押物的一种担保形式。

法律规定,债务人或者第三人可以提供一定的财产作为抵押物,债务人不履行债务的,债权人有权依照法律的规定以抵押物折价或者以变卖抵押物的价款优先得到偿还。

抵押具有如下特点:

(1)抵押是由原合同中的债务人或第三人同债权人缔结的担保合同,属于从合同。

(2)抵押人可以是原合同中的债务人,也可以是第三人,但必须是对抵押物享有所有权或者经营管理权的人。

(3)抵押物可以是动产,也可以是不动产,但必须是依法可以流通的财产。

(4)在抵押期间抵押物的占有权不转移。

(5)债务人不履行合同义务时,抵押权人有权依照法律的规定将抵押物折价或者将抵押物变卖。对于变卖抵押物所得的价款,抵押权人享有优先受偿的权利。

(6)抵押权是担保物权的一种,抵押权人对抵押物享有担保物权。

4. 留置

留置权是合同担保的一种形式,是指按照合同约定一方占有对方的财产,当对方不按合同给付款项超过约定期限时,占有人有权留置该财产,依照法律的规定享有以财产折价或者以变卖该财产的价款优先得到偿还的权利。

留置权具有如下特征:

(1)留置权作为一种担保措施,是在债权人基于合法有效的合同而占有了债务人的财产的情况下,为了保证合同的履行而设立的。

(2)留置权人所留置的财产,只能是依照合同合法占有对方的财产。

(3)留置权的设立,必须是在债务人不按照合同规定的期限内给付应付款项时,债权人才能对债务人的财产行使留置权。

(4)债务人的财产被债权人留置后,债务人仍然不给付应付的款项,债权人便有权以留置财产折价或者以变卖该项财产的价款抵偿该项应付款项。

(5)留置物的所有权仍然属于被留置的债务人,一旦债务人给付了应付的款项,留置物应当返还给被留置的债务人。

【教学提示】　留置权的担保方式,主要用于货物、行李运输合同以及仓储合同。《民法典》(合同编)在货物运输合同中规定,托运人或者收货人不支付运费、保管费以及其他运输费用的,承运人对相应的运输货物享有留置权,但当事人另有约定的除外。例如,铁路货物运输中,托运人用平车自装机床、途中站检查发现装载加固不良,拉牵的钢丝绳断裂,货物位移,依规扣车整理并垫付了装卸费、加固材料费,到站后向收货人补收,如收货人拒付,到站有权将货物留置,待收货人补齐相关费用后方予以交付。

典型工作任务 4　合同的效力与无效合同

一、合同的效力

(一)合同生效与失效

依法成立的合同,自成立时生效。

1. 依手续生效

法律、行政法规规定应当办理批准、登记等手续生效的,依照其规定。

2. 效力附条件

当事人对合同的效力可以约定附条件。附生效条件的合同,自条件成就时生效。附解除条件的合同,自条件成就时失效。

当事人为自己的利益不正当地阻止条件成就的,视为条件已成就;不正当地促成条件成就的,视为条件不成就。

3. 效力附期限

当事人对合同的效力可以约定附期限。附生效期限的合同,自期限届至时生效。附终止期限的合同,自期限届满时失效。

（二）合同效力认定

1. 限制民事行为能力人订立的合同

限制民事行为能力人订立的合同,经法定代理人追认后,该合同有效,但纯获利益的合同或者与其年龄、智力、精神健康状况相适应而订立的合同,不必经法定代理人追认。

2. 无权代理人订立的合同

行为人没有代理权、超越代理权或者代理权终止后以被代理人名义订立的合同,未经被代理人追认,对被代理人不发生效力,由行为人承担责任。

3. 表见代理订立的合同

行为人没有代理权、超越代理权或者代理权终止后以被代理人名义订立合同,相对人有理由相信行为人有代理权的,该代理行为有效。

4. 法定代表人、负责人超越权限订立的合同

法人或者其他组织的法定代表人、负责人超越权限订立的合同,除相对人知道或者应当知道其超越权限的以外,该代表行为有效。

【教学提示】　(1)效力追认。限制民事行为能力人订立的合同,或无权代理订立的合同,相对人可以催告法定代理人或被代理人在一个月内予以追认。法定代理人或被代理人未作表示的,视为拒绝追认。合同被追认之前,善意相对人有撤销的权利。撤销应当以通知的方式做出。追认的意思表示自到达相对人时生效,合同自订立时起生效。

无权代理人以被代理人的名义订立合同,被代理人已经开始履行合同义务的,视为对合同的追认。

(2)表见代理制度。表见代理订立的合同,被代理人依照规定承担有效代理行为所产生的责任后,可以向无权代理人追偿因代理行为而遭受的损失。

表见代理制度不仅要求代理人的无权代理行为在客观上形成具有代理权的表象,而且要求相对人在主观上善意且无过失地相信行为人有代理权。合同相对人主张构成表见代理的,应当承担举证责任,不仅应当举证证明代理行为存在诸如合同书、公章、印鉴等有权代理的客观表象形式要素,而且应当证明其善意且无过失地相信行为人具有代理权。

在判断合同相对人主观上是否属于善意且无过失时,应当结合合同缔结与履行过程中的各种因素综合判断合同相对人是否尽到合理注意义务,此外还要考虑合同的缔结时间、以谁的名义签字、是否盖有相关印章及印章真伪、标的物的交付方式与地点、被代理人是否知道行为人的行为、被代理人是否参与合同履行等各种因素,做出综合分析判断。

二、无效合同

无效合同是指虽经当事人双方协商订立,但因违反了法律、法规或者损害了国家利益或社会公共利益,因而从订立时起即没有法律效力,国家法律不予承认和保护的合同。

订立合同是合同当事人为了实现特定的目的而实施的法律行为。这种行为只有完全符合法律、行政法规的要求,才能得到国家法律的保护,并产生当事人预期的法律后果。否则,当事人如不依法订立合同,不但达不到预期的后果,还要承担由此产生的法律责任,并受到国家法律的制裁。

【教学提示】　应注意的是,无效合同从订立时起就没有法律约束力,而不是指合同发生纠纷后才失去法律效力,更不是指被确认无效时才失去法律效力。

三、无效合同的种类

(一)根据合同无效的程度和范围分

1. 全部无效的合同

全部无效的合同即合同构成的主要要素不符合法律、行政法规的规定。如企业签订的买卖合同的标的为国家禁止流通的物,再如有的企业非法以其他企业的名义签订的合同等,合同全部无效。

【教学提示】　例如,国家禁止出售、收购、运输、携带、邮寄犀牛角和虎骨(包括其任何可辨认部分和含其成份的药品、工艺品等)。

2. 部分无效的合同

部分无效的合同即合同的部分条款虽然违反法律或行政法规,但并不影响其他条款法律效力的合同。如合同中仅价格条款违反国家规定,其他条款合法,可确认价格条款无效。

(二)根据合同无效的直接原因分

1. 主体不合格的合同

主体不合格的合同是指无行为能力人或者限制行为能力人超载其行为能力签订的合同。

【教学提示】　如企业法人、个体工商户和私营企业等未经市场监督管理局核准登记,颁发营业执照,而以其名义签订的合同,属于无行为能力人签订的合同,是无效的合同。企业法人和个体工商户、私营企业等被吊销了营业执照后,仍以原名义签订的合同,属于丧失行为能力人签订的合同,也是无效的合同。

2. 一方以欺诈、胁迫的手段订立的合同

欺诈,是指当事人一方故意制造假象或者歪曲、虚构以掩盖真相,使对方产生错误的认识而同意与其签订合同。胁迫,是指合同当事人一方采用要挟手段,迫使对方同意与其订立合同。

采用欺诈、胁迫等手段进行民事活动,是法律所禁止的行为,因此采用欺诈、胁迫手段签订的合同是无效合同。

【教学提示】　例如,托运人匿报货物品名、重量与铁路签订货物运输合同,即为采用欺诈手段签订的无效合同。

3. 恶意串通,损害国家、集体或者第三人利益的合同

恶意串通,就是互相勾结、共同作弊,主观上牟取私利,客观上损害了国家、集体或第三方的利益。

4. 以合法的形式掩盖非法目的的合同

以合法的形式掩盖非法目的的合同,属于合同的内容不合法。这种合同的特点是:形式合法,实质上违法。

【教学提示】　例如,通过合法的买卖行为达到隐匿财产、逃避债务的目的,以合作的形式变相转移、划拨土地使用权,通过虚假贸易形式进行借贷融资交易,都是以合法的形式掩盖非法目的的无效合同。

5. 损害国家利益或社会公共利益的合同

任何单位和个人不得利用合同进行违法活动,扰乱社会经济秩序,损害国家利益和社会公共利益,牟取非法收入。因此,凡是违反国家利益或社会公共利益的合同,也是无效合同。

6. 违反法律和行政法规的合同

订立合同,必须遵守国家法律和行政法规,这是订立合同的基本原则之一。如果合同违反

了国家法律和行政法规,就构成合同的内容不合法,因而合同无效。

【教学提示】 例如,《民法典》(合同编)规定,合同中的下列免责条款无效:(1)造成对方人身伤害的;(2)因故意或者重大过失造成对方财产损失的。如果在旅客伤害处理协议中有"此为最终协议今后互不追究责任"的条款,即违反了法律关于造成对方人身伤害的免责条款无效的规定,是无效条款。

7. 无效代理签订的合同

代订合同构成无效的情况主要有三种:

(1)无权代理

无权代理是指行为人没有代理权、超越代理权或者代理权终止后以被代理人名义订立的合同。

【教学提示】 无权代理,即被代理人并没有授权,或虽已授权但规定了权限范围代理人超越这个范围而签订的合同以及由于被代理人撤回授权或代理期限届止等原因代理权终止后签订的合同。

(2)自己代理

代理人以被代理人的名义同自己签订的合同,实际上体现的是代理人一个人的意思表示,是一种单方法律行为,违背了合同必须经过双方当事人协商一致的原则。

(3)双方代理

代理人以被代理人的名义同自己所代理的其他人签订的合同,这实际上也是代理人一人的意思表示,也违背了合同必须经过双方当事人协商一致的原则。

四、无效合同的确认

无效合同的确认是指具有确认权的机构,依法对已经签订的合同是否具有法律效力的事实予以确认和认可。

(一)无效合同确认的机构

法律规定,合同的无效,由人民法院或合同仲裁机构确认。

(二)无效合同确认的依据

人民法院和仲裁机构在确认无效合同时,主要应依据以下几个方面判断:

1. 合同当事人是否具有主体资格

不具备法人资格和未领取营业执照的社会团体和组织、未经核准登记领取营业执照的个体工商户、国家法律规定限制行为能力的人均不能成为合同的当事人,所签订的合同是无效合同。

2. 合同标的是否合法

合同标的属于国家禁止生产经营或流通的范围。

【教学提示】 例如,标的是实行专营许可证制度的化肥、烟草等,如未经许可,则所订合同全部无效。

3. 合同内容是否合法

合同当事人的权利义务构成了合同的内容。如果权利、义务不符合法律规定则属内容违法,内容违法的合同应视为无效合同。合同内容不合法具体表现为:

(1)合同内容违反国家利益或社会公共利益。

【教学提示】 例如,销售超过保质期的食品的合同,损害了社会公共利益;偷漏税款的合同损害了国家利益,所订合同全部无效。

(2)合同内容违反国家和法律规定。

【教学提示】 当事人超越经营范围订立合同,人民法院不因此认定合同无效,但违反国家限制经营、特许经营以及法律、行政法规禁止经营规定的除外。例如,国家限制经营的交通运输,须通过严格、特定的审批程序方可经营;国家特许经营的烟草专卖,是国家对烟草专卖品的生产、销售和进出口业务实行垄断经营、统一管理的制度;法律、行政法规禁止毒品的运输。

(3)合同的其他条款违法。

【教学提示】 例如,执行国家定价的产品、商品、服务违反物价法律法规擅自定价;约定的违约金比例超过法律法规规定的最高限度,则此类条款无效,但其余部分仍然有效。

3. 合同当事人意思表示是否真实

当事人双方依法就合同的主要条款在自愿协商、平等互利的基础上达成一致协议,合同就成立,违反这一原则订立的合同则无效。

4. 合同的订立是否符合法定程序,手续是否完备

部分合同的订立必须遵循一定的程序,违反这些程序,合同无效。作为一种法律文书的合同,订立时的手续要完备。具体要求是:

(1)书面合同,要由双方法定代表人或授权的经办人(委托人)签字,并加盖单位或合同专用章,才正式成立。

(2)法律、法规规定或双方当事人约定必须公证或鉴证的合同,必须履行公证、鉴证手续,合同才生效。

(3)法律规定经过行政机关批准才能成立的合同,应报有关机关批准,否则不能生效。

【教学提示】 例如建设工程合同,签订前必须做到初步设计和总概算已经过批准,如违反法定程序,则合同无效。

典型工作任务 5　违反合同的责任

一、违反合同责任的概念

违反合同的责任,是指合同当事人由于自己的过错或无法防止的外因,造成合同不能履行或不能完全履行,依照法律规定或合同约定,必须承担的法律责任。

违反合同的责任制度,在合同法律制度中处于重要地位,其目的在于用法律的强制力督促当事人认真履行合同,保护当事人的合法权益,维护社会经济秩序。

二、承担违反合同责任的条件

承担违反合同责任的前提条件是当事人双方签订的合同必须有效。在此基础上,认定当事人是否具备承担违约责任的条件,然后才能确认合同当事人是否应该承担违反合同的责任。

根据法律规定,承担违反合同责任的条件是:

(一)当事人不履行或不完全履行合同

有不履行或不完全履行合同的行为是确认违约责任的首要条件。合同一经成立即具有法律约束力,不履行或不完全、不适当履行合同的行为都是与原合同的立意背道而驰的,是一种违背法律的行为,除非具有法定的免责条件,必须承担法律责任。不履行或不完全履行合同的行为有以下几种情况:

1. 拒绝履行

拒绝履行,也称毁约,是指合同当事人故意违约,随意撕毁合同,拒不履行合同义务。这种情况自然应由毁约人承担违反合同的责任。

2. 不完全履行

不完全履行,又称部分履行,是指当事人只履行了合同标的的一部分。如买卖合同中卖方交货少于合同规定的数量,买方给付的货款少于实际货款等现象,都属于不完全履行。但是属于符合国家规定的在计量方面的正负误差、合理磅差、超欠幅度的,则不在此列,如运送西瓜、鱼苗时,西瓜、鱼苗在途中的自然损耗。

【教学提示】 在铁路货物运输中,对托运人确定重量的货物,承运人应进行抽查,复查重量,超过国家规定的衡器公差时,向托运人或收货人核收过秤费。

3. 迟延履行

迟延履行,也称逾期履行,是指当事人无正当理由,在合同规定期限届满后,仍未履行自己应承担的义务。

【教学提示】 如果合同中对履行期限未做出明确、具体的规定,则应以在对方当事人提出履行催促后,留给合理的准备时间,准备时间期满仍未履行的才为迟延履行。

4. 质量不合格

质量不合格,也称瑕疵,是指履行标的不符合规定的质量要求。

【教学提示】 此类违约行为引起的纠纷较为常见且情况复杂,在合同有关法律中对质量不合格的问题,规定了买方有必要用书面明示的方式在法律规定或合同约定的期限内提出异议,如未提出异议则视为默认。

5. 不正确履行

不正确履行,也称不适当履行,是指合同当事人虽然履行了合同义务,但其履行方式有错误,而且给对方造成了不应有的损失。

【教学提示】 例如,未能按合同中规定的运输方式和路线运送货物,未完全按约定用途使用租赁物等。

(二)当事人主观上的过错

所谓过错,是指当事人不履行或不适当履行合同的主观心理状态。除法律另有规定外,通常由有过错的一方承担违反合同的责任。按照过错原则,当事人由于主观上的过错而造成了违约行为事实,才能确定其违约责任。

1. 过错的种类

按照过错的程度,过错分为故意和过失,过失又分为重大过失和一般过失。

故意指当事人明知自己的行为会引起合同不能履行或不能完全履行的后果,但仍实施这一行为,有意促成或放任这种结果的发生。

过失指当事人应当预见到自己的行为可能引起合同不履行或不能完全履行的后果,由于疏忽大意没有预见或已预见而轻信可以避免,致使合同不能履行或不能完全履行。

2. 按照过错的程度定责

通过区分故意和过失,能分清责任的轻重,防止平均分摊。故意违反合同,无视法律、法规和合同的约束,主观过错严重,对故意违约方应给予严厉的制裁。过失违反合同,一般具有盲目性和轻信性,主观过错较轻。

3. 按双方过错程度分责

因双方当事人的过错造成合同不能履行或不能完全履行的,称为"混合过错"。对于混合过错造成的违约责任,应根据双方过错程度的实际情况,分别承担相应的违约责任。

(三)当事人的违约行为造成损害事实

损害事实是指当事人违约给对方造成的经济损失或其他不利后果。损害事实必须是客观存在的,不是主观估计的。损害事实分为物质损害和精神损害,物质损害是承担赔偿责任的主要部分,其中包括直接损失和间接损失。

(四)违反合同的行为与损害事实之间有因果关系

违反合同的行为和经济损失之间有着客观的必然的因果联系,违反合同的行为是损害事实发生的原因,损害事实是违反合同行为所引起的必然结果,如违反合同行为和损害事实之间没有因果关系,则不承担违反合同的责任。

三、承担合同责任的范围与免责条件

(一)当事人一方违约

当事人一方不履行合同义务或者履行合同义务不符合约定的,应当承担继续履行、采取补救措施或者赔偿损失等违约责任。

当事人一方明确表示或者以自己的行为表明不履行合同义务的,对方可以在履行期届满之前要求其承担违约责任。

(二)当事人双方违约

当事人双方都违反合同的,应当各自承担相应的责任。

(三)第三人原因造成违约

当事人一方因第三人的原因造成违约的,应当向对方承担违约责任。当事人一方和第三人之间的纠纷,依照法律规定或者按照约定解决。

(四)免责事由

因不可抗力不能履行合同的,根据不可抗力的影响,部分或者全部免除责任,但法律另有规定的除外。当事人迟延履行后发生不可抗力的,不能免除责任。

当事人一方因不可抗力不能履行合同的,应当及时通知对方,以减轻可能给对方造成的损失,并应当在合理期限内提供证明。

(五)责任竞合

当事人一方的违约行为,侵害对方人身、财产权益的,受损害方有权选择要求其承担违约责任或者承担侵权责任。

四、承担违反合同责任的方式

承担违反合同责任的方式主要有以下几种:

(一)继续履行

当事人一方不履行非金钱债务或者履行非金钱债务不符合约定的,对方可以要求履行,但有下列情形之一的除外:

1. 法律上或者事实上不能履行。

2. 债务的标的不适于强制履行或者履行费用过高。

3. 债权人在合理期限内未要求履行。

（二）采取补救措施

质量不符合约定的,应当按照当事人的约定承担违约责任。对违约责任没有约定或者约定不明确,可以协议补充;不能达成补充协议的,按照合同有关条款或者交易习惯确定。仍不能确定的,受损害方可以根据标的物的性质以及损失的大小,可以合理选择要求对方承担修理、更换、重作、退货、减少价款或者报酬等违约责任。

（三）支付赔偿金

当事人一方不履行合同义务或者履行合同义务不符合约定的,在履行义务或者采取补救措施后,对方还有其他损失的,应当赔偿损失。

1. 赔偿金的概念

赔偿金是指合同当事人一方因违约给对方造成经济损失,在没有规定违约金或者违约金不足以弥补损失时,支付给对方的一定数额的补偿货币。

2. 赔偿金的范围

当事人一方不履行合同义务或者履行合同义务不符合约定,给对方造成损失的,损失赔偿额应当相当于因违约所造成的损失,包括合同履行后可以获得的利益,但不得超过违反合同一方订立合同时预见到或者应当预见到的因违反合同可能造成的损失。

【教学提示】　违约行为通常导致可得利益损失。根据交易的性质、合同的目的等因素,可得利益损失主要分为生产利润损失、经营利润损失和转售利润损失等类型。生产设备和原材料等买卖合同违约中,因出卖人违约而造成买受人的可得利益损失通常属于生产利润损失。承包经营、租赁经营合同以及提供服务或劳务的合同中,因一方违约造成的可得利益损失通常属于经营利润损失。先后系列买卖合同中,因原合同出卖方违约而造成其后的转售合同出售方的可得利益损失通常属于转售利润损失。

在计算和认定可得利益损失时,应当综合运用可预见、减损、损益相抵以及过失相抵等规则,从非违约方主张的可得利益赔偿总额中扣除违约方不可预见的损失、非违约方不当扩大的损失、非违约方因违约获得的利益、非违约方亦有过失所造成的损失以及必要的交易成本。存在合同法欺诈经营、合同法当事人约定损害赔偿的计算方法以及因违约导致人身伤亡、精神损害等情形的,不宜适用可得利益损失赔偿规则。

赔偿金的范围包括:

（1）直接经济损失

直接经济损失是指违约行为所直接造成的财产的减少,包括标的物本身的灭失或损坏以及由于违约而使对方为此多付出的费用,如处理损害后果的检验费、清理费、保管费、劳务费或采取其他措施防止损害事态继续扩大所支付的费用等。

【教学提示】　例如,铁路运输货物发生损坏,除货物本身的损失外,还包括为处理损失而产生的鉴定费、检验费、清理费、保管费、劳务费,以及采取其他补救措施防止货物损失继续扩大所支付的费用。

（2）间接经济损失

间接经济损失又称可能利益损失,是指因违约行为使对方失去实际上可以获得的利益,包括:利润损失,指被损害的财产可以带来的利润;利息损失,指被损害财产可得的利息;自然孳息损失,指基于自然规律可以产生的收益。

【教学提示】　例如,借贷合同中出借方有权收取借款产生的利息,财产租赁合同中出租方收取租金的利息等。又如,土地生长的庄稼、树木、果实,牲畜生的幼畜、挤出的牛奶、剪下的羊毛等。

（四）支付违约金

1. 违约金的概念

违约金是指当事人因主观过错致使合同不能履行或不能完全履行,按照合同约定或者法律规定向对方支付一定数额的款项。

2. 违约金的性质

违约金具有惩罚性和赔偿性两种性质。

（1）惩罚性

违约金的偿付不以违约是否给对方造成经济损失为条件,只要发生违约,即使没给对方造成经济损失或损失数额小于违约金数额,也要按规定向对方支付违约金。

（2）赔偿性

当合同当事人违约给对方当事人造成损失,而且这种损失数额超过违约金数额时,按照法律规定应进行赔偿,以补足违约金不足部分,此时违约金便具有赔偿的性质。

3. 违约金的种类

违约金从其产生来看,可分为法定违约金和约定违约金。

（1）法定违约金

法定违约金是指法律直接规定的,并且不允许当事人自行商定的违约金。法定违约金又分为固定比率的违约金和浮动比率的违约金。

【教学提示】 例如,铁路货物运输逾期运到,承运人须依据逾期日数、运到期限,按规定的比例（5%～20%）乘以所收运费,向收货人支付逾期运到违约金。

（2）约定违约金

约定违约金是指法律、法规没有具体规定,而由当事人在签订合同时协商确定的违约金。当事人自行商定违约金时,数额和比例要适当。

约定的违约金低于造成的损失时,当事人可以请求人民法院或者仲裁机构予以增加;约定的违约金过分高于造成的损失时,当事人可以请求人民法院或者仲裁机构予以适当减少。

【教学提示】 当事人请求人民法院增加违约金的,增加后的违约金数额以不超过实际损失额为限。增加违约金以后,当事人又请求对方赔偿损失的,人民法院不予支持。

当事人主张约定的违约金过高请求予以适当减少的,人民法院应当以实际损失为基础,兼顾合同的履行情况、当事人的过错程度以及预期利益等综合因素,根据公平原则和诚实信用原则予以衡量,并做出裁决。

当事人约定的违约金超过造成损失的30%,一般可以认定为过分高于造成的损失。

（五）其他违约责任

1. 单方解除合同

当事人一方因违约在合同规定期限内未履行合同,另一方依法享有直接以书面形式通知对方解除合同的权利,同时还有权要求对方对其因违约给自己造成的损失进行赔偿。但此权利仅限于违约方构成根本违约时才可以行使。

2. 定金制裁

定金制裁即按定金罚则对违约方进行制裁。

3. 价格制裁

执行政府定价或者政府指导价的合同,当事人一方逾期履行合同而遇价格调整时,在原价格和新价格中选择一种对违约方不利的价格执行。

4. 信贷制裁

信贷制裁指在借款合同中，当贷款方对借款方不按借款合同规定的用途使用贷款时，依法实施的一种制裁措施，包括停止发放新的贷款、限期追回贷款等。

典型工作任务 6　合同的管理与公证

一、合同的管理

（一）合同管理的概念

合同管理是指国家机关依照法定职权，监督、检查合同的订立和履行，进行合同鉴证，调解合同纠纷，制止和查处合同中的违法行为，维护合同秩序所进行的行政管理活动的总称。

《民法典》（合同编）规定，市场监督管理部门和其他有关行政主管部门在各自的职权范围内，依照法律、行政法规的规定，对利用合同危害国家利益、社会公共利益的违法行为，负责监督处理。

【教学提示】　在经济和法律发展的进程中，合同自由与国家干预始终同时存在。合同自由侧重效率，其价值取向是鼓励交易；国家干预侧重社会公平，其价值取向是保障交易安全。对合同行为进行国家干预的重要使命就在于根据不同时期的具体情况，恰当地把握合同自由与国家干预平衡点，以有效发挥各自的优势。

近年来，随着市场主体多元化、经营业态多样化、营销方式现代化、市场竞争激烈化等经济发展阶段性特征的出现，经济秩序的矛盾和问题不断显现，特别是行业分割、地方保护、假冒伪劣、虚假宣传、垄断和不正当竞争、侵害消费者权益等问题仍较为突出，影响了市场经济体制的完善和健康有序市场秩序的维持。要使市场在资源配置中起决定性作用和更好发挥政府作用，必须以保护产权、维护契约、统一市场、平等交换、公平竞争、有效监管为基本导向，并要求强化规则意识，倡导契约精神。这需要更好发挥政府作用，对合同进行行政监管，平衡合同自由与合同信用间的关系。

（二）市场监督管理部门管理合同的主要职责

各级市场监督管理局是法定的统一管理合同的机关，在管理合同中的主要职责是：

1. 依法实施合同行政监督管理

市场监督管理部门要建立、健全各级合同管理机构，建立和完善多种合同管理制度，有权对管辖区的合同管理办法作出统一规定。保持与各业务主管部门的联系，实现对合同的全面管理，协助有关业务主管部门制订辖区内有关行业、部门的合同管理办法。对市场主体实施行政指导，督促、引导其依法订立、履行合同，维护国家利益、社会公共利益和合同当事人权益。

2. 负责依法查处合同违法行为

合同违法行为具体包含：利用合同实施欺诈的行为、利用合同实施危害国家利益和社会公共利益的行为、经营者在格式条款中免除自身责任的行为、经营者在格式条款中排除消费者权利的行为等。

3. 制定推行合同示范文本

制定推行合同示范文本，可以在确保合同自由的前提下，使合同当事人在签约过程中对合同的结构、基本权利和义务以及行业内的通行做法有所参照，是从源头上规范市场交易秩序的有效方式，是合同监管工作的基础性任务，有利于提升社会合同法律意识，引导规范合同签约履约行为,维护各方当事人权益,矫正不公平格式条款。

4. 负责管理动产抵押物登记

动产抵押登记,是市场监管部门按照法律法规规定,对有关当事人的动产抵押信息进行记录并公示的一项行政服务性工作,不仅直接关系着债权人债权的顺利实现,还对活跃金融市场、促进资本流动、增强信贷关系稳定性、促进经济健康发展具有深远意义。

5. 组织监督管理拍卖行为

完善拍卖监管制度,各地市场监管部门借助拍前备案、拍后备案等手段,依法查处拍卖活动中恶意串通等违法行为,努力维护拍卖行业市场秩序。

6. 开展合同争议行政调解

合同争议行政调解是非诉讼合同纠纷解决途径,在及时解决合同争议、保护当事人的合法权益、维护社会经济秩序等方面都发挥了重要作用。

二、合同的公证

合同的公证,是公证机构根据法人、非法人组织、自然人的申请,依照法定程序对合同的真实性和合法性予以证明的活动。

依据《公证法》的规定,公证机构办理下列公证事项:合同、委托、招标投标、拍卖、保全证据等,可以办理下列事务:提存、代写与公证事项有关的法律事务文书、提供公证法律咨询。

项目小结

《民法典》(合同编)是学习铁路运输合同的铺垫与支撑,主要学习合同的订立、变更、解除、转让和终止,合同的担保与违反合同的责任,以合同法的原则与条文规定,分析和处理铁路客货运输合同中遇到的法律问题。

教学案例

【教学案例 2-1】 合同订立的程序。

案情简介: 铁路××服务公司(简称铁路公司),因节假日来临站车食品供应量增大,急需包装材料,9 月 2 日分别向经常有业务往来的云美××包装材料贸易公司(简称云美公司)、彩虹××包装材料公司(简称彩虹公司)发出传真。电函中称:我公司急需 A4 型包装纸,如贵公司有货,请速来函,我公司愿派人前往购买。

收到电函后,云美公司和彩虹公司先后给铁路公司复函,都在电函中告知备有 A4 型包装纸的现货数量、材质和价格。云美公司于 9 月 6 日复函的当日,还派车装好 6 000 令 A4 型包装纸,启程运往铁路公司。彩虹公司于 9 月 7 日复函时特别指出:货到付款,运费由铁路公司承担,并在此函发出的次日起 5 日内做出答复。

铁路公司接函后,经研究讨论,认为彩虹公司的包装纸质量较好,而且价格合理,9 月 11 日向彩虹公司复函:我公司愿按贵公司提出的价格,购买贵公司 20 000 令 A4 型包装纸,盼速发货,货到付款,运费由我公司承担。彩虹公司 9 月 12 日回函铁路公司,告知货物已发运。

9 月 15 日云美公司将 6 000 令包装纸运到,铁路公司告知云美公司已决定购买彩虹公司的包装纸,且数量已满足需要,因此不能再购买云美公司的货物,而云美公司认为,铁路公司拒收货物的行为已构成违约,双方协商不成,云美公司向法院起诉铁路公司。

案例分析:从合同订立、生效的程序分析,案例中当事人的行为属于何种法律行为。

(1)铁路公司第一次分别向云美、彩虹两公司发函

铁路公司第一次分别向云美、彩虹两公司发的是询问函,属于要约邀请。

要约邀请,是希望他人向自己发出要约的意思表示。要约邀请的目的只是唤起别人向自己做出要约的表示,是订立合同的预备行为。

铁路公司第一次向云美、彩虹两公司发函,是询问函,内容并不包括合同的主要条款,如数量、价格方面的内容,可见铁路公司只是通过发函,希望云美、彩虹两公司向自己发出要约。

(2)云美、彩虹两公司的第一次复函

云美、彩虹两公司第一次复函的行为,属于要约。

要约是希望和他人订立合同的意思表示。提出要约的一方称为要约人,相对方称为受要约人。

要约的内容要具体确定。由于要约一经相对人承诺,合同即为成立,所以要约人提出的要约,必须标明合同的主要条款,以供相对人考虑是否做出承诺。

云美、彩虹两公司在第一次给铁路公司的复函,是请求函,复函中告知备有 A4 型包装纸的现货数量、材质和价格,内容明确具体,因此其行为属于要约。

(3)铁路公司第二次向彩虹公司发函

铁路公司第二次向彩虹公司发函的复函行为,属于承诺。

承诺是受要约人同意要约的意思表示。承诺的内容应与要约的内容一致,承诺必须是无条件地接受要约,才能构成有效的承诺。承诺一般以明示的方式做出。

铁路公司第二次向彩虹公司发函,是以明示的方式做出的答复函,同意了彩虹公司提出的价格、货到付款、运费对方承担等所有要求,承诺的内容应与要约的内容一致,其行为完全符合承诺的条件,属于承诺。而且铁路公司的承诺,是在彩虹公司的要约有效期内所做出的。

(4)铁路公司与彩虹公司之间的买卖合同是否成立

铁路公司与彩虹公司之间的买卖合同成立。

承诺必须是在要约有效期内所做出的行为。要约一经相对人承诺,合同即为成立。承诺需要通知的于通知到达要约人时生效。承诺生效时合同成立。

彩虹公司于 9 月 7 日第一次复函铁路公司时,要求在函件发出的次日起 5 日内做出答复。铁路公司接函后,于 9 月 11 日致电彩虹公司同意购买其包装纸。彩虹公司 9 月 12 日回函铁路公司,告知货物已发运。

铁路公司的承诺是在要约有效期内所做出的,而且复函后的次日彩虹公司就发函表示货物已发运,表明承诺通知已到达要约人,承诺生效合同成立。因此铁路公司与彩虹公司之间的买卖合同成立。

(5)铁路公司与云美公司之间的买卖合同是否成立

铁路公司与云美公司之间的买卖合同未成立。

铁路公司向云美公司发函,只是要约邀请,要约邀请自身并不发生必须与对方订立合同的效力。云美公司的复函是要约而非承诺,铁路公司对云美公司的要约并没有承诺,因此合同未成立。

(6)铁路公司有无义务接受云美公司的包装纸

因铁路公司与云美公司之间的合同未成立,云美公司送货的行为属于单方行为,并非履行合同的行为,因此铁路公司也就没有接受云美公司货物的义务,云美公司因送货而受到的损失,只能自己承担。

实训任务

任 务 单 (一)

作业人员:班级_____姓名_____学号_____成绩_____评阅人_____

任务要求:将正确答案填写在题中空格的下划线上,加深对合同法基本知识的的理解。

任务内容:

1. 合同是平等主体的自然人、法人、其他组织之间设立、变更、终止民事权利义务关系的_____。

2. 在《民法典》列明规定的 18 种合同中,_____合同、_____合同、_____合同、_____合同与铁路客货运输和铁路物流服务密切相关。

3. 按合同的标的分,运输合同属于提供_____的合同。

4. 按是否交付标的物分,可将合同分为_____合同和_____合同。

5. 根据两个合同之间的主从关系划分,可将合同分为____合同和____合同。

6. 实践中,订立合同需要经过_____与_____两个阶段。

7. 订立合同的形式有以下两种:_____形式、_____形式。

8. 铁路旅客运输合同的标的是_____。

9. 解决合同争议的方法有:双方_____解决、由第三方_____、提交仲裁机构_____、向人民法院提起_____。

10. 按照过错的程度,过错分为_____和_____,过失又分为____过失和____过失。

11. 合同的担保形式主要有:_____、_____、_____、_____等。

12. 国家_____行政管理局和地方各级____行政管理局是法定的统一管理合同的机关。

任 务 单 (二)

作业人员:班级_____姓名_____学号_____成绩_____评阅人_____

任务要求:将正确答案的英文字母代号填写在题中的括号内,深化对合同法水平问题的理解。

任务内容:

1. 按合同标的分,铁路行李运输合同属于(　　)的合同。

A. 转移财产　　　　　　　B. 完成工作

C. 提供劳务　　　　　　　D. 其他

2. 铁路货物运输中,因收货人未补齐应交运输费用,铁路车站不予领取货物,属于合同担保中的(　　)。

A. 抵押　　　　　　　　　B. 保证

C. 定金　　　　　　　　　　　　　D. 留置

3. 货物在发站装车前,托运人因市场价格变化,向铁路发站要求取消托运,经车站同意并按规定办理了手续,属于(　　　)。

A. 合同因协议而终止　　　　　　　B. 合同因撤销而终止

C. 合同因期限届满而终止　　　　　D. 合同因履行而终止

4. 铁路将行李安全运抵目的站,并正确交付旅客完毕,属于(　　　)。

A. 合同因提存而终止　　　　　　　B. 合同因撤销而终止

C. 合同因履行而终止　　　　　　　D. 合同因不可抗力而终止

5. 货物在铁路运输途中遇洪水全批灭失,属于(　　　)。

A. 合同因履行而终止　　　　　　　B. 合同因撤销而终止

C. 合同因期限届满而终止　　　　　D. 合同因不可抗力而终止

6. 铁路旅客所持车票在乘车中途过了有效期,属于(　　　)。

A. 合同因履行而终止　　　　　　　B. 合同因撤销而终止

C. 合同因期限届满而终止　　　　　D. 合同因提存而终止

7. 对无法交付的货物、行李,车站按规定通告期满后,报上级主管部门批准,予以变卖,属于(　　　)。

A. 合同因履行而终止　　　　　　　B. 合同因撤销而终止

C. 合同因提存而终止　　　　　　　D. 合同因期限届满而终止

任 务 单 (三)

作业人员:班级_____姓名_____学号_____成绩_____评阅人_____

任务要求:在题号前的括号内,正确√,错误×,增强对办理合同业务的分析与运用能力。

任务内容:

(　　　)1. 按参与合同的当事人数目分,托运人与收货人是同一当事人时,铁路货物运输合同为多边合同。

(　　　)2. 按参与合同的当事人数目分,托运人与收货人不是同一当事人时,铁路货物运输合同为多边合同。

(　　　)3. 按参与合同的当事人数目分,铁路旅客运输合同是双边合同。

(　　　)4. 要约,是希望他人向自己发出要约的意思表示。

(　　　)5. 承诺是受要约人同意要约的意思表示。

(　　　)6. 当面谈判属于书面合同形式

(　　　)7. 铁路运输超限货物,货物运单为合同的主件,货物三视图、超限超重货物托运说明书、计划装载加固方案为合同的附件。

(　　　)8. 运输合同、仓储合同的标的是提供的劳务。

(　　　)9. 铁路旅客运输票价、铁路货物运输运价,执行国家定价,不能由当事人协商议定。

(　　　)10. 一旅客因工作需要取消休假不能外出旅行,可将所持车票转让给其他需要的人。

任务单（四）

作业人员: 班级_____姓名_____学号_____成绩_____评阅人_____

任务要求: 将正确答案填写在题下的空白处,增强对合同法难点业务的分析能力。

任务内容:

1. 如何理解留置权,留置权的担保方式主要用于铁路运输的哪些合同?

2. 指出过错的分类、故意与过失的区别及区分故意和过失的作用。

3. 何谓"混合过错",混合过错的违约责任应如何确定承责?

4. 举例说明铁路旅客运输合同、铁路货物运输合同的变更、解除。

项目 3

铁路运输合同

项目描述

铁路运输合同是合同的重要组成部分。铁路运输合同包括旅客、行李和货物运输合同,除必须遵循合同的共性规定外,还必须符合铁路行业的特殊规定。

教学目标

(1)知识目标

了解铁路运输合同的概念、分类及构成要素,理解铁路运输合同的特点,特别是铁路运输合同客体的本质是服务(劳务),掌握铁路旅客、行李和货物运输合同相关法律、法规和司法解释的具体条文规定。

(2)能力目标

依法办理铁路运输合同的订立、变更和解除,分清铁路运输合同当事人的权利和义务,正确界定合同违约责任,处理合同纠纷与索赔。

(3)素质目标

依法办理铁路运输合同业务的工作作风,用严谨求实的态度,以事实为依据、以法律为准绳处理铁路运输合同纠纷。

教学条件

铁路运输现场参观,铁路客货运仿真实训室,岗位角色扮演环境,多媒体设备及课件,铁路旅客车票、行李票与客运记录,铁路货物运单与货运记录,铁路旅客运输规程,铁路货物运输规程,铁路客货运法规汇编。

教学建议

教学重点是铁路运输合同的订立、变更和解除,侧重于铁路旅客、行李和货物运输合同法律实务。教学难点是铁路运输合同的违约责任与处理。建议采用仿真实训、角色教学、案例教学、多媒体教学,并通过项目实训任务单的单项练习、综合练习及案例分析,培养依法办理铁路运输合同业务的能力。

工作任务

典型工作任务 1　铁路运输合同认知

一、铁路运输合同的概念

铁路运输合同,是明确铁路运输企业与旅客、托运人及收货人之间权利义务关系的协议。

二、铁路运输合同的分类

铁路运输合同根据其内容可以分为:铁路旅客运输合同、铁路行李运输合同和铁路货物运输合同。

三、铁路运输合同的构成要素

铁路运输合同是合同的一种,也是由合同的主体、客体和内容三个要素构成的。

(一)铁路运输合同的主体

铁路运输合同的主体包括铁路运输企业、旅客、托运人和收货人。

1. 铁路运输企业

铁路运输企业在运输合同关系中称为承运人。《铁路法》所称的铁路运输企业是指国家铁路运输企业和地方铁路运输企业。专用铁路在兼办公共客货运输时,适用《铁路法》中关于铁路运输企业的规定。

【教学提示】　国家铁路运输企业是指铁路局集团公司。铁路站段不是铁路运输企业,而是铁路运输企业的基层组织,只能以铁路局集团公司的名义进行运输活动,不能作为铁路运输合同的主体对待。

2. 托运人、收货人

托运人就是把货物、行李交付铁路运输的人。收货人是指在到站领取到达的货物、行李的人。

【教学提示】　托运人、收货人可以是自然人、法人或者其他非法人组织。铁路货物的托运人、收货人可以是其所有人,也可以是托运人、收货人委托的代办运输的代理人,铁路仅对货物运单上记载的托运人、收货人负责。铁路行李运输中,托运人、收货人即旅客本人。

3. 旅客

旅客作为铁路运输合同的主体,是指具有相应民事行为能力的自然人(含公民、外国人、无国籍的人)。

(二)铁路运输合同的客体

铁路运输合同的客体是指铁路运输的劳务行为(即服务行为)。必须注意的是,铁路运输的对象是旅客、行李或者货物,但这些对象不是法律意义上的客体,而是客体所指向的事物(载体)。

【教学提示】　铁路运输企业与托运人或者旅客之间订立运输合同,目的是要按照双方的约定将旅客、行李或货物从始发地运至目的地,运输劳务行为才是合同双方权利义务所共同指向的目标,即标的。因此,只有铁路运输的劳务行为才是铁路运输合同的客体,而不是旅客、行李或货物本身。旅客、行李或货物只是客体劳务行为的载体。

（三）铁路运输合同的内容

铁路运输合同的内容就是铁路运输企业、旅客、托运人和收货人等各方当事人的权利和义务。

四、铁路运输合同的特点

铁路运输合同除了具有一般合同所具有的共同点外，还具有其自身的特点，主要表现在：

（一）铁路运输合同计划性强

铁路运输具有大联动机的特点，必须按客货运输计划、列车运行图组织运输才能协调有序。铁路运输内在的计划性，自然也就决定了外在的铁路运输合同的计划性。但在市场经济的条件下，铁路应加快计划运输组织方式改革，动态优化客运产品结构，发展货运系列产品，除国家指令性客货运输计划外，实行按合同运输，以适应运输市场的需要。

（二）铁路运输合同是标准格式合同

标准格式合同是指由提供格式合同的一方当事人根据有关法律、法规和规章印制的、具有固定式样和既定条款内容的标准合同文本，双方当事人在订立合同的时候，其主要内容、基本条款不需要协商，只需按照固定式样中预先留下的空项填写，双方确认后，合同即告成立。

【教学提示】　铁路的旅客车票、行李票和货物运单都是标准格式合同，其主要内容、基本条款及具体形式，均由铁路部门统一制定。

（三）铁路运输合同有法律上的强制性

铁路运输合同具有法律上的强制性，主要体现在合同的基本内容当事人不能约定，不能变更和修改。

【教学提示】　如铁路旅客运输合同中的票价率、铁路货物运输合同中的运价率等内容，实行国家定价，除国家放开的部分票价外，不能自行约定变更和修改。

（四）铁路运输合同的主体具有特殊性

铁路货物运输合同，除具有一般合同的共性外，还有自身的特殊性。参加签订运输合同的当事人一般是承运人和托运人，但对于铁路货物运输合同，当托运人与收货人不是同一人时，收货人就成为参加货物、包裹运输合同关系的第三方当事人。

【教学提示】　托运人与承运人双方签订运输合同时也相应地规定了收货人的权利、义务及违约责任。收货人虽然不参加订立货物运输合同，但与托运人所订立的合同密切相关，依法享有合同中相应的权利，同时也要承担合同规定的相应义务。

（五）铁路运输合同通常是诺成合同

铁路运输合同一般是以旅客乘运或托运人交付货物、行李作为承运人履行合同义务的条件而非合同成立的条件，所以铁路运输合同通常为诺成合同，但当事人可另行规定或约定合同为实践合同。

【教学提示】　铁路旅客车票可以预售、预购，托运人可以每月提前提报次月的铁路货物运输服务订单给铁路预先审批，都是典型的诺成合同。

铁路货物仓储合同的标的(客体)是保管人为存货人交付的仓储物提供的储存服务，也属于诺成合同。《民法典》(合同编)规定，仓储合同自成立时生效。仓储合同的成立不以交付标的载体(仓储物)为前提条件，双方达成协议即成立。如合同签订后，由于保管人或存货人的原因，导致仓储物不能按约定入库则构成违约。

在运输实践中，依据铁路规定，行李、货物运输合同可以是实践合同。《铁路旅客运输规程》规定,行李运输合同自承运人接收行李并填发行李票时起成立。《铁路货物运输规程》规定,集装箱运输的货物,由发站接收完毕,整车货物装车完毕,发站在货物运单上加盖车站日期戳时起,即为承运。因此,每一批行李、货物的运输合同为实践合同,除托运人、承运人双方协商达成协议外,托运人还需交运运输服务的载体(行李、货物),经承运人验收、接收后,运输合同才能成立。

五、订立铁路运输合同必须遵循的原则

铁路运输合同受《铁路法》《民法典》等法律规定的调整。铁路运输合同由旅客、托运人和承运人协商签订。在订立铁路运输合同时,双方必须遵循以下合同订立的一般原则:

(一)合同的形式符合法定要求

铁路运输合同应当采用书面形式。当事人协商同意的数据电文(包括电报、电传、传真、电子数据交换和电子邮件),可以有形地表现所载内容,也属于书面合同。

【教学提示】　在铁路运输中,运输计划表、服务订单和货物运单、旅客纸质车票、行李票本身就是书面形式的合同。铁路运输发展电子商务后,出现的电子订单、电子协议、电子客票、电子乘车卡也属于书面合同。

(二)必须遵守法律、法规关于运输的有关规定

为了保证所订合同具有法律效力,达到预期的法律后果,当事人在订立运输合同时,必须遵守国家法律和行政法规的规定,在合法的前提下,设置合同的内容,确定当事人的权利和义务。

【教学提示】　铁路运输有关法律、法规、司法解释,主要有《铁路法》《民法典》《铁路安全管理条例》《关于审理铁路运输损害赔偿案件若干问题的解释》《关于审理铁路运输人身损害赔偿纠纷案件适用法律若干问题的解释》等,在办理铁路运输时必须遵照执行。

(三)必须遵循平等、自愿、公平、诚实、信用的原则

订立铁路运输合同当事人的法律地位是平等的,要在自愿的基础上协商一致达成协议,当事人的权利、义务责任应是公平的,任何一方不得将自己的意志强加给对方,也不得弄虚作假,采用欺诈的手法订立合同,当事人相互意思表示要真实,要信守合同,按法律规定和合同约定全面履行义务。

(四)代理人在代理权限内依法代理

货运代理人或客运代理人,应当依法在代理权限范围内从事代理活动,不得超越代理权限签订合同或以被代理人的名义同自己或自己所代理的其他人签订合同,不得违法代理。

(五)不得损害国家利益和社会公共利益

当事人在订立铁路运输合同时,不得损害国家利益和社会公共利益,不得扰乱社会经济秩序,不得利用运输合同从事非法活动。

【教学提示】　例如,当事人违反法律规定,在运输中偷运或夹带禁运品而签订的运输合同,经法院确认全部无效的,该合同自始就全部无法律效力;经法院确认部分无效的不影响合同其他条款的效力。

典型工作任务 2　铁路货物运输合同

一、铁路货物运输合同的概念

铁路货物运输合同是明确铁路运输企业与货物托运人、收货人之间为实现货物运输而达

成的权利义务关系的协议。承运人将货物从起运地点运输到约定地点,托运人、收货人支付运输费用。铁路货物运输合同的基本凭证是铁路货物运单。

二、铁路货物运输合同的分类

铁路货物运输合同根据不同的划分标准,可以有不同分类方法:

(一)按运输方式分

按运输方式分,铁路货物运输合同可分为单一方式货物运输合同和多式联运货物运输合同。单一方式货物运输合同包括国内铁路货物运输合同、国际铁路货物联运合同,多式联运货物运输合同包括水陆联运合同、国际集装箱多式联运合同。

(二)按合同履行期限分

按合同履行期限分,铁路货物运输合同可分为长期运输合同和一次性运输合同。铁路货物运输,按旬、月度、季度、半年度、年度或更长期限签订的运输合同,就是长期运输合同;零星、少量货物一次性运输,所签订的合同为一次性运输合同。

(三)按货物数量或载运方法分

按货物数量或载运方法分,铁路货物运输合同可分为整车货物运输合同、零担货物运输合同和集装箱货物运输合同。

一批货物的重量、体积、形状或性质需要使用一辆以上货车运输的,应按照整车运输方式运输;符合集装箱运输条件的,可按照集装箱货物运输方式运输。

(四)按被运送货物的性质分

按被运送货物的性质分,铁路货物运输合同可分为普通货物运输合同和特殊货物运输合同。特殊货物主要是指鲜活货物、危险货物、超长货物和超限货物等,由于此类货物性质的特殊性,订立运输合同要按照有关的规定,采取特定的运输包装、特定的运输设备、特定的运输方法,以确保货物运输安全。

三、铁路货物运输合同的内容

铁路货物运输合同的内容就是当事人各方的权利和义务。

(一)承运人的权利和义务

1. 承运人的主要权利

(1)按规定向托运人、收货人收取运输费用。不按规定交费的,有权拒绝承运或留置相应的运输货物。

(2)对托运人填报的货物品名、性质、重量、数量进行检查,申报不实或遗漏重要情况的有权拒绝运输或按规定补收、加收运费和其他费用。

(3)托运人不按规定或约定的方式包装货物的,有权拒绝承运。

(4)有权拒绝办理违章的货物运输变更。

(5)因托运人、收货人的责任给承运人造成财产损失的,有权要求当事人承担赔偿责任。

(6)有权向逾期领取货物的收货人收取仓储费。

(7)对托运人、收货人不明或无正当理由拒领的无法交付货物,有权提存货物。

【教学提示】《民法典》(合同编)规定,收货人不明或者收货人无正当理由拒绝受领货物的,依照本法第一百零一条的规定,承运人可以提存货物。《铁路法》和《货规》规定,从承运人发出领货通知或送货通知次日起(不能实行领货通知或送货通知时,从卸车完了的次日起),经过查找,满 30 d(搬家货物满 60 d)仍无人领取的货物,应通知托运人;或者收货人拒领,从收货人拒绝领取货物时起 3 d 内通知托运人,托运人自接到通知之日起满 30 d 未作答复提出处理意见的,可按无法交付货物处理,由承运人变卖,所得价款在扣除保管等费用后尚有余款的,应当退还托运人,无法退还,自变卖之日起 180 d 内托运人又未领回的,上缴国库。承运人对危险物品和规定禁止运输、限制运输的物品,应当移交公安机关或者有关部门处理,不得自行变卖。

2. 承运人的主要义务

(1)按照货物运输合同约定的时间、数量、类型,拨调状态良好、清洁无污染的车辆、集装箱等运输工具。

(2)在车站公共装卸场所装卸的货物,除特定者外,负责组织装卸,并应严格遵守作业规程和装载标准,保证装卸质量。

(3)对托运人或收货人组织装车或卸车的货物,将货车调到装卸地点或商定的交接地点。

(4)按照约定的或者规定的运输线路运输货物。

(5)按照规定的运到期限或合同约定的期限,及时将货物运到合同约定的地点。

(6)货物到达后,由承运人组织卸车的,应当及时通知收货人及时提货,正确交付货物。

(7)由于承运人的过错将货物误运到达地点或误交收货人,应免费运至合同规定的到达地点,并交给指定的收货人。

(8)对货物在运输过程中发生的灭失、短少或者损坏,除法律规定可以免责的以外,承运人应承担赔偿责任。因检查而造成货物损坏时,应当赔偿损失。

(9)发现多收运输费用,及时退还托运人或收货人。

(二)托运人的权利和义务

1. 托运人的主要权利

(1)有权要求承运人按规定的运到期限或合同约定的期限,将货物及时地运达约定地点,交给指定的收货人。

(2)承运人未按照约定线路或者规定的运输线路运输货物增加运输费用的,有权拒绝支付增加部分的运输费用。

(3)在承运人将货物交付收货人之前,有权要求承运人中止运输、返还货物、变更到达地或者将货物交给其他收货人。

(4)货物逾期运到或毁损、灭失时,除法定可以免责外,有权要求承运人支付逾期违约金或承担赔偿责任。

2. 托运人的主要义务

(1)按照运输合同约定的时间和要求向承运人交运货物。

(2)按规定需要凭证运输的货物,应提出准运、检疫、验关等有关证件。

(3)需要包装的货物,应按规定标准包装并标明包装标志。

(4)对整车货物,应提供装载货物所需的加固材料、加固装置和装车备品。

(5)合同约定自行装载货物时,应按规定及时完成装车、装箱作业。

(6)在运输中需要特殊照料的货物,须派押运人押运。

(7)按规定向承运人支付运输费用。

(8)将领货凭证及时交给收货人,通知收货人向到站领取货物。

【教学提示】　需要包装的货物,托运人应当按照国家包装标准或行业包装标准进行包装,没有包装标准的,应当妥善包装,使货物在运输途中不因包装原因而受损。托运人还应根据货物的情况,按国家规定标明包装储运图示标志及危险货物包装标志、标记。

托运人组织装车的货物,装车前应对车厢完整和清洁状态进行检查,并按规定的装载技术要求进行装载,在规定的装车时间内将货物装载完毕或在规定的停留时间内,将货车送至交接地点。集装箱的装箱由托运人负责,装箱时应充分利用箱内容积,码放稳固,装载均匀,不超载、不集重、不偏重、不偏载、不撞砸箱体;要采取防止货物移动、滚动或开门时倒塌的措施,确保箱内货物和集装箱运输安全。

（三）收货人的权利和义务

1. 收货人的主要权利

（1）有权在货物到达后凭领货凭证或其他有效证明领取货物。

（2）承运人未按照约定线路或者规定的运输线路运输货物增加运输费用的,有权拒绝支付增加部分的运输费用。

（3）领取货物时,发现运单与实际不符,有权查询,发现货物短少、损坏除法律规定可以免责的以外有权要求赔偿。

（4）货物逾期运到的,有权要求承运人支付逾期违约金。

（5）承运人逾期30 d仍未交付货物的,有权按货物灭失向承运人要求赔偿。

2. 收货人的主要义务

（1）及时领取货物,并在规定的免费仓储期限内将货物搬出车站,逾期领取须交付仓储费。

（2）合同约定自行卸载货物时,应按规定及时完成卸车、掏箱作业。

（3）对需要洗刷消毒的铁路车辆、集装箱应进行洗刷消毒,铁路负责洗刷消毒时费用由收货人负担。

（4）支付按规定应由收货人交付的运输费用。

【教学提示】 收货人组织卸车的货物,应当在规定的卸车时间内将货物卸完或在规定的停留时间内将货车送至交接地点。收货人卸车时,应将货物彻底卸净,卸空后的货车应清扫干净,车门、车窗、端侧板、罐车盖阀等要关闭妥当。集装箱的掏箱由收货人负责。铁路箱掏空后,收货人应清扫干净,将箱门关闭良好,撤除货签及无关标记。

装过污秽品、活动物、鲜鱼介类、肉类的车辆,受易腐货物污染的车辆,装过剧毒品的毒品车,发生过危险货物撒漏、受到污染（包括有刺激异味）的货车,被污染的集装箱,应洗刷除污。装过病畜禽、死畜禽及其产品的车辆、集装箱,应依照防疫部门的要求进行消毒。收货人有洗刷、消毒设备时,可由收货人自行洗刷、消毒。收货人及到站没有洗刷、消毒条件时,到站应根据调度命令填写"特殊货车及运送用具回送清单",向铁路局集团公司管内指定的洗刷站回送,费用由收货人负担。

收货人应缴纳货物在到站发生的运输费用,缴清托运人在发站未交或少交的运输费用,以及货物在运送期间发生的运输变更费用和由于托运人责任发生的整理换装垫款。

四、铁路货物运输合同的订立

铁路货物运输合同的订立受《民法典》（合同编）中关于要约、承诺规则的约束,须经过托运人提出要约（提出阶段运输需求、日运输需求、货物运单等）、承运人承诺（审定、审核、签认、盖章）后成立。从事公共运输的承运人,不得拒绝托运人通常、合理的运输要求。

【教学提示】 铁路运输企业作为公共运输企业,依法负有强制缔约义务,如无正当理由,不得拒绝提供正常的运输服务。

（一）签订货物运输合同的程序

签订铁路货物运输合同的一般程序如下：

1. 托运人提出运输需求，向承运人发出货物运输合同要约。

2. 承运人审核运输需求，向托运人做出货物运输合同承诺。

3. 托运人按批次向承运人提交货物运单、出具必要的证明文件和技术资料。

4. 承运人对托运人填写的货物运单、提出的运输证明和技术资料进行审查。

5. 托运人向承运人提交货物，承运人根据运单验收货物，确保票货相符。

6. 承运人签发承运日期，即在货物运单上加盖承运日期戳，批次运输合同即告成立。

【教学提示】　铁路货运改革后，实行营业厅、网上两种方式提报阶段运输需求、日运输需求的受理制度。托运人不能确定运输日期，可提出阶段运输需求，待确定装运日期后，提出日运输需求；能确定运输日期，可直接提出日运输需求。托运人提出运输需求，应选择需求类型（普通运输、国际联运和水陆联运），提供发货信息（发站、托运人、发运地点）、收货信息（到站、收货人、到达地点）、货物信息（品名、件数、重量、体积、最大单件重量、尺寸、车种、车数、箱型、箱数）、物流服务需求信息（门到门、站到门、门到站、站到站、仓储）、附加信息（保价运输）等，日运输需求须确定运输日期。

承运人接到托运人提出的运输需求，应审核需求是否符合运输办理条件，符合条件的予以受理，并根据运量、运力、运输计划等情况审定能否满足运输需求，将受理结果反馈给托运人，按核定的货物运输计划与托运人签订阶段运输协议、日运输协议。

（二）铁路货物运输合同的形式

根据《铁路法》《民法典》（合同编）的有关规定，铁路货物运输合同由托运人和承运人协商签订，具体形式如下：

1. 整车货物运输

托运人可按日、阶段（旬、月度、季度、半年度、年度或更长期限）签订货物运输协议，在协议期内，托运人可与承运人按日、阶段确定运输需求，经双方在协议上签认后，合同即告成立。托运人交运货物时，还应向承运人按批提出货物运单（表3-1），作为运输合同的组成部分。

2. 集装箱货物运输

集装箱货物，使用货物运单作为运输合同，以货物运单为一次性运输合同的凭证，承运人接收货物后，在托运人提出的货物运单上加盖车站日期戳后，合同即告成立。

（三）铁路货物运输合同应载明的的内容

铁路货物运输合同的内容规定了当事人的权利和义务，是确认合同是否合法和当事人双方是否全面履行合同的主要依据。货物运输合同的内容由当事人约定。货物运单是标准格式货运合同，其主要内容、基本条款，均由铁路部门统一制定。铁路货物运输合同应当具备以下内容：

1. 长期货物合同应载明的基本内容

（1）托运人和收货人名称。

（2）发站和到站。

（3）货物名称。

（4）货物重量。

（5）车种和车数。

（6）违约责任。

(7)双方约定的其他事项。

2. 货物运单应载明的内容

(1)托运人、收货人名称及其详细地址。

(2)发站、到站及到站的主管铁路局集团公司。

(3)货物名称。

(4)货物包装、标志。

(5)件数和重量(包括货物包装重量)。

(6)承运日期。

(7)运到期限。

(8)货物价格。

(9)货车类型和车号。

(10)施封货车和集装箱的施封号码。

(11)双方商定的其他事项。

(四)货物运输合同成立的时间

1. 日、阶段运输合同

经双方在阶段运输协议、日运输协议上确认签字后合同即告成立。

2. 货物运单合同

以货物运单为运输合同的,经托运人、承运人双方在指定的时间和地点验收、交接货物完毕,并经承运人在托运人提出的运单上加盖车站日期戳和签字盖章后,合同即告成立。

五、铁路货物运输合同的变更及解除

铁路货物运输合同依法成立,即具有法律约束力,当事人必须全面履行合同规定的义务,任何一方不得擅自变更或解除合同。但是,在履行合同的过程中,当事人的实际情况或客观条件常会发生变化,影响到原订合同的履行,需要对已订立的合同进行必要的修改、补充甚至解除合同。因此,法律允许按照法定程序对原订合同进行变更或解除。

(一)铁路货物运输合同变更和解除的概念

1. 货物运输合同的变更

铁路货物运输合同的变更,是指运输合同签订以后,由于履行条件发生变化,当事人之间对运输合同的具体内容进行修改,达成新的协议。主要是指托运人或收货人对已经承运的货物,可向承运人提出变更到达地或收货人。铁路运输企业在执行政府命令、发生交通运输事故或其他运输障碍时,可向托运人提出变更货物运输。

2. 货物运输合同的解除

货物运输合同的解除是指在运输合同没有履行或没有完全履行时,由于实现合同的条件发生变化,致使合同的履行成为不可能或不必要,由当事人依照法律或合同规定的条件和程序,提前终止合同效力的行为。具体是指货物在承运后、起运前取消货物运输。

(二)铁路货物运输合同变更和解除的规定

铁路货物运输合同的变更和解除,应遵守《民法典》(合同编)和《货规》的规定,不得损害国家利益和社会公共利益。

1. 变更和解除的条件

(1)当事人双方协商同意,可变更或解除合同。

（2）由于不可抗力致使合同的全部义务不能履行，可解除合同。

（3）由于一方在合同约定的期限内没有履行合同，致使另一方无法履行合同，可解除合同。

2. 下列情况不允许托运人或收货人提出变更

（1）违反国家法律、行政法规、物资流向或运输限制。

（2）蜜蜂运输的变更。

（3）变更后的货物运到期限大于货物容许运输期限。

（4）变更一批货物的一部分。

（5）第二次变更到站。

3. 变更或解除的办理

（1）托运人或收货人由于特殊原因，对承运后的货物运输合同，可按批向货物所在的中途站或在到站提出变更到站或收货人。

（2）承运后发送前托运人可向发站提出取消托运，经承运人同意，货物运输合同即告解除。

（3）办理货物运输变更或取消托运，托运人或收货人应按规定支付费用。

（4）托运人或收货人要求变更或解除运输合同时，应提出领货凭证和货物运输变更要求书，提不出领货凭证时，应提出其他有效证明，并在货物运输变更要求书内注明。

【教学提示】　例如货物承运后，托运人或收货人提出变更到站或收货人时，应提出货物运输变更要求书（表 3-1）。

表 3-1　货物运输变更要求书

提出变更单位名称和住址　………柳州市凤塘贸易公司……… 2016 年 5 月 18 日印章

| | 受理变更顺序号 | 第 012 号 |

变更事项	变更货物到站至保定站，变更收货人为保定市宏发食品公司。					
原票据记载事项	运单号码	发站	到站	托运人	收货人	办理种别
	367376051600093	柳州南	新乡	柳州市凤塘贸易公司	新乡市豫中食品厂	整车
	车种车号	货物名称	件数	重量		承运日期
	P62NT 331274682	白糖	1 200	60 t		2016.5.16
	记事	托运人要求自装。				
承运人记载事项	托运人申明领货凭证寄出，凭单位运输证明和委托书、经办人身份证办理变更。产生的运输费用差额由新到站清算。				经办人 李茂林 郑州北站	

六、铁路货物运输合同的违约责任和处理

货物运输合同签订以后，当事人没有按照合同的要求履行义务，除了法律规定可免除责任的外，应承担违约责任，造成对方损失的应负赔偿责任。

（一）铁路运输企业的违约责任和免责条件

1. 货物损失

《铁路法》规定，铁路运输企业应当对承运的货物自接受承运时起到交付时止发生的灭失、短少、变质、污染或者损坏，承担赔偿责任。

由于下列原因之一造成货物损失时，铁路运输企业不承担赔偿责任：

(1)不可抗力

(2)货物中的物品本身的自然属性或者合理损耗

(3)托运人、收货人的过错

其他非承运人责任造成的货物损失,不能免除铁路运输企业的赔偿责任。

【教学提示】 如地震、台风、海啸、洪水、火山爆发和战争、动乱等不可抗力造成的货物损失。

货物本身性质引起的碎裂、生锈、减量、变质、自燃所带来的损失,或在规定的技术和程序及正常情况下无法避免的磨损、漏失、挥发、氧化等损耗。

托运人、收货人的过错,包括托运人所派押运人的过错,主要表现在:货物包装的缺陷,承运人在验收货物时,无法从外部发现;托运人自行装车的货物,加固材料不符合规定或者违反装载规定,交接货物时,承运人无法发现;押运人应当采取而未采取保证货物安全措施;收货人负责卸货造成的损失。

只有不可抗力,货物中的物品本身的自然属性或者合理损耗,托运人、收货人的过错是法定的免责条件,其他非承运人责任造成的货物损失,不能免除铁路运输企业的赔偿责任。例如因第三人的过错造成的货物损失,铁路运输企业应承担赔偿责任,铁路运输企业赔偿后,可向有责任的第三人追偿。

2. 货物逾期运到与误交付

铁路运输企业未按货物运输合同履行,造成货物逾期运到和误交付,应按合同约定或法律、法规规定向对方支付违约金、赔偿货物损失。

【教学提示】 《铁路法》规定,铁路运输企业应当按照合同约定的期限或者国务院铁路主管部门规定的期限,将货物运到目的站;逾期运到的,铁路运输企业应当支付违约金。铁路运输企业逾期 30 d 仍未将货物交付收货人的,托运人或收货人有权按货物灭失向铁路运输企业要求赔偿。由于铁路运输企业的过错将货物误运到站或误交收货人,应免费运至合同约定的到站,交给正当的收货人。铁路到站因领货人书证不全导致货物误交付参见【教学案例 3-1】。

(二)托运人与收货人的责任

托运人与收货人的责任可归纳为三个方面:托运人申报不实、收货人逾期领取货物以及给铁路运输企业或第三人造成损失。

1. 托运人申报不实的责任

托运人申报不实,主要表现在货物品名不实。《铁路法》规定,托运人应当如实填报托运单,铁路运输企业有权对填报的货物品名、数量和重量进行检查。托运人因申报不实而少交的运费和其他费用应当补交,铁路运输企业按照国务院铁路主管部门的规定加收运费和其他费用。

【教学提示】 《铁路货物运价规则》规定,承运后发现托运人匿报、错报货物品名填写运单,致使货物运费减收或危险货物匿报、错报货物品名按一般货物运输时,按批核收全程正当运费二倍的违约金,不另补收运费差额。承运后发现托运人匿报、错报货物品名,致使铁路建设基金少收时,到站除按正当铁路建设基金补收差额外,另核收该差额等额的违约金。由此造成铁路或他人损失的,还应承担赔偿责任。托运人捏报品名导致火灾事故参见【教学案例 3-2】。

2. 收货人逾期领取货物的责任

《民法典》(合同编)规定,货物运输到达后,承运人知道收货人的,应当及时通知收货人,收货人应当及时提货。收货人逾期提货的,应当向承运人支付保管费等费用。

《铁路法》规定,货物到站后,收货人应当按照按照国务院铁路主管部门规定的期限及时领取,逾期领取的,收货人应当按照规定交付保管费。

【教学提示】 《铁路货物运价规则》规定,承运人在车站公共装卸场所内组织卸车的货物,到站应不迟于卸车完了的次日内,用电话、短信或邮件等,向收货人发出领货通知或送货通知。收货人应于承运人发出领货通知或送货通知的次日(不能实行领货通知及送货通知或会同收货人卸车的货物为卸车的次日)起算,2 日内将货物搬出或接收货物。超过上述期间未将货物搬出或接收货物,对其超出的期间核收仓储费。

3. 给铁路运输企业或第三人造成财产损失的责任

《铁路法》规定,因托运人或者收货人的责任给铁路运输企业造成财产损失的,由托运人或收货人承担赔偿责任。《民法典》(合同编)规定,当事一方因第三人的原因造成违约的,应向对方承担违约责任。当事一方和第三方之间的纠纷,依照法律或者按照约定解决。由于托运人或收货人原因给第三人造成财产损失,应承担赔偿责任,由承运人先与赔偿的,承运人赔偿后可向有责任的托运人或收货人追偿。

【教学提示】 因托运人、收货人的责任造成铁路运输工具、设备或第三人的运输工具、设备、货物损失,主要有以下几种情形:

(1)匿报、错报货物品名或在货物中夹带危险品,导致火灾、爆炸、染毒;

(2)货物包装有缺陷,无法从外部发现,或未按国家规定在货物包装上标明包装储运指示标志的,造成污染、腐蚀、损坏;

(3)托运人组织装车,违反货物装载规定或加固材料、加固装置不符合规定,交接时无法发现,发生倾覆、脱轨;

(4)收货人组织卸车,违章作业、防护不当;

(5)押运人违反规定,违规携带危险品或在货车内吸烟、生火、用明火照明。

七、铁路货物运输合同违约的索赔处理

(一)索赔时效

《货规》规定,托运人或收货人与承运人相互间要求赔偿或退补费用的时效期限为 180 d,托运人或收货人要求铁路支付运到逾期违约金的时效期限为 60 d。

1. 托运人或收货人向承运人要求赔偿或退还运输费用的时效期限起算时间

(1)货物灭失、短少、变质、污染、损坏,为车站交给货运记录的次日。

(2)货物全部灭失未编有货运记录,为运到期限届满的第 16 日,但鲜活货物为运到期限届满的次日。

(3)要求支付货物运到逾期违约金,为交付货物的次日。

(4)多收运输费用,为核收该项费用的次日。

2. 承运人向托运人或收货人要求赔偿或补收运输费用的时效期限起算时间

由发生该项损失或少收运输费用的次日起算。

(二)赔偿数额和违约金的计算

1. 赔偿数额

赔偿损失是一种补偿性的法律手段。《铁路法》规定,违反铁路货物运输合同造成的损失,除另有规定外,按实际损失赔偿。

【教学提示】 所谓实际损失即直接损失,是指因违反合同致使对方在财产上发生的直接减少。如铁路货物发生被盗、丢失、损坏、污染、腐烂等事故,既包括货物本身的损失,也包括为

履行合同而支付的合理费用,如运费、杂费、保价费等。

根据《铁路法》规定,铁路运输企业承担的赔偿额规定如下:

(1)办理保价运输的货物,按照实际损失赔偿,但最高不超过保价金额。

(2)投保货物运输保险的货物,由保险公司和承运人按规定赔偿。

(3)未按保险、保价运输承运的货物,按照实际损失赔偿,但最高不超过国务院铁路主管部门规定的赔偿限额。

2. 运到逾期违约金

铁路货物运输合同的违约金可以由当事人在合同中约定;没有约定的,按照国务院铁路主管部门的规定支付。根据《货规》规定,货物实际运到日数超过运到期限的,铁路运输企业按所收运费的 5%～20% 支付逾期违约金。

（三）索赔处理

1. 托运人或收货人向承运人要求赔偿货物损失的凭证

应按批向到站,货物发送前发生的损失向发站,提出赔偿要求书并附货物运单、货运记录和有关证明文件。按保价运输的个人物品,应同时提出盖有发站日期戳的物品清单。要求退还多收运输费用时,须提出运单托运人存查联或运费杂费收据,直接联系收款站处理。收货人要求承运人支付运到逾期违约金时,应向到站提出货物运单。

2. 承运人向托运人或收货人提出赔偿要求的凭证

应提出货运记录、损失清单和必要的证明文件。

3. 承运人与托运人或收货人相互间提出的赔偿要求的处理时限

应自收到书面赔偿要求的次日起 30 d 内,跨及两个铁路局集团公司以上运输的货物为 60 d 内,进行处理答复赔偿要求人。要求人自收到答复的次日起 60 d 内未提出异议,即为结案。

八、铁路货物运输合同争议的处理

货物运输合同发生纠纷、争议的,根据《民法典》（合同编）、《铁路法》的规定,由承运人和托运人或收货人协商解决,协商不成时,可向合同管理机关申请调解;不愿意调解解决或者调解不成的,可以依据合同中的仲裁条款或者事后达成的书面仲裁协议,向国家规定的仲裁机构申请仲裁;当事人一方在规定的期限内不履行仲裁机构的仲裁决定的,另一方可以申请人民法院强制执行;当事人没有在合同中订立仲裁条款,事后又没有达成书面仲裁协议的,可以向人民法院起诉。

【教学提示】　发生铁路货物运输合同纠纷,当事人没有在合同中订立仲裁条款和书面仲裁协议,事后也没有达成书面补充仲裁协议,可以向具有管辖权的人民法院提出诉讼。因铁路货物运输合同纠纷提出的诉讼,由发站、到站所在地或被告住所地铁路运输法院管辖。

典型工作任务 3　铁路行李运输合同

一、铁路行李运输合同的概念及凭证

办理行李运输,旅客与承运人之间必须签订运输合同。铁路行李运输合同是指承运人与旅客之间明确行李运输权利义务关系的协议。

（一）铁路行李运输合同

铁路行李运输合同是铁路运输企业与旅客之间明确行李运输权利义务关系的协议。旅客托运行李时,必须提出有效的车票和托运单,车站承运时应填写行李票。行李运输合同的凭证是行李票,可采用纸质票、电子票等形式。

【教学提示】　铁路运输中只有旅客才能办理行李的运输,作为行李的托运人、收货人,必须是已经和铁路运输企业签订了旅客运输合同的旅客。因此,铁路旅客运输合同是主合同,铁路行李运输合同以铁路旅客运输合同的成立为其订立的前提条件,是铁路旅客运输合同的从合同。

(二)铁路行李运输合同应当载明的内容

行李票主要信息应包含:

1. 承运日期、发站、到站和经由。

2. 乘坐车次、人数、车票号。

3. 旅客姓名、电话、地址。

4. 包装种类、件数、重量。

5. 声明价格。

6. 运费。

7. 运到期限、承运站站名戳及经办人员名章。

8. 铁路运输企业名称。

(三)承运人的权利和义务

1. 承运人的主要权利

(1)按规定收取运输费用,要求托运的物品符合国家政策法令和铁路规章的规定。对托运的物品进行安全检查,不符合运输条件的物品可拒绝承运。

(2)因托运人、收货人的责任给承运人或他人造成损失时向责任人要求赔偿。

2. 承运人的主要义务

(1)为托运人提供方便、快捷的运输条件,将行李安全、及时、准确地运送到目的地。

(2)行李从承运后至交付前,发生灭失、短少、污染或者损坏时,承担赔偿责任。

【教学提示】　行李因承运人原因导致误交付或被冒领,发生损失,承运人也应承担赔偿责任。到站违章致使行李误交付造成损失参见【教学案例 3-3】。

(四)旅客的权利和义务

1. 旅客的主要权利

(1)要求承运人将行李按期、完好地运至目的地。

(2)行李灭失、短少、污染或者损坏时要求赔偿。

2. 旅客的主要义务

(1)缴纳运输费用,完整、准确填写托运单,遵守国家有关规定及铁路规章制度,维护铁路运输安全。

(2)因自身过错给承运人或其他旅客造成损失时应负赔偿责任。

(五)铁路行李运输合同的成立和终止

行李运输合同自铁路运输企业接收行李并填发行李票时起成立,到行李运至到站交付给旅客止履行完毕。

二、行李的范围

行李是旅客凭车票托运的一定限度的旅行必需品,须凭客票办理托运。行动不便旅客在旅行中使用的轮椅可按行李托运。铁路行李运输随同旅客运输而产生,与旅客运输不可分割,旅客不购票乘车,就不可能产生行李运输。行李一般随旅客所乘列车运送或提前运送。

行李托运实行实名制,办理行李托运时,铁路运输企业应核验旅客车票和有效身份证件的一致性,他人代办时还应出示代办人的有效身份证件。铁路运输企业应当依照法律、行政法规和有关规定,对旅客托运的行李进行安全检查。对不配合安全检查的,铁路运输企业有权拒绝承运。

旅客应按约定缴纳运输费用,完整、准确填写托运单。

【教学提示】　行李中不得夹带的物品:货币(含各币种的纸币和金属辅币);有价票证(银行卡、储值卡等);文物;金银珠宝;档案材料(指人事、技术档案,组织关系,户口簿或户籍关系,各种证件、证书、合同、契约等);易碎品、流质物品和骨灰;妨碍公共卫生和安全的物品;危险品(铁路运输企业不能判明理化性质的物品按危险品处理);国家禁止、限制运输物品。

三、铁路行李运输合同变更

旅客在办理行李托运手续后,可按规定办理一次行李变更手续;办理行李变更的到站、中止站必须是行李办理站。

(一)装运前变更运输

在发站装运前取消托运时,退还全部运费,核收保管费。

旅客办理车票变更到站后,在装运前办理行李到站变更时,补收或退还已收运费与发站至新到站行李运费的差额。

(二)装运后变更运输

在发站装运后取消托运时,行李由到站运回发站,已收运费不退,补收到站至发站间行李运费。

旅客办理车票变更到站后,在装运后办理行李到站变更时,已收运费不退,另补收原到站至新到站的行李运费。

(三)旅客中止旅行

旅客中止旅行后,要求将行李运回旅行中止站时,补收原到站至中止站间的行李运费。

(四)旅客退票、变更到站后行李继运

旅客办理变更到站或退票后,未同时办理行李变更手续时,由到站另行收取两倍行李运费。

四、铁路行李损失的责任及处理

(一)铁路运输企业的赔偿责任和免责范围

《铁路法》规定,铁路运输企业应当对承运的行李自接受承运时起到交付时止发生的灭失、短少、变质、污染或者损坏,承担赔偿责任。

由于下列原因之一造成行李、包裹损失时,铁路运输企业不承担赔偿责任:

1. 不可抗力。
2. 行李中的物品本身的自然属性或者合理损耗。
3. 旅客的过错。

其他非承运人责任造成的行李、包裹损失,不能免除铁路运输企业的赔偿责任。

（二）行李事故赔偿标准

旅客托运的行李分为保价和不保价运输两种形式，由旅客自行选择，并在托运单上注明。保价运输必须声明价格。

按保价运输办理的物品全部灭失时按实际损失赔偿，但最高不超过声明价格。部分损失时，按损失部分所占的比例赔偿。分件保价的物品按所灭失该件的实际损失赔偿，最高不超过该件的声明价格。

未按保价运输的物品按实际损失赔偿，但最高不超过国务院铁路主管部门规定的赔偿限额。

五、行李运到逾期的处理

（一）行李运到期限

行李的运到期限以运价里程计算。从承运日起，行李 600 km 以内为 3 d，超过 600 km 时，每增加 600 km 增加 1 d，不足 600 km 也按 1 d 计算。

由于不可抗力等非铁路运输企业责任发生的停留时间加算在运到期限内。

（二）运到逾期违约金

行李超过规定的运到期限运到时，铁路运输企业应按逾期日数及所收运费的百分比向旅客支付违约金。行李变更运输时，逾期运到违约金不予支付。

旅客要求支付违约金时，凭行李票在行李到达日起 10 d 以内提出。

行李超过运到期限 30 d 以上仍未到达时，旅客可以认为行李已灭失而向铁路运输企业提出赔偿。

（三）逾期行李运至新到站的办理

旅客要求将逾期运到的行李运至新到站时，可分别按下述办理。

1. 行李逾期到达或逾期尚未到达，旅客需继续旅行，凭新购车票及原行李票号要求转运至新到站时，铁路运输企业开具新行李票，免费转运。

2. 行李未到，当时又未超过运到期限，旅客需继续旅行并凭行李票票号及新购车票办理转运新到站的手续，交付运费之后，发现行李逾期到达原到站，由新到站凭原到站开具的客运记录退还已收转运区间运费，保价费不退。

3. 逾期行李办理免费转运的，不再支付违约金。

六、品名不符的处理

将国家禁止、限制运输的物品或危险品夹带运输时，在发站取消托运，在中途站停止运送（在列车上发现危险品交前方停车站），均通知有关部门和旅客处理，已收运费不退，按该件全部重量另行加倍补收行李运费，核收保管费。

七、无法交付行李的处理

对无法交付的行李，铁路运输企业应登记造册，妥善保管。国家法律、行政法规规定不能买卖的物品应及时交有关部门处理。

行李从运到日起，90 d 以内仍无人领取时，铁路运输企业应进行公布。公布 90 d 以后仍无人领取时，铁路运输企业可以变卖。

八、行李事故赔偿、索赔时效及纠纷处理

发生行李损失时,车站应会同有关人员编制行包记录交旅客作为要求赔偿的依据。损失赔偿一般应在到站办理,特殊情况也可由发站办理。

丢失的旅客行李找到后,铁路运输企业应迅速通知旅客领取,撤销赔偿手续,收回赔款。如旅客不同意领取时,按无法交付物品处理。如发现有欺诈行为不肯退回赔款时,可通过法律等手段追索。

铁路运输企业与旅客因行李运输合同纠纷产生索赔或互相间要求办理退补费用的有效期为三年。有效期从下列日期起计算:

1. 行李全部损失时为运到期限终了的次日,部分损失时为交付的次日;全批未到的为运到期限期满后的第 31 日。

2. 给铁路造成损失时,为发生事故的次日。

3. 多收或少收运输费用时,为核收该项费用的次日。

责任方自接到赔偿要求书的次日起,一般应于 30 d 以内向赔偿要求人做出答复,应当赔偿的,尽快办理赔偿。多收或少收时应于 30 d 以内退补完毕。

典型工作任务4　铁路旅客运输合同

一、铁路旅客运输合同的概念

铁路旅客运输合同是明确铁路运输企业与旅客之间权利义务关系的协议。

铁路旅客运输合同从售出车票时起成立,至按车票规定运输结束旅客出站时止,为合同履行完毕。旅客运输的运送期间自检票起至到站出站时止计算。旅客自行中途下车,出站时铁路旅客运输合同履行终止。

二、旅客的权利和义务

旅客是指持有铁路有效乘车证的人和同行的免费乘车儿童。

(一)旅客的主要权利

(1)依据车票票面记载的内容乘车。

(2)要求承运人提供与车票等级相适应的服务并保障其旅行安全。

(3)对运送期间发生的人身损害不属于承运人免责的有权要求承运人赔偿。

(4)对运送期间因承运人过错造成的自带行李和随身携带物品损失有权要求承运人赔偿。

(二)旅客的主要义务

(1)支付运输费用。

(2)遵守国家规定和铁路运输规章制度,听从铁路车站、列车工作人员的引导,按照车站的引导标志进、出站。

(3)爱护铁路设备、设施,维护公共秩序和运输安全。

三、承运人的权利和义务

承运人是指与旅客签有运输合同的铁路运输企业。铁路车站、列车及与运营有关人员在执行职务中的行为代表承运人。

（一）承运人的主要权利

（1）依照规定收取运输费用。

（2）要求旅客遵守国家规定和铁路规章制度，保证安全。

（3）对损害他人利益和铁路设备、设施的行为有权制止、消除危险和要求赔偿。

（二）承运人的主要义务

（1）确保旅客运输安全正点。

（2）为旅客提供良好的旅行环境和服务设施，不断提高服务质量，文明礼貌地为旅客服务。

（3）对运送期间发生的旅客人身损害不属于承运人免责的予以赔偿。

（4）对运送期间因承运人过错造成的旅客自带行李和随身携带品损失予以赔偿。

四、铁路旅客运输合同的凭证

车票是铁路旅客运输合同的凭证，可以采用电子数据形式或者纸质形式，并实施车票实名制管理。车票（特殊票种除外）主要信息应包含：

1. 发站和到站站名。

2. 车厢号、席位号、席别。

3. 票价。

4. 车次。

5. 乘车日期和开车时间。

6. 有效期。

7. 旅客身份证件信息。

车票票价为旅客购票时的适用票价。铁路运输企业调整票价时，已售出的车票不再补收或退还票价差额。

五、车票的有效期间

铁路旅客运输合同是附期限合同。附生效期限的合同，自期限届至时生效；附终止期限的合同，自期限届满时失效。铁路旅客车票是铁路旅客运输合同的基本凭证，具有一定的时效，按票面载明的乘车日期、车次乘车方能生效，至有效期间期满时自动终止。

除有效期有其他规定的车票外，车票当日当次有效。旅客自行中途上车、下车的，未乘区间的票款不予退还。

六、旅客运输同变更的处理

旅客可办理一次改签，在铁路运输企业有运输能力的前提下，按下列规定办理：

（一）改签列车

1. 开车前超过 48 h 的，可改签预售期内的列车。

2. 开车前 48 h 以内的，可改签车票载明的乘车日期以前的列车，不办理车票载明的乘车日期次日及以后列车的改签。

3. 开车后，旅客仍可改签当日其他列车。

（二）变更到站

办理变更到站的改签时，应在开车前 48 h 以上，原车票已托运行李的，还应办理行李变更或取消业务。

（三）越站乘车

旅客要求越过车票到站继续乘车时,须在原车票到站前提出,在有运输能力的情况下列车可予以办理,核收越站区间的票款。

（四）变更席位

旅客在列车上办理席位变更时,变更后的票价高于原票价时,核收票价差额;变更后的票价低于原票价时,票价差额部分不予退还。

七、旅客自带行李

（一）旅客自带行李的范围

旅客自带行李,是指为方便旅行生活,旅客可带入乘坐的客车内的旅行所需要的物品。

危险品或禁止、限制运输的物品,妨碍公共卫生的物品,能够损坏或污染车辆的物品,以及活动物(导盲犬和作为食品且经封闭箱体包装的鱼、虾、蟹、贝、软体类水产动物除外)不得随身携带乘车。

（二）旅客自带行李损失赔偿

《民法典》(合同编)规定,在运输过程中旅客自带物品毁损、灭失,承运人有过错的,应当承担损害赔偿责任。

旅客证明其确已携带进站乘车,且能够确定携带品价值的,按下列规定赔偿:

1. 旅客出具发票(或者其他有效证明)证明购买价格时,以扣除物品合理折旧、损耗后的净值赔偿。

2. 以处理单位所在地价格评估机构确定的物品价值赔偿。

八、铁路旅客运输合同主体资格的确认

旅客作为铁路运输合同的主体,应是具有相应民事行为能力的自然人(含公民、外国人、无国籍的人)。

（一）民事行为能力

《民法典》规定,当事人订立合同,应当具有相应的民事权力能力和民事行为能力。民事行为能力分为三种情况:完全民事行为能力、限制民事行为能力和无民事行为能力。

（二）未成年人的乘车条件

除需要乘坐火车通勤上学的学生和铁路运输企业同意在旅途中监护的儿童外,实行车票实名制情况下未满14周岁或者未实行车票实名制情况下身高不足1.5米的儿童,应当随同成年人旅客旅行。

实行车票实名制的,年满6周岁且未满14周岁的儿童应当购买儿童优惠票;年满14周岁的儿童,应当购买全价票。每一名持票成年人旅客可以免费携带一名未满6周岁且不单独占用席位的儿童乘车;超过一名时,超过人数应当购买儿童优惠票。

未实行车票实名制的,身高1.2 m且不足1.5 m的儿童应当购买儿童优惠票;身高达到1.5 m的儿童,应当购买全价票。每一名持票成年人旅客可以免费携带一名身高未达到1.2 m且不单独占用席位的儿童乘车;超过一名时,超过人数应当购买儿童优惠票。

儿童优惠票的车次、席别应当与同行成年人所持车票相同,到站不得远于成年人车票的到站。按上述规定享受免费乘车的儿童单独占用席位时,应当购买儿童优惠票。

旅客携带免费乘车儿童时,应当提前告知铁路运输企业,铁路运输企业应当为免费乘车儿

童出具乘车凭证。实行车票实名制的,免费乘车儿童检票和乘车时需要提供有效身份证件。

(三)未成年旅客主体资格

铁路旅客运输中,实行车票实名制、年满14周岁或者未实行车票实名制、身高达到1.5 m的未成年人,可以成为铁路旅客运输合同的主体,单独旅行;实行车票实名制、未满14周岁或者未实行车票实名制、身高未达到1.5 m的未成年人,不能作为铁路旅客运输合同的主体对待,必须要有监护人或者监护人委托的成年人同行,才能乘车旅行。

【教学提示】 在铁路旅客运输实际工作中,未实行车票实名制情况下,为简化手续,铁路主要是通过身高来确定未成年人是否能单独旅行以及是否需要购票乘车,因而身高就成为铁路旅客运输合同主体资格的变通判断标准。

九、索赔时效

发生旅客人身损害事故时,旅客可向事故发生站或处理站要求赔偿。

铁路运输企业与旅客因旅客运输合同纠纷产生索赔或互相间要求办理退补费用的有效期为三年。有效期从下列日期起计算:

1. 身体损害和随身携带品损失时,为发生事故的次日。
2. 多收或少收运输费用时,为核收该项费用的次日。

责任方自接到赔偿要求书的次日起,一般应于30 d以内向赔偿要求人做出答复,应当赔偿的,尽快办理赔偿。多收或少收时应于30 d以内退补完毕。

项目小结

铁路运输合同具有铁路行业的特点,应重点掌握铁路旅客、行李、包裹和货物运输合同相关法律、法规和司法解释的具体条文规定,依法办理铁路运输合同业务,分清铁路运输合同当事人的权利和义务,正确界定合同违约责任,处理合同纠纷与索赔。

教学案例

【教学案例3-1】 铁路到站因领货人书证不全导致货物误交付。

案情简介:李卫军与张白桦签订一份白酒购销合同,总价款32万元。双方约定,经铁路运输至到站后,交货付款。

李卫军将货物交经典酒品储运部在发站办理了货物托运,领货凭证、货票载明托运人:经典酒品储运部,收货人:李卫军。

货物发出后,李卫军来到货物到站所在城市。张白桦为当地人,以帮助办理宾馆住宿登记为由,拿走了李卫军的身份证,并持李卫军的身份证前往到站领取该批货物。

到站货运工作人员,在张白桦出具了代领的书面说明,出示或提供了领货凭证传真、本人身份证与李卫军身份证、张白桦本人与李卫军签订的白酒购销合同、当地信和酒厂介绍信和华祥储运公司担保书的原件和复印件后,向张白桦交付了该批货物。

李卫军持领货凭证到到站领不到货物,立即向公安报案,事后与到站协商赔偿未果,将铁路诉至铁路运输法院。

原告李卫军,认为到站在实际领货人与票记收货人身份不符的情况下,不按章办事,将货物误交他人领取,存在重大过失,应承担全部责任。请求法院,判令铁路赔偿其货物损失32万元及处理此事的费用2万元,并承担全部诉讼费。

被告铁路到站认为,货运工作人员是在张白桦提供了身份证、购销合同、介绍信、担保书后,才向张白桦交付了该批货物,铁路不存在误交付的事实。请求法院驳回原告的所有诉讼请求。

法院审判:法院审理时,原告、被告当庭进行了举证、质证,法庭进行了认证。

原告李卫军出示的证据:(1)领货凭证。(2)前后三次来到站处理事故的交通费、住宿费发票。以上证据,被告均无异议,法庭予以确认。

被告铁路到站出示的证据:(1)领货人张白桦出具的代领书面说明、原告李卫军身份证复印件、李卫军与张白桦白酒购销合同复印件,法庭予以确认。(2)原告李卫军给张白桦的领货凭证传真,与本案无关,法庭不予以确认。(3)信和酒厂介绍信原件,因领货人张白桦不是信和酒厂的职工,介绍信不具有客观真实性,法庭不予以确认。(4)华祥储运公司担保书只是概括说明,并未具体指明是为该批货物交付提供担保,记载内容与客观事实不符,法庭不予以确认。

法院调查收集的证据:(1)从经典酒品储运部调查的证明材料,证实该储运部代李卫军在发站办理托运白酒的品名、件数。(2)从到站所在地物价局、价格鉴证所调查的证明材料,证实所托运的酒类在到站地区的价格。

法院在经审理查明事实的基础上认为,经典酒品储运部与发站签订的白酒运输合同,合法有效。该批货物货票记明收货人李卫军,经典酒品储运部将领货凭证交与了李卫军。当货物到达到站后,该站货运工作人员未按规定交付给正当收货人李卫军,而将该批货物交给了张白桦,属于误交付。

本案中领货凭证明确记载收货人为李卫军,系个人,该批货物本应由李卫军提供本人的居民身份证、工作证或户口簿作证件并按向个人交付的程序办理交付手续,而实际是张白桦代李卫军领取该批货物,是代理关系,张白桦在领取货物时不仅要提供李卫军的居民身份证、本人工作证(或户口簿,或服务、居住所在单位出具的证明文件),而且还应提供李卫军的授权委托书。到站一直未能提供李卫军的授权委托书,而且货票丁联上收货人签字或盖章栏中的签名为李卫军,与张白桦为实际领货人的客观事实不符。被告铁路方出示的白酒购销合同不能证实货物的所有权已转移至张白桦,信和酒厂介绍信、华祥储运公司担保书,也不能证实张白桦是合法的收货人。因此,到站在交付货物时存在重大过失,系误交付,应按实际损失赔偿,原告要求被告赔偿货款的诉讼请求合乎法律规定,应予支持。原告为该批货物曾多次到到站追偿,应由被告赔偿原告因此而遭受的损失。

综上,依法判决如下:

被告赔偿原告货物损失32万元以及因此而支出的损失2万元,共计34万元,于本判决生效后10 d内支付。

案件受理费8 400.00元由被告承担,于本判决生效后10 d内交纳。

如不服本判决,可在判决书送达之次日起15 d内,向本院递交上诉状,并按对方当事人的人数提出副本,上诉于铁路运输中级法院。

案例分析:案件审理判决的主要依据是合同法、铁路法、司法解释、铁路规章及通知的规定:

《民法典》(合同编)规定,当事人一方不履行合同义务或者履行合同义务不符合约定的,应当承担继续履行、采取补救措施或者赔偿损失等违约责任。

《铁路法》规定,铁路运输企业应当对承运的货物、包裹、行李自接受承运时起到交付时止发生的灭失、短少、变质、污染或者损坏,承担赔偿责任:(1)托运人或者旅客根据自愿申请办理保价运输的,按照实际损失赔偿,但最高不超过保价额。(2)未按保价运输承运的,按照实际损失赔偿,但最高不超过国务院铁路主管部门规定的赔偿限额;如果损失是由于铁路运输企业的故意或者重大过失造成的,不适用赔偿限额的规定,按照实际损失赔偿。

最高人民法院《关于审理铁路运输损害赔偿案件若干问题的解释》对保价货物损失赔偿的进一步规定,如果损失是因铁路运输企业的故意或者重大过失造成的,不受保价额的限制,按照实际损失赔偿。

最高人民法院《关于审理铁路运输损害赔偿案件若干问题的解释》对误交付责任的规定,货物、包裹、行李误交付(包括被第三者冒领造成的误交付),铁路运输企业查找超过运到期限的,由铁路运输企业支付逾期违约金。不能交付的,或者交付时有损失的,由铁路运输企业赔偿。铁路运输企业赔付后,再向有责任的第三者追偿。

《铁路货物运输规程》规定,货物在到站应向货物运单内所记载的收货人交付。收货人在到站领取货物时,须提出领货凭证,并在运单上盖章或签字。如领货凭证未到或丢失时,机关、企业、团体应提出本单位的证明文件;个人应提出本人居民身份证、工作证(或户口簿)或服务所在单位(或居住所在单位)出具的证明文件。用本人的居民身份证、工作证或户口簿作证件时,车站应将姓名、工作单位名称、住址及证件号码详细记载在货票丁联上;用证明文件时,应将领取货物的证明文件粘贴在运单上。

《关于在铁路货场领取货物办法的通知》规定,凡在铁路货场领取货物必须凭"领货凭证"。收货人为个人的,还须本人身份证;收货人为单位的,还须有该单位出具的所领货物和领货人姓名的证明文件及领货人本人身份证。不能提出"领货凭证"的,可凭有经济担保能力的企业出具担保书取货。

《关于制定防止货物冒领暂行规定的通知》规定,领货凭证未到或丢失,以证明文件领取货物时:(1)证明文件上应记明领货人居民身份证号码,该号码须与出示的居民身份证号码相符。(2)证明文件上必须记明货物的发站、托运人、收货人、运单号码、品名、件数和重量,并与运输票据的记载完全相符,否则不得交付。(3)证明文件上未记明或所记载的各项与票据记载不一致时,到站不得向领货人提示其具体内容。

《严防仿造领货凭证冒领货物的紧急通知》规定,因领货凭证未到或丢失,凭证明文件领取时,证明文件上除必须写明所领取货物的票号、发站、托运人、品名、件数等情况外,按《货规》规定"托运人或收货人的代表人或委托的代理人办理货物的托运、领取、变更或履行其他权利、义务时,应向车站提出委托书或证明委托的介绍信。",到站还应要求收货人出具委托书或证明委托介绍信,确认领取身份后,再办理交付手续。

【教学案例 3-2】 托运人捏报品名导致火灾事故。

案情简介:××宇翔化工公司在××站托运一车货物,票据记载:品名二乙二醇,车型车号 $G_{70K}6273457$,到站在收货人××化工储运公司专用线自卸。该车在到站办理货物票据交付手续后,送入××化工储运公司专用线,采用罐车直卸汽车的方式卸车,随后发生了汽车着火事故,经启动应急预案,火势被控制扑灭。

案例分析:事后查明,托运人在货物运单填报品名为二乙二醇,属于普通货物,而该批货物品名实为二甲苯,铁危编号 32035,属二级易燃液体。托运人受利益驱动,在明知货物品名和危险性的情况下,为逃避铁路危险货物运输资质审查和安全监管,未取得铁路危险货物托运人资质,在不具备危险货物发送条件的办理站,恶意匿报品名发送危险货物,收货人卸车时未采用危险货物专门装卸设备,安全防护措施不当,从而引起火灾事故,属于违法行为。发站对承运货物的安全监管上存在严重漏洞,对匿报危险货物品名查堵工作缺乏严格的措施。事后,对相关单位和责任人依法进行了查处和整改。

【教学案例 3-3】 到站违章致使包裹误交付造成损失。

案情简介:旅客骆××在铁路发站行李房,填写托运单办理行李托运手续,发站按章进行承运前的验货检斤作业,在确认品名、件数、重量和检查包装合格后,办理了承运手续。行李票记载,品名纺织机械配件,件数 1 件,纸箱包装,重量 25 kg,声明价格 6 000.00 元,运杂费 179.50 元,保价费 60.00 元,托运人、收货人均为骆毅明。

发站承运后将该批行李装上列车,骆××也于当日乘同次列车赴到站。列车到达到站后,骆××便到到站行包房提取行李,到站答复行李未到,但未在行李票丙联(领取行李联)背面记载查询日期。

实际上,到站已将行李误交付给了第三方,并且在包裹票乙联(运输报单)上加盖“交付讫”戳。

骆××在到站领不到行李,返回发站后,到发站行李房要求将行李运回发站。当日发站收回行李票丙联(领取行李联),编制客运记录,注明原票内容,交骆××作为领取行李的凭证,并拍发铁路电报给到站,要求将该批行李返回发站。

到站接到发站电报后,发现误交付,即向第三方追回该批行李,将行李票乙联(运输报单)上的交付讫戳记、交付时间、交付单位等内容用笔涂抹,并编制客运记录,改正货签上的发、到站,随同行李运回发站。

骆××持发站开具的客运记录到行李房提取行李时,对返回行李的封口胶带有异议,要求开箱检查。发站会同公安人员及骆××共同对行李开箱检查,发现箱内全为碎砖石。骆××遂向发站公安派出所报案,并在提出赔偿要求无果后,向铁路运输法院提起诉讼,要求承运人赔偿行李损失 6 000.00 元,退还行李运杂费 179.50 元以及交通费、差旅费等 1 872.00 元。

法院审判:法院审理后认为,到站向旅客办理行李交付时,应认真核对票货,确认票据号码、发站、到站、旅客姓名、品名、件数、重量、包装无误后在运输报单上加盖“交付讫”戳予以交付,同时收回领取凭证的规定,将行李交付与行李票上记载的旅客,这是承运人在铁路行李运输合同中应尽的义务。

到站将行李交付给第三方,既没有骆××委托代理领取的相关证据,也不符合铁路规章关于到站交付的有关规定,属于误交付,致使行李在失控 10 d 后才追回返运发站,发现问题后还涂抹了其已在行李票乙联(运输报单)上加盖、填写的“交付讫”戳记、交付时间、交付单位等内容。该批行李,自发站开箱检验无误后承运起,至返运回发站后领取时开箱检验时止,此间除误交付给第三方的 10 d 期间外,再无证据证实该批行李曾被盗或失控过,因此只能推定该批行李被换装碎砖石的事件,是发生在非承运人控制的期间内,到站误交付的行为已构成重大过失,应对造成的损失应负完全责任。骆××提出的交通费、差旅费发票 1 872.00 元,因没有证据证明与该批行李的事故处理有必然联系,不予认可。

据此,判决铁路赔偿骆××行李实际损失 6 000.00 元、退还行李运杂费 179.50 元。

实训任务

任　务　单　(一)

作业人员:班级_____姓名_____学号_____成绩_____评阅人_____

任务要求:将正确答案填写在题中空格的下划线上,加深对铁路运输合同基础知识的理解。

任务内容:

1. 铁路运输合同根据其内容可以分为:铁路_____运输合同、铁路_____运输合同和铁路_____运输合同。

2. 铁路货物运输合同的构成要素包括_____、_____和_____。

3. 铁路运输合同应当采用_____形式。

4. 承运人未按照约定线路或者规定的运输线路运输货物增加运输费用的,托运人、收货人有权拒绝支付_____的运输费用。

5. 托运人不能确定运输日期,可提出_____运输需求,待确定装运日期后,提出____运输需求;能确定运输日期,可直接提出_____运输需求。承运人按核定的货物运输计划与托运人签订_____运输协议、_____运输协议。

6. 在承运人将货物交付收货人之前,托运人或收货人有权要求承运人_____、返还货物、_____或者将货物_____。

7. 铁路整车货物_____前,集装箱货物_____前,经承运人同意,托运人可以提出取消运输,解除运输合同。

8. 铁路承运货物后,托运人或收货人提出变更到站或收货人时,应提出货物运输____书。

9. 承运后发现托运人匿报、错报货物品名填写运单,致使货物运费减收或危险货物匿报、错报货物品名按一般货物运输时,按批核收全程正当运费_____倍的违约金,不另补收运费差额。

10. 承运人和托运人或收货人双方彼此之间要求赔偿的时效为_____日。

11. 托运人或收货人向承运人要求赔偿或退还运输费用的时效期限起算时间,货物全部灭失未编有货运记录,为运到期限届满的第____日,但鲜活货物为运到期限届满的____日。

12. 铁路运输货物未能在约定或者合理期间交付,逾期_____日,视为灭失。

13. 处理货物运输合同纠纷的方式有_____、_____、_____和向法院_____等四种。

14. 铁路行李运输合同的凭证是_____。

15. 铁路旅客运输中,随同成年人旅客乘车的儿童,年满____且未满____,应当购买儿童优惠票;年满_____时应买全价票。每一成人旅客可免费携带一名_____的儿童,超过一名时,超过人数应买儿童优惠票。

任　务　单　(二)

作业人员:班级_____姓名_____学号_____成绩_____评阅人_____

任务要求:将正确答案的英文字母代号填写在题中的括号内,深化对铁路运输合同水平问题的理解。

任务内容：

1. 不属于铁路行李运输合同主体的是( )。

A. 承运人   B. 运输工具   C. 托运人   D. 收货人

2. 铁路行李运输合同的客体是( )。

A. 行李   B. 运输工具   C. 运输劳务行为   D. 旅客

3. ( )不属于铁路货物运输合同的必备内容。

A. 托运人和收货人的名称   B. 始发地点和目的地点

C. 货物名称   D. 货物产地

4. 货物运单合同成立的条件是( )。

A. 托运人提交运单

B. 托运人提交货物

C. 收货人领取货物

D. 承运人接收货物完毕,并在运单上加盖承运日期戳或签字盖章

5. 下列情况中,( )不能办理货物运输合同的变更和解除。

A. 由于不可抗力使运输合同无法履行   B. 合同当事人双方协商同意

C. 变更一张货物运单中的部分货物   D. 在到站变更新到站

6. 对承运后的铁路货物运输合同,托运人或收货人可按批向( )提出变更到站或收货人。

A. 发站   B. 发站或到站

C. 运输途经的任何站   D. 货物所在的中途站或到站

7. 下列情况中,( )承运人不负赔偿责任。

A. 易腐货物逾期运到而变质

B. 交通事故致使货物毁损

C. 货物丢失

D. 货物包装有内在缺陷,承运时无法从外部发现,造成货物受损

8. 由于( ),造成承运人或第三人损失(如运输工具、机械设备或其他货物损失等)的,应由托运人向承运人或受损害的第三人承担赔偿责任。

A. 洪水致使运输工具和所装载货物被冲毁

B. 承运人堆码不当,货物从高处跌落,将下面的货物砸坏

C. 在普通货物中夹带危险货物,运输途中发生燃烧,致使周围货物被烧坏

D. 铁路运输承运人违反货车编组隔离要求,运输途中发生火灾,货物和货车被毁

9. 铁路货物运输中,因( )造成货物损失,承运人不能免责。

A. 不可抗力

B. 货物中物品本身的自然属性或合理损耗

C. 托运人、收货人过错

D. 第三人

10. 电子订单、电子客票属于( )。

A. 口头合同   B. 书面合同   C. 待定合同   D. 其他合同

任 务 单 (三)

作业人员:班级_____姓名_____学号_____成绩_____评阅人_____

任务要求:在题号前的括号内,正确√,错误×,增强对办理铁路运输合同业务的分析与运用能力。

任务内容:

( )1. 铁路旅客运输合同是诺成性合同。

( )2. 铁路行李运输合同是铁路旅客运输合同的从合同。

( )3. 按合同的标的分铁路旅客运输合同是完成旅客运输工作的合同。

( )4. 铁路旅客运输合同中的票价可以由铁路与旅客双方协商。

( )5. 铁路车站售票窗等待旅客前来购票,应视为要约邀请,而不能当作铁路旅客运输合同的要约。

( )6. 旅客提出购票,即为向铁路运输企业提出要约,铁路运输企业售给旅客相应的车票,即为承诺,合同成立。

( )7. 旅客车票是铁路旅客运输合同的凭证,铁路旅客运输合同从旅客购得车票时生效。

( )8. 铁路行李运输中,托运人、收货人即旅客本人。

( )9. 承运人有权向逾期领取货物的收货人收取仓储费。

( )10. 对托运人、收货人不明或无正当理由拒领的无法交付货物,承运人有权提存货物。

( )11. 承运人逾期 30 d 仍未将货物交付收货人的,收货人有权按货物灭失向承运人要求赔偿。

( )12. 身高超过 1.5 m 的儿童,应买全价票,具有完全民事行为能力,可以单独旅行。

任 务 单 (四)

作业人员:班级_____姓名_____学号_____成绩_____评阅人_____

任务要求:将正确答案填写在题下的空白处,增强对铁路运输合同难点业务的分析能力。

任务内容:

1.分析判断铁路货物运输合同成立的时机。

2. 剖析铁路货物运单、行李票、旅客车票是何种性质的单据。

3. 结合法律、《客规》的规定分析界定铁路运输中年满 6 周岁儿童的旅客主体资格。

项目 4

铁路运输行政管理

项目描述

铁路运输行政管理,是法律、行政法规特别授予铁路运输企业行使的行政管理职能,主要学习与车站、列车有关的铁路运输安全检查管理、铁路运输检疫监督管理、铁路运输食品安全管理、铁路运输运营安全管理。

教学目标

(1)知识目标

了解铁路运输企业的性质,理解铁路运输食品安全管理、铁路运输运营安全管理的要求,分析铁路运输安全检查、运输检疫的法律规定和违反安全检查、运输检疫的行政处置。

(2)能力目标

明确铁路运输的行政管理职能,依法执行运输安全检查、卫生检疫、食品安全管理,正确处置违反铁路运营安全的行为。

(3)素质目标

树立依法治路的思想,将依法治路落实到铁路运输的各项工作和作业中,提高铁路运输法律素养。

教学条件

铁路运输现场调研,铁路客货运仿真实训室,多媒体设备及课件,铁路客货运法规汇编。

教学建议

教学重点是铁路运输安全检查和运输检疫,教学难点是运输安全检查和运输检疫的执行。建议采用角色扮演、仿真实训、案例教学、多媒体教学,并通过项目实训任务单的单项练习、综合练习及案例分析,培养依法执行铁路运输行政管理职能的能力。

工作任务

典型工作任务1　铁路运输企业行政管理职能

一、铁路运输企业的主体地位

(一)铁路运输企业的范围

《铁路法》规定,铁路运输企业是指国家铁路运输企业和地方铁路运输企业。

【教学提示】　专用铁路是指由企业或者其他单位管理,专为本企业或者本单位内部提供运输服务的铁路。铁路专用线是指由企业或者其他单位管理的与国家铁路或者其他铁路线路接轨的岔线。专用铁路、铁路专用线不是铁路运输企业,而是工业企业或者其他单位所有的铁路,相当于企业内部的一个基层组织。专用铁路只有在开展公共客、货运输营业的时候,才适用《铁路法》关于铁路运输企业的规定。

(二)国家铁路运输企业

国家铁路运输企业在法律上实行一级法人制度,明确铁路局集团公司作为唯一的法人实体和市场主体,是铁路局集团公司经营管理的决策、生产指挥和经济效益中心,站段是生产和成本管理中心。在职能上,明确了铁路局集团公司对站段负有直接领导和管理责任,站段必须自觉维护铁路局集团公司市场主体地位,按铁路局集团公司统一指挥完成各项任务。

【教学提示】　国家铁路通过体制改革,实行一级法人制度,减少了中间环节,明确了责权关系,确保了政令畅通,实现了运输组织和经营管理的整体优化。必须注意的是,只有铁路局集团公司是具有法人资格的民事主体,独立核算,自主经营、自负盈亏,独立承担民事责任,可以根据国家或法律的授权行使一定的行政管理权。而铁路站段作为国家铁路运输企业的基层组织,没有企业法人的资格,不能以企业法人的身份对外从事生产经营活动,不具备从事经营活动所必须具有的权利能力和行为能力,只能依法通过授权、委托等方式,以铁路局集团公司的名义代表铁路局集团公司进行经济活动、承担经济责任。

(三)地方铁路运输企业

地方铁路是指由地方人民政府管理的铁路。地方铁路运输企业通常是指各省、自治区、直辖市的地方铁路总公司、地方铁路局、地方铁路处等。地方铁路运输企业依据地方省级人民政府授予其经营管理的财产,依法独立经营、独立核算,在法律规定的范围内从事铁路运输生产活动,以自己的名义独立地承担法律责任。

【教学提示】　为保证地方铁路运输生产活动的顺利进行,地方省级人民政府根据需要可以授予地方铁路运输企业一定的行政管理职能,以加强对地方铁路运输的行政管理。

二、铁路运输企业的性质

铁路运输企业,特别是国家铁路运输企业,在国民经济中具有特殊的地位和作用,具有自身的特点,既具备一般企业的共性,但又不同于一般企业,也不同于一般的交通运输企业。铁路运输企业的性质可以概括为:

(一)企业性

铁路运输企业是自主经营、自负盈亏、独立核算的经济组织。在市场经济条件下,对利润的追求是企业属性最本质的体现。作为相对独立的具有法人资格的经济实体,对国家授予其经营管理的财产,享有依法占有、使用和处分的权利,并以其全部法人财产,依法自主经营、自负盈亏。

(二)公用性

铁路运输企业作为社会公用企业,其公用性主要表现在三方面:一是铁路运输企业以持续为社会提供具有公共性质的运输服务为主要的经营活动;二是铁路运输企业受到政府特殊管制措施的制约和社会公众的监督;三是铁路运输企业要依据法律、法规的授权行使一定的行政管理权。

【教学提示】　政府对铁路运输企业实行特殊的运输管制措施。例如,铁路运输价格在物价体系中具有举足轻重的作用,铁路运输价格的变动,影响面大,涉及范围广,对整个国家的经济和市场供应都将产生巨大的影响。对铁路运价管理调控得当,可以起到平衡物价、调节市场的积极作用。因此国家对铁路运价的管理极为重视,国家铁路的旅客基本票价率和货物基本运价率须报国务院批准。

(三)基础性

铁路运输在我国综合运输体系中居于主导地位,是社会经济最重要的纽带,也是我国经济和社会发展最重要的基础之一。

【教学提示】　铁路运输业的基本属性是企业性、公益性和基础性三者合一。其中,企业性是运输生产经营活动最基本的内在特征,而基础性、公益性则是通过运输生产经营活动所体现出来的企业行为特征,只能依托于企业行为而存在。

三、铁路运输站车行政管理职能

铁路运输企业作为公用企业,在为社会提供运输服务的过程中,需要有一定的行政管理权力来加强铁路运输管理,确保正常的运营秩序和运输安全。法律法规授予铁路运输企业行使的行政管理职能中,与车站、列车有关的主要包括:运输安全检查权、卫生检疫监督处罚权和违反铁路安全的处置权等。

【教学提示】　铁路运输企业行使法律、行政法规授予的行政管理职能,这是铁路运输企业区别于一般企业的重要标志,也是铁路运输企业特殊性的体现。国家铁路运输企业必须在法律、行政法规规定的职权范围内行使行政管理职能,并对自己行使行政管理职能的行为承担法律责任,如果当事人对国家铁路运输企业在法律、行政法规规定的范围内做出的具体行政决定不服,可以以铁路运输企业为被告,向人民法院提起行政诉讼。

典型工作任务2　铁路运输安全检查管理

铁路运输安全检查,包括旅客运输安全检查和货物运输安全检查。

一、旅客运输安全检查

(一)检查的依据和规定

铁路旅客运输安全检查依据的法律、法规、规章及相关规定主要有:

《铁路法》规定,禁止旅客携带危险品进站上车。铁路公安人员和国务院铁路主管部门规定的职工,有权对旅客携带的物品进行安全检查。实施安全检查的铁路职工应当佩戴执勤标志。

《铁路安全管理条例》也规定,旅客应当接受并配合铁路运输企业在车站、列车实施的安全检查,不得违法携带、夹带管制器具,不得违法携带、托运烟花爆竹、枪支弹药等危险物品或者其他违禁物品。铁路运输企业应当依照法律、行政法规和国务院铁路行业监督管理部门的规定,对旅客及其随身携带、托运的行李物品进行安全检查。从事安全检查的工作人员应当佩戴安全检查标志,依法履行安全检查职责,并有权拒绝不接受安全检查的旅客进站乘车和托运行李物品。

国家铁路局颁发的《铁路旅客运输安全检查管理办法》规定,铁路旅客运输安全检查是指铁路运输企业在车站、列车对旅客及其随身携带、托运的行李物品进行危险物品检查的活动。

【教学提示】 《铁路法》和《铁路安全管理条例》,对铁路旅客运输安全检查的内容、范围和执行都做了明确的规定,是铁路运输企业和铁路公安机关实施旅客运输安全检查的基本法律依据。

(二)检查的执行和权限

依照《铁路法》《铁路安全管理条例》《铁路旅客运输安全检查管理办法》,按照国务院铁路主管部门的规定,旅客运输安全检查由铁路运输企业指定的工作人员和铁路公安人员执行,有权对旅客和旅客自带行李、随身携带物品、托运的行李进行安全检查,并有权拒绝不接受安全检查的旅客进站乘车和托运行李物品。

【教学提示】 需要注意的是,《铁路法》仅规定了国务院铁路主管部门规定的职工,有权对旅客携带的物品进行安全检查;而《铁路安全管理条例》则规定了铁路运输企业应当对旅客及其随身携带、托运的行李物品进行安全检查,包括对旅客进行人身检查。

《铁路旅客运输安全检查管理办法》还具体规定了,铁路运输企业可以采取多种方式检查旅客及其随身携带或者托运的物品。对旅客进行人身检查时,应当依法保障旅客人身权利不受侵害;对女性旅客进行人身检查,应当由女性安全检查人员进行。安全检查人员发现可疑物品时可以当场开包检查。开包检查时,旅客应当在场。安全检查人员认为不适合当场开包检查或者旅客申明不宜公开检查的,可以根据实际情况,移至适当场合检查。

《铁路安全管理条例》规定,旅客违法携带、夹带管制器具或者违法携带、托运烟花爆竹、枪支弹药等危险物品或者其他违禁物品的,由公安机关依法给予治安管理处罚。

(三)检查的范围和内容

在客运站和旅客列车上,对旅客和旅客随身携带物品、自带行李、托运的行李中是否夹带了危险物品,都可以依法进行运输安全检查。概括起来,客运安检就是在站车检查危险物品。

【教学提示】 《铁路安全管理条例》规定,禁止或者限制携带的物品种类及其数量由国务院铁路行业监督管理部门会同公安机关规定,并在车站、列车等场所公布。

《铁路旅客运输安全检查管理办法》规定,危险物品是指易燃易爆物品、危险化学品、放射性物品和传染病病原体及枪支弹药、管制器具等可能危及生命财产安全的器械、物品。禁止或者限制携带物品的种类及其数量由国家铁路局会同公安部规定并发布。

此外,国家铁路局颁布的《铁路危险货物运输安全监督管理规定》规定,高速铁路、城际铁路等客运专线及旅客列车,除法律、行政法规另有规定外,禁止运输危险货物。

二、货物运输安全检查

(一)检查的依据和规定

铁路货物运输安全检查的依据主要是《铁路法》《安全生产法》《铁路安全管理条例》《危险化学品安全管理条例》等有关法律、行政法规。

《铁路法》规定,运输危险品必须按照国务院铁路主管部门的规定办理,禁止以非危险品品名托运危险品。危险品的品名由国务院铁路主管部门规定并公布。

《民法典》(合同编)规定,旅客不得随身携带或者在行李中夹带易燃、易爆、有毒、有腐蚀性、有放射性以及有可能危及运输工具上人身和财产安全的危险物品或者其他违禁物品。旅客违反规定的,承运人可以将违禁物品卸下、销毁或者送交有关部门,旅客坚持携带或者夹带违禁物品的,承运人应当拒绝运输。

《铁路安全管理条例》也规定,铁路运输托运人托运货物、行李、包裹,不得匿报、谎报货物品名、性质、重量,不得在普通货物中夹带危险货物或者在危险货物中夹带禁止配装的货物。铁路运输企业应当对承运的货物进行安全检查,并不得承运未接受安全检查的货物或不符合安全规定、可能危害铁路运输安全的货物。

【教学提示】《铁路法》《铁路安全管理条例》对铁路货物运输安全检查的内容、范围和执行都做了明确的规定,是铁路运输企业实施安全检查的主要法律依据。

(二)检查的执行和权限

铁路运输企业是铁路货物运输安全检查的责任主体,应当按照法律、行政法规、规章和国家铁路局有关规定,组织实施铁路货物运输安全检查工作。实践中,铁路货运安全检查由货运工作人员和行包工作人员具体执行,包括货运计划员、货运员、货运值班员、货运安全员、货运检查员、交接员、行李员、行李值班员、行李安全员等铁路运输企业工作人员。

【教学提示】《铁路安全管理条例》规定,托运人应当如实填报托运单,铁路运输企业有权对填报的货物和包裹的品名、重量、数量进行检查。铁路运输托运人托运货物、行李、包裹时匿报、谎报货物品名、性质、重量,或者装车、装箱超过规定重量的,将危险化学品谎报或者匿报为普通货物托运的,在普通货物中夹带危险货物,或者在危险货物中夹带禁止配装的货物的,由铁路监督管理机构责令改正,并可处以罚款。

国家铁路局颁布的《铁路危险货物运输安全监督管理规定》规定,国家铁路局及地区铁路监督管理局负责铁路危险货物运输安全监督管理工作。铁路运输企业应当依据有关法律、行政法规和标准以及国务院铁路行业监督管理部门制订公布的铁路危险货物品名等规定,落实运输条件,加强运输管理,确保运输安全。国家铁路局设安全监察司,下设沈阳、上海、广州、成都、武汉、西安、兰州7个地区铁路监督管理局,北京铁路督察处(国家铁路局北京铁路督察室),负责辖区内铁路监督管理工作,统称铁路监管部门。

(三)检查的范围和内容

在车站和货物列车(包括铁路专用线、专用铁路,门到门运输的送货地点和取货地点,行包快运专列),检查危害铁路运输安全的货物。

【教学提示】依据《铁路安全管理条例》的规定,铁路货物运输安全检查,包括经铁路运输的货物、按货物运输的行李和以行包快运专列运输的包裹。重点检查不符合运输条件的危险货物、以非危险品品名托运危险品、在普通货物中夹带危险货物或者在危险货物中夹带禁止配装的货物,以及不符合装载加固要求的货物。

《铁路危险货物运输安全监督管理规定》中规定,危险货物是指具有爆炸、易燃、毒害、感染、腐蚀、放射性等危险特性,在铁路运输过程中,容易造成人身伤亡、财产毁损或者环境污染而需要特别防护的物质和物品。《铁路危险货物运输管理规则》中规定,危险货物的具体品名在《铁路危险货物品名表》中公布,包括爆炸品,气体,易燃固体、易于自燃的物质、遇水放出易燃气体的物质,氧化性物质和有机过氧化物,毒性物质,放射性物质(物品),腐蚀性物质,杂项危险物质和物品,此外还在《易燃普通货物品名表》公布了不属危险货物,但在铁路运输过程中易引起燃烧、需采取防火措施的货物。

《铁路危险货物运输安全监督管理规定》中规定,托运人应当向铁路运输企业如实说明所托运危险货物的品名、数量(重量)、危险特性以及发生危险情况时的应急处置措施等。对国家规定实行许可管理、需凭证运输或者采取特殊措施的危险货物,托运人或者收货人应当向铁路运输企业如实提交相关证明。不得将危险货物匿报或者谎报品名进行托运;不得在托运的普通货物中夹带危险货物,或者在危险货物中夹带禁止配装的货物。禁止运输法律、行政法规禁止生产和运输的危险物品、危险性质不明以及未采取安全措施的过度敏感或者能自发反应而产生危险的物品。

《铁路危险货物运输管理规则》进一步规定,铁路危险货物凡不符合规定要求的,一律不得办理运输(如托运人不具备铁路危险货物托运人资质、经办人没有培训合格证明、包装不符合规定、违反货车使用限制)。禁止运输国家禁止生产的危险物品(如滴滴涕、六氯苯)。禁止运输过度敏感或能自发反应而引起危险的物品(如叠氮铵、高锰酸铵)。对易发生爆炸性分解反应或需控温运输等危险性大的货物(如乙酰过氧化磺酰环己烷、过氧重碳酸二仲丁酯),应由国铁集团组织研究确定运输条件。凡性质不稳定或由于聚合、分解在运输中能引起剧烈反应的危险货物(如乙烯基甲醚、乙酰乙烯酮),托运人应采用加入稳定剂或抑制剂等方法,保证运输安全。

《铁路安全管理条例》规定,托运人装车、装箱不得超过规定重量。《铁路货物装载加固规则》规定,货物装载加固要求使货物均衡、稳定、合理地分布在货车上,不超载,不偏载,不偏重,不集重;能够经受正常调车作业以及列车运行中所产生各种力的作用,在运输全过程中,不发生移动、滚动、倾覆、倒塌或坠落等情况。严格按装载加固方案装车。

典型工作任务3　铁路运输检疫监督管理

铁路运输检疫分为对人和对物的检疫。对人的检疫是指对传染病的检疫,对物的检疫主要指对动物、植物的检疫。

一、铁路客运检疫

(一)法律依据

铁路卫生检疫工作的法律依据是《铁路法》《传染病防治法》《国内交通卫生检疫条例》的规定。具体到铁路旅客运输,《铁路法》明确规定了检疫的对象、范围及分工。

(二)检疫对象

检疫的对象是传染病。传染病是指突发性强、细菌或病毒传播快,损害人体健康的疾病。按传染病防治法的规定,传染病分为甲、乙、丙三类。根据《国内交通卫生检疫条例》的规定,实施交通检疫的传染病是:鼠疫、霍乱,即甲类传染病;国务院确定并公布的其他传染病。

(三)检疫范围

铁路交通卫生检疫工作的范围是:车站和旅客列车内发生的法律规定需要检疫的传染病病人、病原携带者、疑似传染病病人和与其密切接触者。

(四)检疫分工

根据《铁路法》的规定,在车站和旅客列车内,发生法律规定需要检疫的传染病时,由铁路卫生检疫机构进行检疫;根据铁路卫生检疫机构的请求,地方卫生检疫机构应予协助。

铁路卫生防疫工作由铁路卫生防疫站组织和实施。防疫站是铁路的卫生检疫机构。车站和旅客列车在防疫站的领导和指导下开展检疫工作。

（五）车站检疫工作

车站检疫的职责是:观察和了解车站候车室等处的旅客状况,及时发现检疫传染病病人和疑似传染病病人;对病人实施临时隔离,对需要继续医学检查的,及时送当地铁路或地方检疫部门;实施预防投药等应急医学措施;对病人的废弃物、排泄物和被污染或可能被污染的环境、用具、行李等实施控制和进行卫生处理;接收旅客列车移交的病人,并及时送当地铁路或地方检疫部门;禁止旅客携带可能传播疫病的疫源动物及制品上车,对查出的上述物品进行处理。

（六）旅客列车检疫工作

旅客列车检疫由卫生、客运、公安人员负责。在列车运行中,发现疫情,应当立即封锁病人所在的车厢和可能被污染的车厢,并按规定进行检疫、消毒,同时通知实行检疫的车站接收病人。

（七）客运检疫行政措施

对拒绝隔离、治疗、留验的检疫传染病病人、病原携带者、疑似传染病病人和与其密切接触者,铁路卫生检疫机构,应当依照传染病防治法的规定,采取强制检疫措施,必要时由公安部门予以协助。

二、铁路货运检疫

为防止病虫害的传播,控制疫情的蔓延,经由铁路运输的活动物、动植物产品和鲜活植物,应是无病和符合检疫要求的。

【教学提示】　例如,需检疫运输的活猪、活牛、活羊、活鸡、活鸭、骆驼、蜜蜂、鱼苗等活动物,肉、油脂、内脏、生皮毛、血液、骨、蹄等动物产品,苗木、盆景等鲜活植物,稻麦以及瓜果、蔬菜的种子和中药材等植物产品,应凭检疫合格证明办理运输。

（一）法律依据

《铁路法》规定,货物运输的检疫,依照国家规定办理。《铁路鲜活货物运输规则》规定,托运人托运活动物和需检疫运输的易腐货物时,应按国家有关规定提出检疫证明。国家有关货物运输检疫的法律、法规主要有:《动物防疫法》《植物检疫条例》《进出境动植物检疫法》《进出境动植物检疫法实施条例》。对检疫对象、检疫范围、检疫方法、检疫分工、检疫责任做了明确规定。

（二）动物检疫

为了加强对动物防疫活动的管理,预防、控制和扑灭动物疫病,促进养殖业发展,保护人体健康,维护公共卫生安全,全国人大制定和修订了《动物防疫法》,国务院农业主管部门制订了《动物检疫管理办法》。

1.《动物防疫法》与运输相关的主要规定

经铁路、公路、水路、航空运输动物和动物产品的,托运人托运时应当提供检疫证明;没有检疫证明的,承运人不得承运。

【教学提示】　《动物防疫法》所称动物和动物产品:动物,是指家畜家禽和人工饲养、合法捕获的其他动物。动物产品,是指动物的肉、生皮、原毛、绒、脏器、脂、血液、精液、卵、胚胎、骨、蹄、头、角、筋以及可能传播动物疫病的奶、蛋等。

禁止运输的动物和动物产品:封锁疫区内与所发生动物疫病有关的;疫区内易感染的;依法应当检疫而未经检疫或者检疫不合格的;染疫或者疑似染疫的;病死或者死因不明的;其他不符合国务院兽医主管部门有关动物防疫规定的。

检疫证明与检疫标志:运输动物及动物产品前,货主应当按照国务院兽医主管部门的规定向当地动物卫生监督机构申报检疫。运输动物,应当附有检疫证明;运输动物产品,应当附有检疫证明、检疫标志。

运输要求及染疫处理:动物、动物产品的运载工具、垫料、包装物、容器等应当符合国务院兽医主管部门规定的动物防疫要求。运载工具在装载前和卸载后应当及时清洗、消毒。染疫动物及其排泄物、染疫动物产品,病死或者死因不明的动物尸体,运载工具中的动物排泄物以及垫料、包装物、容器等污染物,应当按照国务院兽医主管部门的规定处理,不得随意处置。

2.《动物检疫管理办法》与运输相关的主要规定

经铁路、公路、水路、航空运输依法应当检疫的动物、动物产品的,托运人托运时应当提供《动物检疫合格证明》。没有《动物检疫合格证明》的,承运人不得承运。运输水产苗种,经检疫合格,并取得《动物检疫合格证明》后,方可离开产地。

【教学提示】《动物检疫管理办法》增加了水产检疫:运输水产苗种须检疫,水产苗种以外的其他水生动物及其产品不实施检疫。水产苗种,是指水生动物的亲本、稚体、幼体、受精卵、发眼卵及其他遗传育种材料等水产苗种。

货主或者承运人应当在装载前和卸载后,对动物、动物产品的运载工具以及饲养用具、装载用具等,按照国务院农业主管部门规定的技术规范进行消毒,并对清除的垫料、粪便、污物等进行无害化处理。

经检疫合格的动物、动物产品应当在规定时间内到达目的地。经检疫合格的动物在运输途中发生疫情,应按有关规定报告并处置。

3. 进出境动物和动物产品检疫

经由铁路运输的进出境动物和动物产品的检疫,应遵照《进出境动植物检疫法》《进出境动植物检疫法实施条例》的规定办理。

(三)植物检疫

为了防止为害植物的危险性病、虫、杂草传播蔓延,保护农业、林业生产安全,国务院制定了《植物检疫条例》。国务院农业、林业主管部门依据《植物检疫条例》分别制定了《植物检疫条例实施细则》农业部分、林业部分。

1.《植物检疫条例》与运输相关的主要规定

调运植物和植物产品,属于下列情况的,必须经过检疫:列入应施检疫的植物、植物产品名单的,运出发生疫情的县级行政区域之前,必须经过检疫;凡种子、苗木和其他繁殖材料,不论是否列入应施检疫的植物、植物产品名单和运往何地,在调运之前,都必须经过检疫。

省、自治区、直辖市间调运必须经过检疫的植物和植物产品的,调入单位必须事先征得所在地的省、自治区、直辖市植物检疫机构同意,并向调出单位提出检疫要求;调出单位必须根据该检疫要求向所在地的省、自治区、直辖市植物检疫机构申请检疫。对调入的植物和植物产品,调入单位所在地的省、自治区、直辖市的植物检疫机构应当查验检疫证书,必要时可以复检。省、自治区、直辖市内调运植物和植物产品的检疫办法,由省、自治区、直辖市人民政府规定。

必须检疫的植物和植物产品,交通运输部门和邮政部门一律凭植物检疫证书承运或收寄。

植物检疫证书应随货运寄。具体办法由国务院农业、林业主管部门会同铁路、交通、民航、邮政部门制定。

2.《植物检疫条例实施细则》(农业部分)与运输相关的主要规定

《植物检疫条例实施细则》(农业部分)规定,省间调运植物、植物产品,属于下列情况的必须实施检疫:凡种子、苗木和其他繁殖材料,不论是否列入应施检疫的植物、植物产品名单和运往何地,在调运之前,都必须经过检疫;列入全国和省、自治区、直辖市应施检疫的植物、植物产品名单的植物产品,运出发生疫情的县级行政区域之前,必须经过检疫;对可能受疫情污染的包装材料、运载工具、场地、仓库等也应实施检疫。

【教学提示】 国务院农业主管部门《关于发布全国植物检疫对象和应施检疫的植物、植物产品名单的通知》附件规定应施检疫的植物及植物产品名单:(1)稻、麦、玉米、高粱、豆类、薯类等作物的种子、块根、块茎及其他繁殖材料和来源于上述植物运出发生疫情的县级行政区域的植物产品;(2)棉、麻、烟、茶、桑、花生、向日葵、芝麻、油菜、甘蔗、甜菜等作物的种子、种苗及其他繁殖材料和来源于上述植物运出发生疫情的县级行政区域的植物产品;(3)西瓜、甜瓜、哈蜜瓜、香瓜、葡萄、苹果、梨、桃、李、杏、沙果、梅、山楂、柿、柑、橘、橙、柚、猕猴桃、柠檬、荔枝、枇杷、龙眼、香蕉、菠萝、芒果、咖啡、可可、腰果、番石榴、胡椒等作物的种子、苗木、接穗、砧木、试管苗及其他繁殖材料和来源于上述植物运出发生疫情的县级行政区域的植物产品;(4)花卉的种子、种苗、球茎、鳞茎等繁殖材料及切花、盆景花卉;中药材;蔬菜作物的种子、种苗和运出发生疫情的县级行政区域的蔬菜产品;(5)牧草(含草坪草)、绿肥、食用菌的种子、细胞繁殖体等;麦麸、麦秆、稻草、芦苇等可能受疫情污染的植物产品及包装材料。

3.《植物检疫条例实施细则》(林业部分)与运输相关的主要规定

《植物检疫条例实施细则》(林业部分)规定,应施检疫的森林植物及其产品运出发生疫情的县级行政区域之前以及调运林木种子、苗木和其他繁殖材料必须经过检疫,应施检疫的森林植物及其产品包括:林木种子、苗木和其他繁殖材料;乔木、灌木、竹类、花卉和其他森林植物;木材、竹材、药材、果品、盆景和其他林产品。

【教学提示】 国务院林业主管部门《关于国内托运、邮寄森林植物及其产品实施检疫的联合通知》附件规定了应施检疫的森林植物及其产品名单。下列植物的种子、苗木等繁殖材料以及运出发生疫情的县级行政区域的植物、植物产品和其包装材料:(1)林木种子、苗木和其他繁殖材料;乔木、灌木、竹子等森林植物;(2)运出疫情发生县的松、柏、杉、杨、柳、榆、桐、桉、栎、桦、槭、槐、竹等森林植物的木材、竹材、根桩、枝条、树皮、藤条及其制品;(3)栗、枣、桑、茶、梨、桃、杏、柿、柚、梅、核桃、油茶、山楂、苹果、银杏、石榴、荔枝、猕猴桃、枸杞、沙棘、芒果、肉桂、龙眼、橄榄、柠檬、八角、葡萄等森林植物的种子、苗木、接穗,以及运出疫情发生县的来源于上述森林植物的林产品;(4)花卉植物的种子、苗木、球茎、鳞茎、鲜切花、插花;中药材;可能被森林植物检疫对象污染的其他林产品、包装材料和运输工具。

4.进出境植物和植物产品检疫

经由铁路运输的进出境植物和植物产品的检疫,应遵照《进出境动植物检疫法》《进出境动植物检疫法实施条例》的规定办理。

典型工作任务4　铁路运输食品安全管理

食品卫生,是指生产、经营、销售食品必须遵循卫生标准和符合卫生要求。加强食品卫生安全管理，目的是为了防止食品污染和有害因素对人体健康的危害。

一、食品安全管理法律依据

《食品安全法》《食品安全法实施条例》《铁路安全管理条例》和《铁路运营食品安全管理办法》，是铁路食品卫生工作的法律依据。

国家实行铁路运营食品安全统一综合监督制度。国务院卫生行政、市场监督管理、食品药品监督管理部门会同铁路主管部门共同建立铁路运营食品安全监督协调机制，具体工作由铁路食品安全监督机构承担，在 18 个铁路局集团公司设有铁路食品安全监督管理办公室。

铁路食品安全监督机构负责管理铁路运营食品安全监督信息，定期向卫生行政、工商行政管理、出入境检验检疫、食品药品监督管理部门通报铁路运营食品安全情况。

铁路运输企业应当加强铁路运营食品安全管理，遵守有关食品安全管理的法律法规和国家其他有关规定，保证食品安全。

二、铁路运营食品经营

铁路运营食品经营指铁路站车和铁路运营站段范围内的餐饮服务、食品流通、食品运输等活动。

铁路运营食品经营活动包括国家、地方和合资铁路以及铁路专用线、专用铁路、临管线和铁路多种经营企业。

铁路运营站段范围指与运输有关的机务、车务、工务、电务、车辆、行车公寓（招待所）、配餐基地等铁路所属站段（单位）围护设施结构以内的地域。

在铁路运营站段范围内专供铁路站车使用的食品的配餐生产，属于铁路运营食品餐饮管理范畴，由铁路食品安全监督机构负责监管。

铁路站车范围指铁路车站主体站房前风雨棚以内、候车室、站台等站内区域和铁路客货运列车。

铁路运营中的食品流通、餐饮服务经营者，应当经铁路食品安全监督机构许可后，凭许可文件证件到工商行政管理部门登记。

三、站车食品安全工作

保证旅客的身体健康，是车站和旅客列车食品供应工作的首要任务。车站和旅客列车食品卫生工作的范围，包括车站餐厅、站台售货点和列车餐车、列车售货车等负责加工、供应旅客食品的岗位。

站车内供应的自制食品应当实行检测备案制度。铁路餐车使用餐料应当保持清洁，即时加工，隔餐食品必须冷藏。专供旅客列车的配送食品应当符合保质时间和温度控制等食品安全要求。

食品运输车辆应当安全无害，保持清洁，标有清洗合格标识，防止食品污染。禁止承运不符合食品安全标准的食品，禁止食品与有毒有害物品混放、混装、混运。

四、站车对食品安全事故的处理

铁路运营中的食品经营者应当制定食品安全事故处置方案，定期检查各项食品安全防范措施落实情况。发生食品安全事故时，应当立即封存导致或者可能导致食品安全事故的食品及其原料、工具及用具、设备设施,在 2 h 内向铁路食品安全监督机构报告并按照要求采取控制措施,配合事故调查处理,提供相关资料和样品。

在车站和列车上发生的食物安全事故,危害面广,受害人多。如发生食物安全事故,所在车站和列车应当及时报告,保护现场,封存保留食物样品,以备查验。严禁弄虚作假,隐瞒真相。

【教学提示】　食物安全事故中,食物中毒是较为常见的事故。食物中毒是指由于食用了含有细菌、细菌毒素或混有重金属、农药或其他毒物的食物,所引起的腹痛、呕吐、腹泻、发热以至昏迷、虚脱乃至死亡的急性中毒症状。旅客购买无证商贩牛肉干造成食物中毒案例参见【教学案例 4-1】。

五、铁路食品安全事故的行政处置

(一)食品安全事故的处置措施

铁路食品安全监督机构在日常监督管理中发现食品安全事故,或者接到有关食品安全事故的举报、报告,应当立即核实情况,经初步核实为食品安全事故的,要及时做出反应,采取措施控制事态发展,依法处置,并及时按照有关规定报告国务院铁路主管部门和通报地方卫生行政部门。

1. 开展应急救援工作,组织救治因食品安全事故导致人身伤害的人员。

2. 封存可能导致食品安全事故的食品及其原料,并立即进行检验;对确认属于被污染的食品及其原料,责令食品生产经营者依照规定召回或者停止经营。

3. 封存被污染的食品相关产品,并责令进行清洗消毒。

4. 做好信息发布工作,依法对食品安全事故及其处理情况进行发布,并对可能产生的危害加以解释、说明。

(二)食品安全事故应急预案

铁路食品安全监督机构应当制定食品安全事故应急预案,做好食品安全事故的应急处置工作。发生食品安全事故需要启动应急预案的,应当立即成立事故处置指挥机构,启动应急预案,依照规定的处置措施和应急预案的规定进行处置。

六、铁路食品安全事故的行政处罚

铁路食品安全监督机构按照食品安全法律、行政法规、部门规章以及有关标准、要求、规范,对铁路运营中的食品流通、餐饮服务等进行许可和监管,对铁路运营中的食品经营者违反《食品安全法》规定的行为进行行政处罚。

典型工作任务 5　铁路运输运营安全管理

《铁路法》《铁路安全管理条例》对铁路安全管理作了具体规定,以下是针对铁路运营安全的规定。

一、铁路运营安全行政处置

《铁路法》规定了在危及铁路安全的情况下,铁路运输企业具有安全处置权,可以采取一定的行政处置措施,并由铁路职工行使。

（一）铁路职工有权制止的行为

1. 偷乘货车、攀附行进中的列车或者击打列车。

2. 在铁路线路上行走、坐卧。

3. 聚众拦截列车或者聚众冲击铁路行车调度机构。

4. 在列车内寻衅滋事，侮辱妇女，扰乱公共秩序，危害旅客人身、财产安全。

5. 扰乱运输安全检查工作秩序、妨碍安全检查人员正常工作。

根据《铁路法》《铁路安全管理条例》的规定，对以上危害铁路运营安全的行为，铁路职工有权制止，不听劝阻的，交由公安机关处理。

（二）铁路职工有权制止并可扭送公安机关处理的行为

1. 损毁、移动铁路信号装置及其他行车设施或者在铁路线路上放置障碍物。

2. 哄抢铁路运输物资。

根据《铁路法》的规定，对以上危害铁路运营安全的行为，铁路职工有权制止，可扭送公安机关处理。

二、铁路运营安全行政处罚

依据《中华人民共和国行政处罚法》，按照《铁路安全管理条例》规定，下列违反铁路运营安全的行为，由国家铁路监督管理机构责令改正，并予行政管理处罚。

（一）违法匿报、超载

托运人托运货物、行李、包裹时匿报、谎报货物品名、性质、重量，或者装车、装箱超过规定重量的，由铁路监督管理机构责令改正，可以处 2 000 元以下的罚款；情节较重的，处 2 000 元以上 2 万元以下的罚款；将危险化学品谎报或者匿报为普通货物托运的，处 10 万元以上 20 万元以下的罚款。

（二）违法夹带、配装

托运人在普通货物中夹带危险货物，或者在危险货物中夹带禁止配装的货物的，由铁路监督管理机构责令改正，处 3 万元以上 20 万元以下的罚款。

（三）装备、操作违规

托运人运输危险货物未配备必要的应急处理器材、设备、防护用品，或者未按照操作规程包装、装卸、运输危险货物的，由铁路监督管理机构责令改正，处 1 万元以上 5 万元以下的罚款。

三、铁路运营安全治安处罚

依据《铁路法》《治安管理处罚法》，按照《铁路安全管理条例》规定，下列扰乱公共秩序、妨碍公共安全、侵犯人身和财物权利、妨害社会管理等违反铁路运输安全的行为，由铁路公安机关责令改正，或给予治安管理处罚。

（一）违法携带、夹带危险物品

旅客违法携带、夹带管制器具或者违法携带、托运烟花爆竹、枪支弹药等危险物品或者其他违禁物品的，由公安机关依法给予治安管理处罚。

（二）违法运输、夹带、配装危险货物

将危险化学品谎报或者匿报为普通货物托运，在普通货物中夹带危险货物，或者在危险货物中夹带禁止配装的货物，应当给予治安管理处罚的，依照《治安管理处罚法》的规定处罚。

（三）危险货物未按规定押运或发生事故未报告

托运人运输危险货物不按照规定配备必要的押运人员，或者发生危险货物被盗、丢失、泄漏等情况不按照规定及时报告的，由公安机关责令改正，处 1 万元以上 5 万元以下的罚款。

（四）实施危害铁路运营安全的行为

《铁路安全管理条例》规定，禁止实施下列危害铁路运营安全的行为：

1. 非法拦截列车、阻断铁路运输。

2. 扰乱铁路运输指挥调度机构以及车站、列车的正常秩序。

3. 在铁路线路上放置、遗弃障碍物。

4. 击打列车。

5. 擅自移动铁路线路上的机车车辆，或者擅自开启列车车门、违规操纵列车紧急制动设备。

6. 拆盗、损毁或者擅自移动铁路设施设备、机车车辆配件、标桩、防护设施和安全标志。

7. 在铁路线路上行走、坐卧或者在未设道口、人行过道的铁路线路上通过。

8. 擅自进入铁路线路封闭区域或者在未设置行人通道的铁路桥梁、隧道通行。

9. 擅自开启、关闭列车的货车阀、盖或者破坏施封状态。

10. 擅自开启列车中的集装箱箱门，破坏箱体、阀、盖或者施封状态。

11. 擅自松动、拆解、移动列车中的货物装载加固材料、装置和设备。

12. 钻车、扒车、跳车。

13. 从列车上抛扔杂物。

14. 在动车组列车上吸烟或者在其他列车的禁烟区域吸烟。

15. 强行登乘或者以拒绝下车等方式强占列车。

16. 冲击、堵塞、占用进出站通道或者候车区、站台。

实施上述危害铁路安全行为的，由公安机关责令改正，对单位处 1 万元以上 5 万元以下的罚款，对个人处 500 元以上 2 000 元以下的罚款。

【教学提示】　危害铁路运营安全的行为时有发生，必须在运输日常工作中强化管理。动车组列车上吸烟引发报警参见【教学案例 4-2】。

四、行政处置、行政处罚与治安处罚的区别

需要指出的是，行政处置、行政处罚、治安处罚在性质上是截然不同的概念。根据《铁路法》《治安管理处罚法》《铁路安全管理条例》的规定，三者之间在执行主体、权限、范围上均有所不同，不能混淆。

（一）行政处置权

违反铁路运输安全行为的行政处置权，由铁路运输企业行使。铁路职工可以在危及安全的情况下，采取一定的行政处置措施，但决不能把行政处置权当作行政处罚权、治安处罚权来行使，否则就是违法。

（二）行政处罚权

违反铁路安全管理行为的行政处罚权，由铁路监督管理机构行使，属于行政管理的范畴。铁路实行政企分离后，由国家铁路局及其下属的地区铁路监督管理局承担铁路行业的行政管理职能。

（三）治安处罚权

违反铁路治安管理行为的治安处罚权，由公安机关行使，属于行政管理的范畴。治安管理处罚,是法律赋予公安机关(包括铁路公安机关)的一项治安管理专门职权,其他任何机关、单位,包括铁路运输企业、铁路监督管理机构,都无权行使。

项目小结

　　铁路运输行政管理,了解铁路运输企业的行政管理管理职能,重点学习铁路运输安全检查和运输检疫,掌握铁路运输安全检查、运输检疫的法律规定和违反安全检查、运输检疫的行政处置办法。

教学案例

　　【教学案例 4-1】 旅客购买无证商贩牛肉干造成食物中毒。

　　案情简介:甲站开往乙站的旅客列车在途中站临时停车时,一名旅客由其弟背到餐车,寻找列车长求救。当时发现该旅客已昏迷,列车工作人员经询问察看,感到情况严重,立即进行抢救,并通过广播寻找医生。一名担任医院外科主任的医师和一名从事过医务工作的司法局干部及一个没留姓名的红十字会救护人员,听到广播后立即赶到餐车参加抢救。经了解和诊断,认为是旅客食用小商贩自制的牛肉干所造成的食物中毒,列车长意识到车上食用此种牛肉干的人数不会少,果断决定广播通知凡是吃过这种牛肉制品的旅客和感到身体异常的旅客全部到餐车进行急救处理。列车工作人员和三名义务医务人员用肥皂水等代用品对旅客进行抢救。情况十分紧急,来餐车解毒的旅客越来越多,列车长、乘警长向前方站报告了旅客中毒情况,要求救援,并及时收集到旅客未食的三包小塑料袋装牛肉干交卫生部门检验。列车到达乙站,救护车将旅客接到铁路医院进行抢救。列车从乙站开出后,途中又有旅客中毒发作,列车工作人员和三名义务医务人员继续救护处理。列车到达丙后,已接铁路地区已组织了救护队伍在站台等待接应,又有旅客下车到铁路医院治疗。此次事故共有多名旅客食物中毒。

　　事故原因:经铁路公安部门调查和地方防疫站、铁路防疫站和地方公安局对取证留样的牛肉干进行化验结果,认定为亚硝酸钠中毒。系小商贩围车、随车廉价出售自制牛肉干所致。

　　案例分析:《铁路食品卫生监督实施办法》规定,凡进入车站售卖的食品经营者,必须经车站批准,并持有铁路卫生防疫站核发的铁路卫生许可证。除本乘务车班外,任何单位和个人都不得登车或随车叫卖食品。违者由站、车工作人员教育劝阻。对于不听劝阻者,由公安部门依照有关治安条例处理。

　　铁路站车必须加强管理,将没有经过卫生检疫的食品挡在站外、车下,要严把食品进站关、上车关,严禁无照小贩进站、随车叫卖,确保旅客在站、车所买食品的安全。

　　【教学案例 4-2】 动车组列车上吸烟引发报警。

　　案情简介:一旅客乘坐高速动车组旅客列车,列车行驶过程中在卫生间里抽起了香烟,引发卫生间报警器报警。列车到站后,列车长将该旅客交由车站处理。在铁路公安民警的批评教育下,该旅客认识到自己的错误,承认了在卫生间内抽烟的行为,表示接受处罚,并承诺以后不再犯。

　　案例分析:在动车组列车上吸烟容易引发列车烟雾报警,导致列车限速运行甚至停车,危及列车的运行安全,属于危害铁路运营安全的行为。《铁路安全管理条例》第 77 条第 14 项规定,禁止在动车组列车上吸烟或者在其他列车的禁烟区域吸烟;第 95 条规定,违反第 77 条规定的,由公安机关责令改正,对个人处 500 元以上 2 000 元以下的罚款。

实训任务

任 务 单 (一)

作业人员:班级_____姓名_____学号_____成绩_____评阅人_____

任务要求:将正确答案填写在题中空格的下划线上,加深对铁路运输行政管理基础知识的理解。

任务内容:

1. 铁路运输企业是指_____铁路运输企业和_____铁路运输企业。

2. 铁路运输企业的性质可以概括为:_____性、_____性、_____性。

3. 铁路运输企业行使的行政管理职能中,与车站、列车有关的主要包括:_____检查权、_____监督处罚权和违反铁路_____的处置权。

4. 铁路运输安全检查,包括_____运输安全检查和_____运输安全检查。

5.《铁路安全管理条例》规定,铁路运输企业应当依照法律、行政法规和国务院铁路行业监督管理部门的规定,对_____及其随身_____、_____的行李物品进行安全检查。

6. 铁路旅客运输安全检查所称危险物品,是指_____物品、_____化学品、物品和_____病原体及_____、_____等可能危及生命财产安全的器械、物品。

7.《铁路安全管理条例》规定,托运人托运货物、行李、包裹,不得_____、_____货物品名、性质、重量,不得在普通货物中夹带_____货物或者在_____货物中夹带_____的货物。铁路运输企业应当对承运的货物进行安全检查,并不得承运_____安全检查的货物或_____安全规定、可能_____铁路运输安全的货物。

8. 卫生检疫分为对_____和对_____的检疫。对人的检疫是指对_____的检疫,对物的检疫主要指对_____、_____的检疫。

9. 铁路交通卫生检疫工作的范围是:_____和_____列车内发生的法律规定需要检疫的_____病人、_____携带者、_____传染病病人和与其密切_____者。

10. 旅客列车发现疫情,应当立即_____病人所在的车厢和可能被污染的车厢。

任 务 单 (二)

作业人员:班级_____姓名_____学号_____成绩_____评阅人_____

任务要求:将正确答案的英文字母代号填写在题中的括号内,加强对铁路运输行政管理基本技能的掌握。

任务内容:

1. 目前,国务院铁路主管部门(行业监管部门)是(　　)。

A. 铁道部　　　　B. 国铁集团　　　　C. 国家铁路局　　　　D. 铁路局集团公司

2. 下列情况,(　　)属于国家铁路运输企业行使法律、法规授予的行政管理职能。

A. 货物运输　　　B. 旅客运输　　　C. 行包运输　　　D. 运输安全检查

3. 国家铁路局颁发的《铁路旅客运输安全检查管理办法》规定,铁路旅客运输安全检查是指铁路运输企业在车站、列车对旅客及其随身携带、托运的行李物品进行(　　)检查的活动。

    A. 管制器具　　　　　　　　　　B. 易燃易爆物品

    C. 危险品　　　　　　　　　　　D. 危险物品

    4. 旅客无正当理由拒绝安全检查时,安检人员可以(　　)。

    A. 交客运主任处理　　　　　　　B. 交铁路公安处理

    C. 拒绝其进站上车　　　　　　　D. 进行罚款

    5. 按《传染病防治法》的规定,传染病分为(　　)三类。

    A. A、B、C　　　B. 特殊、重点、一般　　C. 强、中、弱　　　D. 甲、乙、丙

    6. 对拒绝检疫的旅客,铁路卫生检疫机构,应当依照《传染病防治法》的规定,采取强制检疫措施,必要时请求(　　)部门协助强制执行隔离、治疗、留验。

    A. 医疗　　　　　B. 运输　　　　　C. 客运　　　　　D. 公安

    7. 铁路货物运输中的动物及产品,(　　)不需要凭检疫合格证明办理运输。

    A. 活牛　　　　　B. 冻鸡翅　　　　C. 鱼苗　　　　　D. 猪肉罐头

    8. 铁路运输下列来自非疫区的植物及产品,(　　)不需要凭检疫合格证明办理运输。(多选题)

    A. 大米　　　　　B. 谷种　　　　　C. 葡萄藤插条　　　D. 葡萄

    E. 苹果　　　　　F. 苹果树苗　　　　G. 大白菜　　　　　H. 白菜种子

    9. 铁路跨县运输下列货物,(　　)需要凭检疫合格证明办理运输,(　　)不需要凭检疫合格证明办理运输。(多选题)

    A. 疫区的杉木板　　　　B. 非疫区的松树苗　　　　C. 移植自非疫区的银杏树

    D. 非疫区砍伐的竹子　　E. 疫区的竹筐　　　　　　F. 非疫区八角的种子

    10. 下列情况中的(　　)属于危害铁路安全的行为。(多选题)

    A. 押运人下车购买矿泉水,导致漏乘,未能看护所押运的货物。

    B. 擅自开启、关闭列车的货车阀、盖或者破坏施封状态。

    C. 擅自开启列车中的集装箱箱门,破坏箱体、阀、盖或者施封状态。

    D. 擅自松动、拆解、移动列车中的货物装载加固材料、装置和设备。

    E. 旅客越站乘车,容易导致列车超员。

    F. 在动车组列车上或者在其他列车的禁烟区域吸烟。

任 务 单 (三)

作业人员: 班级_____ 姓名_____ 学号_____ 成绩_____ 评阅人_____

任务要求: 在题号前的括号内,正确√,错误×,增强对办理铁路运输行政管理的分析与运用能力。

任务内容:

    (　　)1.《铁路法》具体规定了铁路旅客车票实行实名购买、查验制度。

    (　　)2. 专用铁路、铁路专用线是地方铁路运输企业。

    (　　)3. 铁路旅客运输中,危险品是指具有易燃、易爆、毒害、腐蚀、放射性的物品和传染病病原体及枪支、管制器具等可能危害公共安全的物品。

    (　　)4. 随铁路旅客列车运输的包裹的安全检查,参照铁路货物运输安全检查执行。

（　　）5. 为保护人身权利,铁路运输企业不能对旅客和旅客随身携带物品进行安全检查。

（　　）6. 对女性旅客进行人身检查时,应当由女性安全检查人员进行。

（　　）7. 客运安检人员发现可疑物品时,不能当场开包检查,应移至适当场合检查。

（　　）8. 铁路货物运输安全检查,包括经铁路运输的货物、按货物运输的行李和以行包快运专列运输的包裹。

（　　）9.《铁路安全管理条例》规定,托运人装车、装箱不得超过规定重量。

（　　）10. 鼠疫、霍乱属于甲类传染病。

（　　）11. 经铁路运输的动物和动物产品,必须检疫。

（　　）12. 经铁路运输出疫区县域的植物和植物产品,必须检疫。

（　　）13. 运输来自非疫区的马铃薯,属食用马铃薯不需要检疫,但做种子用的马铃薯则需要检疫运输。

任 务 单 （四）

作业人员:班级_____姓名_____学号_____成绩_____评阅人_____

任务要求:结合法律、法规的具体条文规定进行案例分析,将正确答案填写在题下的空白处,增强对铁路运输行政管理难点问题的分析和解决能力。

任务内容:

一旅客购买车票后,进站候车。经过安检时,被要求进行安检,该旅客极不情愿地将所带行李箱放到安检机完成检查,当车站客运安检人员使用探测仪准备对旅客本人进行检查时,该旅客拒不配合,声称铁路员工无权对其进行人身检查,并欲强行进站,遭到安检人员的阻拦。试分析该旅客与安检人员的行为是否符合法律法规的规定。

项目 5

铁路货物、行李损失法律责任

项目描述

铁路货物、行李损失法律责任,主要学习涉及铁路货物、行李损失的法律、法规和司法解释的相关规定,重点掌握铁路货物、行李损失的责任范围、免责条件、赔偿办法。

教学目标

(1)知识目标

理解铁路货物、行李损失的法律责任,掌握铁路货物、行李损失相关法律、法规和司法解释的具体条文规定。

(2)能力目标

确定铁路货物、行李损失的责任期间、责任范围和免责条件,依法办理铁路货物、行李损失赔偿。

(3)素质目标

树立人民铁路为人民、人民铁路人民爱的思想观念,以负责的态度,公平、公正地处理铁路货物、行李、包裹损失赔偿,依法维护托运人、收货人、旅客和铁路运输企业的合法权利。

教学条件

铁路运输现场调研,铁路客货运仿真实训室,多媒体设备及课件,铁路行李票与客运记录,铁路货物运单与货运记录,铁路旅客运输规程,铁路货物运输规程,铁路客货运法规汇编。

教学建议

教学重点是铁路货物、行李损失的责任期间、责任范围和免责条件。教学难点是铁路货物、行李损失的赔偿办法。建议采用仿真实训、案例教学、多媒体教学,并通过项目实训任务单的单项练习、综合练习及案例分析,培养依法办理铁路运输理赔的能力。

工作任务

典型工作任务 1　铁路货物、行李损失责任确定

一、法律依据与法律适用

确定铁路对货物、行李损失的责任,主要依据的法律是《铁路法》《民法典》。

《民法典》(合同编典型合同分编)对货物运输合同列明了具体规定。铁路运输中,行李、包裹一般由旅客列车或行包专列运送。行李运输合同,虽然从属于旅客运输合同,但其本质上仍是一种货物运输合同,根据《民法典》(合同编)的规定,旅客托运的行李的毁损、灭失适用货物运输的有关规定。《铁路法》对货物、行李运输也归结为同类性质的问题进行规范。

二、责任期间与责任范围

依据《铁路法》的规定,铁路运输企业应当对承运的货物、行李自接受承运时起到交付时止发生的灭失、短少、变质、污染或者损坏,承担赔偿责任。由于下列原因造成的货物、行李损失,铁路运输企业不承担赔偿责任:(1)不可抗力;(2)货物或行李中的物品本身的自然属性,或者合理损耗;(3)托运人、收货人或者旅客的过错。

【教学提示】　铁路对货物、行李损失的责任期间,自接受承运时起到交付时止。至于责任范围,《铁路法》没有明确规定违反货物、行李运输合同的责任适用过错的原则,只是规定了免除责任的条件。也就是说,凡是不存在法定免责条件的,铁路运输企业即使没有过错,也要承担赔偿责任。例如,由于第三人违章在货物、行李中夹带易燃品引起火灾,造成他人货物、行李被烧毁,应由第三人承担赔偿责任,如要求铁路运输企业赔偿,铁路运输企业应承担先予赔偿责任,铁路运输企业赔偿以后,有权向有责任的第三人追偿。

此外需要注意的是,货物承运前和交付后在车站仓储,或货物仅在车站仓储,发生货损、货差,应适用仓储合同的规定;仓储合同没有规定的,适用保管合同的规定。货物承运前和交付后在车站仓储,是托运人在办理铁路货物运输合同时,在运输服务的基础上,增选的一项物流服务,属于运输合同成立前和结束后派生出的仓储服务;而货物仅在车站仓储,则是单纯的仓储服务。

三、免责条件与举证义务

(一)法定免责条件

在铁路货物运输中,承运人应当将货物安全运输到目的地,对自接受货物时起至交付货物时止所发生的货物的毁损、灭失承担损害赔偿责任。但运输毕竟存在风险,法律出于公平的原则,在强调对托运人、收货人权利予以保护的同时,也对承运人的利益作适当的保护,具体体现在承运人免责事由上。依据法律规定,由于下列原因造成的货物、行李损失的,铁路运输企业不承担赔偿责任:

1.不可抗力

《铁路法》规定,由于不可抗力的原因造成货物、行李损失的,铁路运输企业不承担赔偿

责任。

【教学提示】《民法典》(合同编)规定,不可抗力是指不能预见、不能避免并不能克服的客观情况。例如,地震、台风、海啸、洪水、火山爆发、泥石流等自然现象;战争、动乱、疫情等社会现象。

例如,××正芳化工厂托运一批价值15万元的洗洁剂,经铁路运往××丽景化工品公司。发站承运该批货物后,在挂运前遭遇泥石流,车站线路设备被冲毁,该批洗洁剂也被泥石流裹挟冲走灭失。事后托运人要求铁路赔偿被拒,便以铁路运输企业应当保证运输货物的安全为由,向铁路运输法院提起诉讼,要求铁路承担赔偿责任。法院审理后认为,铁路承运该批货物后,确系因遇泥石流,导致货物灭失,属于不可抗力造成,铁路不承担赔偿责任,驳回托运人的诉讼请求。

2.货物、行李中的物品本身的自然属性或者合理损耗

根据《铁路法》的规定,因货物、行李中的物品本身的自然属性或者合理损耗造成损失的,铁路运输企业不承担赔偿责任。

【教学提示】(1)货物、行李中的物品本身的自然属性,主要是指物理属性、化学属性和生物属性。例如,放射性物质的衰减,罐装啤酒自然爆裂,瓶装气体通过减压阀挥发,钢铁吸潮雨淋生锈,催熟的香蕉变质,带虫害的柑橘被虫蛀,自然属性造成的损失,承运人不承担赔偿责任。(2)货物、行李的合理损耗,主要是指运输过程中,因物品性质、自然条件及技术设备等关系,所发生的自然的或不可避免的损耗。例如,瓜果蔬菜的干耗,活动物掉膘,玻璃陶瓷碎裂,煤粉矿粉风刮散失,自然减量或在合理范围内的损耗,承运人不承担赔偿责任。铁路运输蒜薹染毒起因调查参见**【教学案例 5-1】**。

3.托运人、收货人或者旅客的过错

根据《铁路法》的规定,托运人、收货人或者旅客的过错造成货物、行李损失,铁路运输企业不承担赔偿责任。

【教学提示】托运人、收货人或者旅客的过错造成货物、行李损失,主要是指以下几种情况:(1)由于托运人、旅客对货物、包裹、行李的包装有缺陷造成损失,而承运人在验收时又无从发现;(2)包装完好无损而内装物品短少;(3)托运人负责装车的货物,加固材料不符合规定或者违反装载规定,交运货物时,承运人无法发现;(4)托运人没有如实申报物品的特殊性质,导致承运人没有采取相应的保护措施;(5)托运人、旅客错报、匿报品名、重量;(6)托运人违反国家法令夹带危险品或禁运品以及违法得到的赃物等,在运输途中被有关部门查扣、弃置或作其他处理;(7)押运人应当采取而未采取安全保证措施;(8)托运人、收货人负责装卸车。托运人擅自多装致蜜蜂死亡参见**【教学案例 5-2】**。

(二)免责条件的举证义务

对铁路货物、行李损失承运人的免责条件,《铁路法》和《民法典》(合同编运输合同分编)都作了基本相同的规定。但与《铁路法》的规定有所不同,《民法典》(合同编运输合同分编)对承运人的免责条件,还特别规定了承运人要承担举证的义务。

【教学提示】《民法典》(合同编)规定,承运人对运输过程中货物的毁损、灭失承担赔偿责任,但承运人证明货物的毁损、灭失是因不可抗力、货物本身的自然属性或者合理损耗以及托运人、收货人的过错造成的,不承担损害赔偿责任。

因此,承运人要免除赔偿责任,应承担举证责任。具体到铁路货物、行李损失,如果铁路运输企业不能证明存在不可抗力,货物、行李中的物品本身的自然属性或者合理损耗以及托运

人、收货人或旅客过错的情形之一,就要承担举证不能的不利法律后果,即承担损害赔偿责任。

典型工作任务 2　铁路货物、行李损失赔偿

《铁路法》规定了铁路货物、行李损失的赔偿范围、赔偿办法、赔偿额度,并授权铁路主管部门负责制订具体规定。

一、铁路货物、行李实际损失赔偿范围

最高人民法院《关于审理铁路运输损害赔偿案件若干问题的解释》规定,实际损失是指因灭失、短少、变质、污染、损坏导致货物、行李实际价值的损失。

铁路运输企业按照实际损失赔偿时,对灭失、短少的货物、行李,按照其实际价值赔偿;对变质、污染、损坏降低原有价值的货物、行李,可按照其受损前后实际价值的差额或者加工、修复费用赔偿。

货物、行李的赔偿价格按照托运时的实际价值计算。实际价值中未包含已支付的铁路运杂费、包装费、保险费、短途搬运费等费用的,按照损失部分的比例加算。

铁路货物、行李分为不保价运输和保价运输,托运人或旅客可自愿选择其中一种方式办理运输。除法律规定应按实际损失赔偿外,铁路运输企业对属于承运人赔偿责任范围内的货物、行李损失,按照是否办理保价运输,分为限额赔偿和保价赔偿。

二、铁路货物、行李损失限额赔偿

(一)限额赔偿办法

限额赔偿是指铁路运输企业对承运的货物、行李发生的灭失、短少、变质、污染或者损坏,应当承担赔偿责任的,如货物、行李未按保价运输承运,按照实际损失赔偿,但最高不超过国务院铁路主管部门规定的赔偿限额;如果损失是由于铁路运输企业的故意或重大过失造成的,不适用赔偿限额的规定,按照实际损失赔偿。

国务院铁路主管部门依据铁路法授权,在《货规》《客规》中分别就货物、行李的赔偿限额做出了具体规定。

【教学提示】　铁路运输企业的重大过失,是指铁路运输企业或其受雇人、代理人对承运的货物、包裹、行李明知可能造成损失而轻率地作为或者不作为。

例如,货物包装上标有"谨防潮湿"字样和图示标志,暂时存放在露天时,应当采取防潮防湿措施,如果货运员未采取措施而造成货物损失,即属于重大过失;如果货运员已采取了防潮防湿措施,但不够完善,造成货物湿损,即属于一般过失。

(二)货物损失赔偿限额

《货规》规定,不办理保价运输的,不按件数只按重量承运的货物,每吨最高赔偿 100 元,按件数和重量承运的货物,每吨最高赔偿 2 000 元;个人托运的搬家货物、行李每 10 kg 最高赔偿 30 元,实际损失低于上述赔偿限额的,按货物实际损失的价格赔偿。

货物的损失由于承运人的故意行为或重大过失造成的,不适用限额赔偿的规定,按照实际损失赔偿。

(三)行李损失赔偿限额

《客规》规定,行李事故赔偿标准不按保价运输的物品按实际损失赔偿,但最高连同包装重

量每千克不超过 15 元。

如由于承运人故意或重大过失造成的,不受上述赔偿限额的规定,按实际损失赔偿。

三、货物、行李损失保价赔偿

(一)保价赔偿办法

保价赔偿是指铁路运输企业对承运的货物、行李,应当承担赔偿责任的,如托运人或者旅客办理保价运输,按照实际损失赔偿,但最高不超过保价额。

《最高人民法院关于审理铁路运输损害赔偿案件若干问题的解释》还进一步规定,保价运输的货物、行李在运输中发生损失,无论托运人在办理保价运输时,保价额是否与货物、行李的实际价值相符,均应在保价额内按照损失部分的实际价值赔偿,实际损失超过保价额的部分不予赔偿。如果损失是因铁路运输企业的故意或者重大过失造成的,不受保价额的限制,按照实际损失赔偿。

国务院铁路主管部门依据铁路法授权,在《货规》《客规》中分别就货物、行李的保价赔偿做出了具体规定。

(二)保价运输货物损失的赔偿

《货规》规定,保价运输货物损失的赔偿,最多不能超过该批货物的保价金额,只损失一部分时,按损失货物与全批货物的比例乘以保价金额赔偿。

(三)保价运输行李损失的赔偿

《客规》规定,按保价运输办理的物品全批灭失时按实际损失赔偿,但最高不超过声明价格。部分损失时,按损失部分所占的比例赔偿。

(四)保价不足引起保价额与赔偿限额之间存在差额的处理

因铁路运输货物、行李保价不足引起的保价额与赔偿限额之间存在差额的情况比较罕见。因保价不足引起赔偿额低于限额赔偿额时,应按限额予以赔偿。

【教学提示】　铁路开展保价运输,是为了在铁路运输实施限额赔偿的前提下弥补托运人、收货人、旅客损失而设立的制度,其目的是为减少损失所产生的风险,是对承运人限额赔偿制度的一种补充,因保价不足引起赔偿额低于限额赔偿额时,应适用就高不就低原则,以最大限度地弥补托运人、收货人、旅客的损失,这样处理更符合保价的基本原则和铁路法立法本意。

在处理铁路货物、行李损失赔偿业务时,应区分实际损失、限额赔偿、保价赔偿以及铁路运输企业的过错确定赔偿办法。铁路保价运输货物损失赔偿方法参见【教学案例 5-3】。

四、铁路货物、行李逾期运到和误交付责任

根据《铁路法》规定,铁路运输企业应当按照合同约定的期限或者国务院铁路主管部门规定的期限,将货物、行李运到目的站;逾期运到的,铁路运输企业应当支付违约金。铁路运输企业逾期 30 d 仍未将货物、行李交付收货人或旅客的,托运人、收货人或者旅客有权按货物、行李灭失向铁路运输企业要求赔偿。

货物实际运到日数超过运到期限的,运到逾期违约金可以由当事人在铁路货物运输合同中约定;没有约定的,按照国务院铁路主管部门的规定,铁路运输企业应按所收运费的 5%~20%支付违约金。

由于铁路运输企业的过错将货物误运到站或误交收货人,应免费运至合同规定的到站,并交给正当收货人,发生损失还应负责赔偿。

【教学提示】　铁路运输运输中,误交付的情况时有发生,延误交付时铁路应支付运到逾期违约金,发生货物损失铁路还应承担赔偿责任。到站误交付铁路承担连带责任案例参见【教学案例5-4】。

典型工作任务3　铁路运输保险货物损失赔偿

一、铁路货物运输保险

铁路货物运输保险,是为铁路运输过程中货物因遭受保险责任范围内的自然灾害或意外事故所造成的损失能够得到经济补偿而设立的一种财产保险。

《铁路法》规定,托运人或者旅客可以自愿向保险公司办理货物运输保险,保险公司按照保险合同的约定承担赔偿责任。

《保险法》规定,财产保险是指投保人根据合同约定,向保险人支付保险费,保险人对于合同约定的可能发生的事故因其发生所造成的财产损失承担赔偿保险金责任的商业保险行为。财产保险是以财产及其有关利益为保险标的的保险。因第三者对保险标的的损害而造成保险事故的,保险人自向被保险人赔偿保险金之日起,在赔偿金额范围内代位行使被保险人对第三者请求赔偿的权利。

依据国内《铁路货物运输保险条款》的规定,铁路货物运输保险分为基本险和综合险两个险种。

二、铁路货物运输基本险

基本险的承保范围,包括下列保险事故造成保险货物的损失和费用:

1. 火灾、爆炸、雷电、冰雹、暴风、暴雨、洪水、海啸、地陷、崖崩、突发性滑坡、泥石流。
2. 由于运输工具发生碰撞、出轨或桥梁、隧道、码头坍塌。
3. 在装货、卸货或转载时,因意外事故造成的损失。
4. 在发生上述灾害、事故时,因施救或保护货物而造成货物的损失及所支付的直接合理的费用。

三、铁路货物运输综合险

综合险的承保范围,除包括基本险责任外,保险人还负责赔偿:

1. 因受震动、碰撞、挤压而造成货物破碎、弯曲、凹瘪、折断、开裂的损失。
2. 因包装破裂致使货物散失的损失。
3. 液体货物因受震动、碰撞或挤压致使所用容器(包括封口)损坏而渗漏的损失,或用液体保藏的货物因液体渗漏而造成保藏货物腐烂变质的损失。
4. 遭受盗窃的损失。
5. 因外来原因致使提货不着的损失。
6. 符合安全运输规定而遭受雨淋所致的损失。

四、铁路货物运输保险责任免除

保险货物遭受损失时,保险人按照承保险种的责任范围,承担赔偿责任。但是,由于下列

原因、行为造成保险货物的损失,保险人不承担赔偿责任:

1. 战争、军事行动、扣押、罢工、哄抢和暴动。

2. 地震。

3. 核反应、核子幅射和放射性污染。

4. 保险货物的自然损耗,本质缺陷、特性所引起的污染、变质、损坏以及货物包装不善。

5. 在保险责任开始前,被保险货物已存在的品质不良或数量短差所造成的损失。

6. 市价跌落、运输延迟所引起的损失。

7. 属于发货人责任引起的损失。

8. 被保险人或投保人的故意行为或违法犯罪行为。

9. 由于行政行为或执法行为所致的损失。

10. 其他不属于保险责任范围内的损失。

五、铁路货物运输保险责任期限

铁路货物运输保险责任的起讫期,是自签发保险单(凭证)后,保险货物运离起运地发货人的最后一个仓库或储存处所时起,至该保险单(凭证)上的目的地的收货人在当地的第一个仓库或储存处所时终止。但保险货物运抵目的地后,如果收货人未及时提货,则保险责任的终止期最多延长至以收货人接到"到货通知单"后的 15 d 为限(以邮戳日期为准)。

六、保险价值与保险金额

保险价值为货物的实际价值,按货物的实际价值或货物的实际价值加运杂费确定。

保险金额由投保人参照保险价值自行确定,并在保险合同中载明。

保险金额不得超过保险价值。超过保险价值的,超过部分无效,保险人应当退还相应的保险费。

七、铁路货物运输保险赔偿金额

保险货物发生保险责任范围内的损失时,按保险价值确定保险金额的,保险人应根据实际损失计算赔偿,但最高赔偿金额以保险金额为限;保险金额低于保险价值的,保险人对其损失金额及支付的施救保护费用按保险金额与保险价值的比例计算赔偿。

保险人对货物损失的赔偿金额以及因施救或保护货物所支付的直接合理的费用,应分别计算,并各以不超过保险金额为限。

保险货物遭受损失后的残值,应充分利用,经双方协商,可作价折归被保险人,并在赔款中扣除。

【教学提示】 投保铁路货物运输保险的货物,保险公司对货物损失以及因施救或保护货物所支付的直接合理的费的计算方法,需要分别计算,并各以不超过保险金额为限。投保运输险的货物损失赔偿金额及施救费用计算方法参见【教学案例 5-5】。

八、铁路货物运输保险索赔处理

(一)向保险人申请索赔

保险货物发生保险责任范围内的损失,被保险人应及时向保险人申请索赔。托运人或者旅客提出索赔,保险公司应按照保险合同的约定承担赔偿责任和办理赔偿。

(二)向承运人或其他第三人索赔

如果根据法律规定或约定,应当由承运人或其他第三人负责赔偿一部分或全部的,被保险人应首先向承运人或其他第三人提出书面索赔,直至诉讼。

保险事故发生后,保险人未赔偿保险金之前,被保险人放弃对有关责任方请求赔偿的权利的,保险人不承担赔偿责任;如被保险人要求保险人先予赔偿,被保险人应签发权益转让书,将向承运人或第三人提出索赔的诉讼书及有关材料移交给保险人,并协助保险人向责任方追偿。由于被保险人的故意或重大过失致使保险人不能行使代位请求赔偿权利的,保险人可以相应扣减保险赔偿金。

(三)申请索赔单证

被保险人向保险人申请索赔时,应当提供下列有关单证:

1. 保险单(凭证)、运单(货票)、提货单、发票(货价证明)。
2. 承运部门签发的货运记录、普通记录、交接验收记录、鉴定书。
3. 收货单位的入库记录、检验报告、损失清单及救护货物所支付的直接费用的单据。
4. 其他有利于保险理赔的单证。

(四)索赔与理赔时效

保险人在接到上述索赔单证后,应当根据保险责任范围,迅速核定应否赔偿。赔偿金额一经保险人与被保险人达成协议后,应在 10 d 内赔付。

被保险人从获悉遭受损失的次日起,如果经过 2 年不向保险人申请赔偿,不提供必要的单证,或者不领取应得的赔款,则视为自愿放弃权益。

九、保险运输货物损失赔偿办法

投保货物运输险,却未办理保价运输的货物,在铁路运输中发生损失,应区分以下情形处理:

(一)保险免责、铁路免责

既属于保险责任免除,又属于铁路免责范围的,保险公司和铁路运输企业均不承担赔偿责任。例如,地震造成的货物损失,货物的自然损耗,托运人自装货物装载加固不良造成损坏。

(二)保险责任、铁路免责

在保险赔付范围,却属于铁路免责范围的,由保险公司承担赔偿责任。例如,洪水造成的货物损失,运输延迟市价跌落所引起的损失。

(三)保险免责、铁路责任

属于保险责任免除,但在铁路责任范围的,由铁路运输企业承担赔偿责任,按限额赔偿;如是铁路运输企业故意或重大过失造成的,则按实际损失赔偿。例如,放射性污染造成的货物损失。

(四)保险责任、铁路责任

既在保险赔付范围,又属在铁路责任范围的,由铁路运输企业承担赔偿责任,按限额赔偿;如保险公司向托运人或收货人先行赔付后,取得对承运人赔偿金代位求偿权的,分以下情形处理:

1. 对于铁路运输企业应按货物实际损失承担赔偿责任的

保险公司按照支付的保险金额向铁路运输企业追偿,如超额保险,超过保险价值的,超过部分无效,保险公司向铁路运输企业的追偿额以实际损失为限;如不足额保险,因不足额保险产生的实际损失与保险金的差额部分,由铁路运输企业赔偿。

2. 对于铁路运输企业应按限额承担赔偿责任的

足额保险,保险公司向铁路运输企业的追偿额为铁路运输企业的赔偿限额;不足额保险,保险公司向铁路运输企业的追偿额,按照投保金额与货物实际价值的比例乘以铁路赔偿限额计算,因不足额保险产生的铁路运输企业的赔偿限额与保险公司在限额内追偿额的差额部分,由铁路运输企业赔偿。

十、保险保价货物损失赔偿办法

既投保货物运输险,又办理保价运输的货物,在铁路运输中发生损失,比照保险货物损失赔偿办法,按保价赔偿的规定处理。最主要的区别是:对不属于铁路运输企业免责范围,由铁路运输企业承担赔偿责任的,仅办理保险货物按限额赔偿,而保险保价货物则按保价赔偿;如保险公司先行赔付后向铁路运输企业追偿,保险货物按限额赔偿办法追偿,而保险保价货物则按保价赔偿办法追偿。

【教学提示】 铁路保险保价货物发生损失,涉及承运人运输责任和保险公司的保险责任,应根据保险保价的不同情形,确定损失赔偿办法。中药材运输因不足额保险引起定赔争议案例参见【教学案例 5-6】。

项目小结

铁路货物、行李损失法律责任,主要学习相关的法律、法规和司法解释的规定,重点掌握铁路的责任范围、免责条件、赔偿办法,依法办理铁路货物、行李损失赔偿。

教学案例

【教学案例 5-1】 铁路运输蒜苔染毒起因调查。

案情简介:××果蔬贸易批发部购进一批蒜苔 30 t 运往北方。铁路承运后,按照规定的运到期限将该批货物运至到站。收货人××农产品贸易公司,在到站领取货物时发现蒜苔有异味,向到站提出异议,双方商定送当地卫生防疫部门检验。经检验发现该批蒜苔已经染毒不能食用,须全部销毁。收货人遂以铁路拨配的车辆不符合卫生要求为由起诉,要求铁路赔偿全部损失。

法院审理:铁路运输法院审理发现,该车之前确曾装运过一批杀虫剂(有毒品),但已经过严格的洗刷除污处理,铁路部门有详细的洗刷除污记录。对车辆进行毒性检测,化验结果也呈阴性。卫生防疫部门再次对蒜苔检验,发现该批蒜苔的毒素与蒜苔残留的土质有关。经调查,蒜苔种植地的土壤被当地的化工厂严重污染,致使作物都不同程度含有有害物质。法院依据调查取证的结果,认为该批蒜苔的损失是货物自身原因造成的,经主持双方调解,托运人主动撤回对铁路的起诉。

【教学案例 5-2】 托运人擅自多装致蜜蜂死亡。

案情简介:托运人蜂农林××向铁路申请一辆敞车装运 150 箱蜜蜂,收货人为林××本人。9 月 21 日林××向发站提交了货物运单、物品清单和运输检疫合格证,单证上均记载为

150 箱蜜蜂。9 月 22 日发站拨配车辆,经托运人检查同意使用,并在运单"托运人记载事项栏"记明同意使用车辆的车型、车号,当日由托运人组织装车完毕,并派出押运人,发站于当日承运。9 月 25 日该车挂出,29 日在规定的运到期限内运抵到站,当晚林××作为收货人组织卸车时向到站反映有蜜蜂死亡,并称是因发站延迟挂运造成的。9 月 30 日 7:00 卸车完毕后,收货人在运输凭证上签收,到站加盖了车站交付日期戳,9:00 到站应收货人要求,共同对卸后的蜂箱进行了检查,双方确认有 150 箱完好无损,而较运输票据记载多出的 151 箱中只有少量蜜蜂或无蜂,且箱内均未发现死蜂,车辆挂运前后及运输途中,托运人及押运人均没有向铁路报告发生过任何异常情况。收货人数次向到站索赔无果,遂以发站延误发车造成蜜蜂死亡为由起诉,要求铁路赔偿损失。

法院审理:铁路运输法院一审认为,双方签订的运输合同有效。被告按货物运单承运的 150 箱蜜蜂,在规定的运到期限内运到,并完好交付原告,合同已履行完毕。原告不按货物运单约定,未经发站同意,多装无运输检疫合格证的 151 箱蜜蜂,均系原告违反运输合同,应自行承担责任。判决原告诉讼理由不能成立,其主张不予支持。原告不服,以原审判决不公为由提起上诉。

铁路运输中级法院二审认为,双方签订的运输合同符合国家法律和铁路规章规定,合同有效。上诉人违反运输合同,在发站擅自超装 151 箱蜜蜂,既无运输合同,又无运输检疫证,属于违法行为,其后果应当由上诉人承担。被上诉人按运输合同规定,将 150 箱蜜蜂按期运到,并按时完好交付上诉人,已履行了合同规定应尽的义务。因此,一审判决并无不当,判决维持原判。

【教学案例 5-3】　铁路保价运输货物损失赔偿方法。

案情简介:托运人托运一批品牌、规格相同的电视机,使用一个 20 ft 铁路通用集装箱装运。货物运单及箱标记载:纸箱包装,每件重 30 kg,共 600 件,保价运输。票据记载:发站已收全批共计 7 800 元的运输费用和税费。运输过程中,列车雨天途经铁路工务部门刚整治完岩石风化的山区路段,因雨水冲刷仍有山石坠落到线路上,司机发现后采取紧急制动,导致电视机因剧烈的惯性作用发生倒塌冲撞。事后查明,事故中有 42 件电视机损坏报废,承运时每件实际价格 1 200 元。试依据法律规定分析双方争论的焦点:

(1)铁路是否应承担赔偿责任。

(2)铁路的过错程度。

(3)实际损失数额。

(4)如未保价铁路应赔偿数额。

(5)如全批保价 60 万元铁路应赔偿数额。

案例分析:可分组讨论依据法律规定分析:

(1)铁路应承担赔偿责任

依据法律规定,只有货物的毁损、灭失是因不可抗力、货物本身的自然属性或者合理损耗以及托运人、收货人的过错造成的,承运人不承担损害赔偿责任。对此事故中货物的损失,铁路不具备法定的免责条件,应承担赔偿责任。

(2)铁路的过错程度

铁路的过错程度为一般过失。此事故前,铁路工务部门刚整治完岩石风化的山区路段,已经尽到了一般的安全防护义务,铁路不存在主观上的恶意,也不存在明知可能造成损失而轻率地不作为,其过错不属于故意或者重大过失,只是一般过失。因此,此事故中货物的损失不适用"由于承运人的故意行为或重大过失造成的,不受限额赔偿或保价额的限制,按照实际损失赔偿"的规定,一般过失应按限额赔偿或保价额赔偿。

(3)货物实际损失数额

事故中有 42 件电视机损坏报废:

按承运时每件实际价格 1 200 元,损失 42 件×1 200 元/件＝ 50 400 元。

发站已收全批运输费用和税费 7806 元,按照损失部分的比例加算,损失 42 件/600 件×7 806 元＝ 546 元。

实际损失 50 400 元＋546 元＝50 946 元。

(4)未保价铁路应赔偿数额

不办理保价运输,按件数和重量承运的货物,每吨最高赔偿 2 000 元,即每公斤最高赔偿2 元。

限额赔偿:42 件×30 kg/件×2 元/kg＝2 520 元。

(5)全批保价 60 万元铁路应赔偿数额

保价运输货物损失的赔偿,最多不能超过该批货物的保价金额,只损失一部分时,按损失货物与全批货物的比例乘以保价金额。

保价赔偿:42 件/600 件×600 000 元＝42 000 元。

无论托运人在办理保价运输时,保价额是否与货物的实际价值相符,均应在保价额内按照损失部分的实际价值赔偿,实际损失超过保价额的部分不予赔偿。

42 件货物实际损失 50 400 元超过保价额 42 000 元部分的 8 400 元不予赔偿。

【教学案例 5-4】　到站误交付铁路承担连带责任。

案情简介:收货人木材加工厂持领货凭证,多次到铁路到站领取一车原木,均被告知货物未到。到站经多方查询,发现该车原木已于一个月前到达,因交付货运员未认真审核运输单据,以为是木料加工厂的货物,电话通知该厂领货。木料加工厂接到通知后,以为订购的木材运到,便出具证明将货物领出,同时给供货方支付了货款。到站要求木料加工厂返还该批原木,木料加工厂回复原木已使用一部分,为领取、看管原木支出了汽车短途运费、保管费,付给供货方的木材款无法追回,以到站误交付致使其遭受损失为由拒绝返还。收货人木材加工厂因领不到货物,将到站、木料加工厂一并告到法院。

法院审理:铁路运输法院审理认为:

(1)被告到站,在货物到达后,未认真审核运输单据就向第三人木料加工厂发出领货通知,对造成原木误交付负有主要责任。

(2)被告到站,原木虽然是在规定的运到期限内运到,但在货物到达后时隔月余才发现原木误交付,导致货物至今仍未能正确交付,应向收货人木材加工厂支付货物运到逾期违约金。

(3)第三人木料加工厂,未认真核对原木是否属于本厂到货,便在货票上签字办理了领取手续,事后又不积极返还,负有次要责任。

(4)第三人木料加工厂与供货方之间木材款纠纷,属于买卖合同纠纷,不属本案货物运输合同关系,不得以货款无法追回为由拒绝返还原木。

经法院主持调解,原告、被告、第三人达成如下协议:

(1)被告到站,因误交付致使货物严重逾期,应按最高比例,以运费的 20%计算,向原告木材加工厂支付逾期违约金。

(2)被告到站,对第三人木料加工厂支出的短途运费、保管费,承担 70%的赔偿责任。

　　(3)第三人木料加工厂,将误领原木返还正当收货人即原告木材加工厂,已经使用的原木按购买价折算赔偿原告,被告铁路承担连带责任。

　　(4)第三人木料加工厂,已支出的短途运费、保管费,自担30%的责任。

　　(5)原告木材加工厂,支付第三人木料加工厂已付的铁路卸车费。

　　【教学案例5-5】 投保运输险的货物损失赔偿金额及施救费用计算方法。

　　案情简介:一批单价相同的100件货物,托运人投保铁路运输货物运输险,全批保险金额10 000元,货物实际保险价值20 000元,托运人自装时发生承保范围内的意外事故,造成40件货物受损并危及周边,托运人处理事故的合理施救费用23 000元。计算保险公司应赔付的货物损失赔偿金额、施救费用。

　　案例分析:保险公司应赔付的货物损失赔偿金额、施救费用计算如下:

　　(1)保险责任事故造成40件货物受损:

　　货物实际损失＝40件/100件×20 000元＝8 000元

　　(2)托运人全批投保金额10 000元,货物实际保险价值20 000元,保险金额低于保险价值的,对其损失金额及支付的施救保护费用按保险金额与保险价值的比例计算赔偿:

　　计算损失金额＝10 000元/20 000元×8 000元＝4 000元

　　计算施救费用＝10 000元/20 000元×23 000元＝11 500元

　　(3)对货物损失的赔偿金额以及因施救或保护货物所支付的直接合理的费用,应分别计算,并各以不超过保险金额为限:

　　应赔付赔偿金额:货物实际损失8 000元,计算损失金额4 000元,保险金额10 000元,不超过保险金额,应赔4 000元。

　　应赔付施救费用:实际施救费用23 000元,计算施救费用11 500元,保险金额10 000元,以不超过保险金额为限,应赔10 000元。

　　【教学案例5-6】 中药材运输因不足额保险引起定赔争议。

　　案情简介:托运人药材公司,在6月份使用一个铁路通用集装箱装运一批中药材党参,价值10万元,但仅向保险公司购买了3万元铁路货物运输综合险。

　　托运人到发站领取空箱,双方按章对使用箱进行了检查,该集装箱3月份检修,仍在有效使用期内,箱体上部有两处焊接,被焊处用眼观察并无裂痕及透光,经托运人检查确认同意领回使用。托运人装箱并施封后送回发站,双方检查箱号、施封和箱体外状无异状,发站接收承运。

　　该集装箱中药材在铁路规定的运到期限内运至到站交付。到站与收货人药店办理交接时,经检查该箱施封良好,箱体上部有焊痕两处,均为旧痕,焊接处有蛆爬出。到站会同收货人、保险公司开箱检查,见货物已发霉、长毛、生蛆并发出腐烂气味,箱底有水流出,全部报废不能服用。经清点箱内装党参95件,重3 760 kg。

　　事故鉴定确认,货物变质的原因为集装箱焊铁脱裂箱体不良渗水所致,货物已霉变全部报废。到站组织收货人、保险公司召开事故分析会,达成由保险公司负责赔偿3万元的处理意见。收货人转告托运人,托运人对此处理不服,诉至法院,请求判令承运人按货物实价赔偿货物实际损失10万元。

　　双方诉辩:原告托运人诉称:承运人提供的集装箱箱体不良致使其托运的货物遭受损失,应负重大过失责任,不适用限额赔偿,应按货物实际损失赔偿10万元。

　　被告承运人辩称:托运人对承运人提供的集装箱状况没有提出异议,检查确认符合运输要求,货物的损失属托运人责任造成,承运人不应承担赔偿责任。

教学讨论:可分组讨论。试结合铁路货运组织专业知识和铁路运输法律知识分析:

(1)承运人是否存在重大过失。

(2)承运人是否应承担赔偿责任。

(3)如承运人应承担赔偿责任,是按实际损失赔偿,还是按限额赔偿,如何确定赔偿数额。

(4)如根据事故分析会达成的处理意见由保险公司赔偿,保险公司赔付后可否向铁路追偿,最高追偿额如何确定。

法院审判:铁路运输法院审理认为,托运人与承运人签订的货物运输合同依法成立,受法律保护,由于承运人提供的集装箱箱体不良渗水,造成货物变质,承运人应承担赔偿责任。承运人以该箱箱体状况在承运前经托运人检查确认,责任应由原告托运人承担的抗辩理由不能成立。

鉴于承运人在提供集装箱时已按章对集装箱进行了检查,且箱体被焊处用眼观察并无裂痕,同时也经托运人检查确认,承运人没有违反集装箱使用及修理的有关规定,不存在对所承运的货物明知可能造成损失而轻率地作为或不作为,原告主张承运人存在重大过失并无事实根据和法律依据。

据此,本案适用限额赔偿,判决承运人赔偿原告货物损失 7 520 元。

案例分析:本案例涉及的法律规定,在理解和把握上均有一定难度,但反映出的问题却具有普遍性和代表性。

争议的焦点在于承运人是否明知提供给托运人装运货物的集装箱箱体不良,并据此认定承运人是否存在故意或重大过失的过错,从而确定铁路是按实际损失赔偿,还是按限额赔偿。

最高人民法院《关于审理铁路运输损害赔偿案件若干问题的解释》第 2 条规定:"铁路运输企业的重大过失是指铁路运输企业或其受雇人、代理人对承运的货物、包裹、行李明知可能造成损失而轻率地作为或不作为。"

就本案而言,不存在承运人对其所提供集装箱箱体不良的明知,也没有轻率地作为或不作为。承运前,发站、托运人均对箱体进行了检查,集装箱被焊处用眼观察并无裂痕,箱体无异状,未发现透光。该箱仍在有效使用期内。没有证据证实承运人明知承运前提供给托运人的是焊铁脱裂的集装箱。箱体焊铁脱裂是在货物到站后与收货人交接检查时才发现的。

另外,从铁路货物运输的作业过程来分析,正常的途中货运检查,检查站只对集装箱箱体可见部分进行检查,集装箱箱顶不做检查,因此承运人对箱体顶部在运输途中发生焊铁脱裂既无法预见更非明知,且本案也没有证据证明在运输过程中承运人对此存在故意或重大过失的过错。

至于承运人对货物损失的赔偿责任范围,《合同法》《铁路法》均做了明确规定,即承运人对运输过程中货物的毁损、灭失,除法律规定可以免责的情况外,均应承担赔偿责任。

《合同法》第 311 条规定:"承运人对运输过程中货物的毁损、灭失承担损害赔偿责任,但承运人证明货物的毁损、灭失是因不可抗力,货物本身的自然性质或者合理损耗以及托运人、收货人的过错造成的,不承担损害赔偿责任。"

《铁路法》第 17 条规定:"铁路运输企业应当对承运的货物、包裹、行李自接受承运时起到交付时止发生的灭失、短少、变质、污染或者损坏,承担赔偿责任:(1)托运人或者旅客根据志愿申请办理保价运输的,按照实际损失赔偿,但最高不超过保价额。(2)未按保价运输承运的,按照实际损失赔偿,但最高不超过国务院铁路主管部门规定的赔偿限额;如果损失是由于铁路运输企业的故意或重大过失造成的,不适用赔偿限额的规定,按照实际损失赔偿。"

《铁路法》第18条规定:"由于下列原因造成的货物、包裹、行李损失的,铁路运输企业不承担赔偿责任:(1)不可抗力。(2)货物或包裹、行李中的物品本身的自然属性,或者合理损耗。(3)托运人、收货人或者旅客的过错。"

《货规》第56条规定:"不保价运输的,不按件数只按重量承运的货物,每吨最多赔偿100元,按件数承运的货物,每吨最多赔偿2 000元。"

综合上述规定,本案中承运人虽然对托运人的货物损失不存在故意或重大过失的过错,但也不具备法定免责条件,不能免责,应承担赔偿责任。由于托运人未对托运的货物办理保价运输,且承运人对托运人的货物损失不存在故意或重大过失的过错,不能要求承运人按货物的实际损失承担赔偿责任,即承运人赔偿责任适用限额赔偿的规定,承运人应赔偿托运人货物损失3.76 t×2 000 元/t＝7 520 元。

对投保铁路货物运输险的货物在运输中发生损失的赔偿处理,最高人民法院也做了相应的司法解释。

最高人民法院《关于审理铁路运输损害赔偿案件若干问题的解释》第4条规定:"投保货物运输险的货物在运输中发生损失,对不属于铁路运输企业免责范围的,适用《铁路法》第17条第1款第(2)项的规定,由铁路运输企业承担赔偿责任。保险公司按照保险合同的约定向托运人或收货人先行赔付后,对于铁路运输企业应按货物实际损失承担赔偿责任的,保险公司按照支付的保险金额向铁路运输企业追偿,因不足额保险产生的实际损失与保险金的差额部分,由铁路运输企业赔偿;对于铁路运输企业应按限额承担赔偿责任的,在足额保险的情况下,保险公司向铁路运输企业的追偿额为铁路运输企业的赔偿限额,在不足额保险的情况下,保险公司向铁路运输企业的追偿额在铁路运输企业的赔偿限额内按照投保金额与货物实际价值的比例计算,因不足额保险产生的铁路运输企业的赔偿限额与保险公司在限额内追偿额的差额部分,由铁路运输企业赔偿。"

本案即为不足额投保货物运输险的货物在运输中发生损失,且不属于铁路运输企业免责范围,应由铁路运输企业承担限额赔偿责任的情况。如根据事故分析会达成的处理意见由保险公司赔偿,保险公司按照保险合同的约定先行赔付3万元后,可持权益转让书向铁路运输企业追偿,但最高追偿额不超过铁路运输企业的赔偿限额7 520 元。

实训任务

任务单(一)

作业人员:班级＿＿＿＿姓名＿＿＿＿学号＿＿＿成绩＿＿＿评阅人＿＿＿

任务要求:将正确答案填写在题中空格的下划线上,加深对铁路货物、行李损失法律责任基础知识的理解。

任务内容:

1. 铁路运输企业应当对承运的货物、行李自接受＿＿＿＿时起到＿＿＿＿时止发生的灭失、短少、变质、污染或者损坏,承担赔偿责任。

2.《铁路法》规定,由于下列原因造成的货物、行李损失,铁路运输企业不承担赔偿责任:

(1)_____;(2)货物、行李中的物品本身的_____,或者_____;(3)托运人、收货人或者旅客的_____。

3.《民法典》规定,承运人对运输过程中货物的毁损、灭失承担赔偿责任,但承运人_____货物的毁损、灭失是因不可抗力、货物本身的自然属性或者合理损耗以及托运人、收货人的过错造成的,不承担损害赔偿责任。

4. 铁路货物、行李的赔偿价格按照_____时的实际价值计算。实际价值中未包含已支付的铁路运杂费、包装费、保险费、短途搬运费等费用的,按照损失部分的_____加算。

5. 铁路运输企业对属于承运人赔偿责任范围内的货物、行李损失,按照是否办理保价运输,分为_____赔偿和_____赔偿。

6. 铁路运输企业的重大过失,是指铁路运输企业或其受雇人、代理人对承运的货物、行李明知可能造成损失而轻率地_____或者_____。

7. 铁路货物运输保险分为_____险和_____险两个险种。

8. 保险货物运抵目的地后,如果收货人未及时提货,则保险责任的终止期最多延长至以收货人接到"到货通知单"后的_____日为限(以_____日期为准)。

9. 保险金额不得超过保险价值。超过保险价值的,超过部分_____,保险人应当退还相应的保险费。

任 务 单 (二)

作业人员:班级_____姓名_____学号_____成绩_____评阅人_____

任务要求:将正确答案的英文字母代号填写在题中的括号内,加强对铁路货物、行李损失法律责任理赔基本技能的掌握。

任务内容:

1. 下列情况,(   )不属于合同法规范的货物运输合同范围。

A. 货物　　　　　　B. 托运的行李　　　　C. 携带品　　　　D. 自带行李

2. 下列情况,(   )不属于不可抗力。

A. 暴雨　　　　　　B. 地震　　　　　　　C. 台风　　　　　D. 洪水

3. 下列情况不属于铁路免责范围的是(   )。

A. 地震造成企业自备车损坏

B. 运输的鲜菜因水分消耗而减量

C. 行李运输途中被盗

D. 包装有缺陷,无法从外观发现,造成货物损坏

4. 如果货物、行李损失,是由于铁路运输企业的(   )造成的,不适用赔偿限额的规定,按照实际损失赔偿。

A. 故意　　　　　　B. 重大过失　　　　　C. 一般过失　　　D. 故意或重大过失

5. 不按件数只按重量承运的货物,不办理保价运输的,每吨最高赔偿(   )元。

A. 15　　　　　　　B. 30　　　　　　　　C. 100　　　　　D. 2 000

6. 行李事故赔偿标准,不按保价运输的物品按实际损失赔偿,但最高连同包装重量每千克不超过(   )元。

A. 15　　　　　　　B. 30　　　　　　　　C. 100　　　　　D. 2 000

7. 铁路运输企业逾期（　　）仍未将货物、行李交付收货人或旅客的,托运人、收货人或者旅客有权按货物、行李灭失向铁路运输企业要求赔偿。

A. 当日　　　　　　B. 次日　　　　　　C. 15 d　　　　D. 30 d

8. 下列（　　）保险事故造成保险货物的损失,不属于铁路货物运输基本险的承保范围。

A. 火灾、爆炸、雷电、冰雹、暴风、暴雨、洪水、地陷、崖崩、泥石流

B. 地震

C. 由于运输工具发生碰撞、出轨或桥梁、隧道、码头坍塌

D. 在发生上述灾害、事故时,因施救而造成货物的损失

9. 下列（　　）保险事故造成保险货物的损失和费用,不属于铁路货物运输综合险的承保范围。

A. 保险货物的自然损耗

B. 因包装破裂致使货物散失的损失

C. 在装货、卸货或转载时,因意外事故造成的损失

D. 符合安全运输规定而遭受雨淋所致的损失

10. 铁路货物运输保险责任的起讫期,是自签发（　　）后,保险货物运离起运地发货人的最后一个仓库或储存处所时起。

A. 运单　　　　　　B. 编组单　　　　　　C. 保险单　　　D. 到货通知单

11. 一批铁路运输的货物,保险价值 10 000 元,保险金额 10 000 元,因保险责任事故造成 1/4 的货物损失,并由此产生 20 000 元合理施救费用,保险人共计应赔偿（　　）元。

A. 2 500　　　　　B. 5 000　　　　　C. 7 500　　　D. 10 000　　　E. 12 500

12. 保险人在接到索赔单证后,应当根据保险责任范围,迅速核定应否赔偿。赔偿金额一经保险人与铁路货物运输被保险人达成协议后,应在（　　）日内赔付。

A. 7　　　　　　　B. 10　　　　　　　C. 15　　　　D. 30

13. 铁路货物运输被保险人从获悉遭受损失的次日起,如果经过（　　）年不向保险人申请赔偿,不提供必要的单证,或者不领取应得的赔款,则视为自愿放弃权益。

A. 1　　　　　　　B. 2　　　　　　　C. 3　　　　D. 4

任 务 单 （三）

作业人员:班级＿＿＿＿　姓名＿＿＿＿　学号＿＿＿＿　成绩＿＿＿＿　评阅人＿＿＿＿

任务要求:在题号前的括号内,正确√,错误×,增强对办理铁路货物、行李损失赔偿业务的分析与运用能力。

任务内容:

（　　）1. 依据《民法典》的规定,行李的毁损、灭失适用货物运输的有关规定。

（　　）2. 托运人托运一批整车衬衣,纸箱包装,箱标内装 10 个纸盒装的衬衣,交付时有 1 件货物,外包装完好无损而内装物品短少 2 盒,铁路不承担赔偿责任。

（　　）3. 因钢轨折断,旅客列车脱轨,一批行李被损坏。因行李损坏是行车意外事故造成的,铁路不负赔偿责任。

（　　）4. 因编组站车辆积压堵塞造成铁路运输阻碍,铁路为疏导车流,可先自行变更货物到站,事后及时通知收货人。

（　　）5. 对铁路货物、行李损失,铁路依据法律规定可以免责的无需举证。

（　　）6. 一批行李全批保价3 000元。运输途中遇地震全批行李灭失,因行李已保价,铁路应赔偿3 000元。

（　　）7. 洪水造成的损失,属于铁路货物运输综合险的承保范围。

（　　）8. 装卸货物或转载时因意外事故造成的损失,不属于铁路货物运输综合险的承保范围。

（　　）9. 遭受盗窃的损失,不属于铁路货物运输基本险的承保范围。

（　　）10. 因发货人责任引起的损失,属于铁路货物运输综合险的承保范围。

任 务 单（四）

作业人员:班级＿＿＿＿＿姓名＿＿＿＿＿学号＿＿＿＿成绩＿＿＿＿评阅人＿＿＿＿＿

任务要求:结合法律、法规和司法解释的具体条文规定进行案例分析,将正确答案填写在题下的空白处,增强对办理铁路货物、行李损失赔偿业务难点问题的分析和解决能力。

任务内容:

1. 按货物运输的水果,途中由于水分蒸发、干耗,到站检斤时,包装完好无异状,重量在规定范围内略有减少,铁路应承担赔偿责任。根据法律规定,分析说明铁路是否应承担赔偿责任。

2. 一件货物,内为20瓶玻璃瓶装的制剂,外为纸箱密封包装。铁路到站卸车发现纸箱有湿痕,开箱检查,见其中大部分玻璃瓶已碎,制剂流失。经鉴定,原因为纸箱内隔离纸板和内衬纸屑不合要求,未能起到稳定和减震的作用,造成玻璃瓶受挤压、震动而碎裂。据法律规定分析,铁路是否应承担赔偿责任。

3. 因钢轨折断,旅客列车脱轨,行李车内一批行李被损坏。因行李损坏是行车意外事故造成的,铁路不负赔偿责任。根据法律规定,分析说明铁路是否应承担赔偿责任。

4. 一批价格相同的灯具800件,每件重10 kg,托运人用20 ft通用集装箱装运。铁路在装卸过程中,集装箱转向时司索工极力控制,因雨天湿滑站立不稳跌倒拉钩失手,导致集装箱失去控制,造成箱体碰撞,经查有 40 件灯具震碎报废。发站承运时,每件灯具实际价值 230 元,全批收取运输费用 5 000 元。试分析下列问题,并说明法律依据。

(1)铁路是否应承担赔偿责任。

(2)铁路的过错程度。

(3)实际损失数额。

(4)如未保价,铁路应赔偿数额。

(5)如全批保价 15 万元,铁路应赔偿数额。

项目 6

铁路旅客人身伤害违约责任与保险责任

✐ 项目描述

铁路旅客人身损害违约责任与保险责任，主要学习涉及铁路旅客人身损害违约责任与保险责任的法律、法规和司法解释的相关规定，重点掌握铁路旅客人身损害违约责任与保险责任的责任期间、责任范围、免责条件和赔偿办法。

📁 教学目标

(1)知识目标

理解铁路旅客人身损害的违约责任与保险责任，掌握铁路旅客人身损害违约责任与保险责任相关法律、法规和司法解释的具体条文规定。

(2)能力目标

确定铁路旅客人身损害违约责任与保险责任的责任期间、责任范围、免责条件和赔偿办法，依法办理铁路旅客人身损害违约责任赔偿与保险责任赔偿。

(3)素质目标

树立人民铁路为人民、人民铁路人民爱的思想，以负责的态度，公平、公正地处理铁路旅客人身损害违约责任赔偿与保险责任赔偿，依法维护旅客和铁路运输企业的合法权利。

🖥 教学条件

铁路运输现场调研，铁路客运仿真实训室，多媒体设备及课件，铁路旅客车票、客运记录，铁路旅客运输规程，铁路客货运法规汇编。

📋 教学建议

教学重点是铁路旅客人身损害违约责任的责任范围和免责条件。教学难点是责任期间和赔偿办法。建议采用仿真实训、案例教学、多媒体教学，并通过项目实训任务单的单项练习、综合练习及案例分析，培养依法办理铁路旅客人身损害违约责任赔偿的理赔能力。

工作任务

典型工作任务 1　铁路旅客人身损害违约责任

一、铁路旅客运输责任期间

最高人民法院《关于审理铁路运输损害赔偿案件若干问题的解释》规定,铁路运输企业对旅客运送的责任期间,自旅客持有效车票进站时起,到旅客出站或应当出站时止。不包括旅客在候车室内的期间。

【教学提示】　铁路对旅客人身损害的责任期间,最高人民法院司法解释的规定与铁路运输企业客运规章规定有所不同。

《客规》规定,铁路旅客运输合同从售出车票时起成立,至按车票规定运输结束旅客出站时止,为合同履行完毕。旅客运输的运送期间自检票进站时起至到站出站时止。

两者的主要区别在于:最高人民法院的司法解释,并未规定检票进站为铁路旅客运输合同生效必经的法定程序,检票只是为了确认车票是否真实有效和符合乘车条件。同时,司法解释还指出了《客规》未涉及的问题,即铁路运输企业对旅客运送的责任期间到旅客出站或"应当出站"时止。司法解释的规定比较符合铁路旅客运输实际。

二、铁路旅客人身损害违约责任与免责条件

《民法典》(合同编)规定,承运人对运输过程中旅客的伤亡承担损害赔偿责任,但伤亡是旅客自身健康原因造成的或承运人证明伤亡是旅客故意、重大过失造成的除外。此规定适用于按照规定免票、持优待票或者经承运人许可搭乘的无票旅客。

《民法典》(合同编)还规定,因不可抗力不能履行合同的,根据不可抗力的影响,部分或者全部免除责任,但法律另有规定的除外。当事人一方因不可抗力不能履行合同的,应当及时通知对方,以减轻可能给对方造成的损失,并应当在合理期限内提供证明。

因此,铁路运输企业作为承运人对旅客人身损害的违约责任只具备两项法定的免责条件:

(1)不可抗力。

(2)旅客自身健康原因或旅客故意、重大过失。

除以上法定免责条件外,铁路运输企业对旅客所受人身损害,均应承担赔偿损失的违约责任。

需要注意的是,《民法典》(合同编)还规定了,在运输过程中旅客自带物品毁损、灭失,承运人有过错的,应当承担损害赔偿责任。

【教学提示】　依据《民法典》(合同编)的规定,承运人应当将旅客安全运输到约定地点。铁路运输企业负有安全运输的合同法定义务,应当保证旅客运输的安全,将旅客安全运输到约定地点,除非具备法定免责条件,否则就要承担违约责任。

《客规》采用了合同法的规定,在综合合同法相关条款的基础上,也做出了规章规定:承运人应当对铁路运送期间发生的旅客人身伤亡承担损害赔偿责任;但伤亡是不可抗力、旅客自身健康原因造成的或者承运人证明伤亡是旅客故意、重大过失造成的,承运人不承担赔偿责任。

铁路客运责任:可分为车站责任和列车责任。车站责任主要包括:旅客持票进站后在检票

口、天桥、地道、站台因组织不当,拥挤造成伤害;缺乏引导标志和有关标志不准确而误导旅客,发生伤害;车站设备不良,不及时修理或不及时报修造成旅客伤害;车站供应的食物不洁造成旅客食物中毒;因误售、误剪不停车站车票造成旅客跳车;在停止检票规定时间过后,继续剪票放行,致使旅客扒车抢上造成伤害。列车责任主要包括:由于车门未锁造成旅客跳车、坠车或站内下车反向背门下车造成旅客伤亡;由于组织不力造成下车旅客挤伤摔伤;车站误售车票,列车未能妥善处理造成旅客跳车伤害;因列车报错站名致使旅客下错车造成伤害;因乘务人员的过失造成旅客挤伤、烫伤;因餐车、售货供应不洁食物造成旅客食物中毒。

不可抗力:是指不能预见、不能避免并不能克服的客观情况,例如地震、台风、海啸、洪水、火山爆发等自然现象;或战争、动乱、疫情等社会现象。应当注意,不可抗力与意外事件在内涵与外延上的不同。意外事件是指业务范围内难以预见,但并不是无法避免和克服的客观情况,例如列车电器故障引发的火灾、列车冒进信号造成的行车事故等。

旅客自身健康原因:主要是指旅客自身患有对人身伤亡构成重要影响的严重疾病、生理残缺等原因。

过错:是指当事人对自己的行为及后果的主观态度上有错误。过错分为故意和过失。故意是指明知自己的行为会产生不良后果,并希望和放任这种后果的发生。过失是指应当注意自己的行为可能发生不良后果而没有注意或者已经注意但轻信这种结果不会发生。过失又分为重大过失和一般过失。重大过失是指明知可能造成不良后果而轻率地作为或不作为。由于旅客的一般过失造成的人身伤亡,不能免除承运人的赔偿责任。

举证义务:合同法规定承运人证明伤亡是不可抗力或旅客故意、重大过失造成的,承运人才能免责,并采用举证反置的方式,明确规定了承运人应承担免责举证的义务。

三、铁路旅客人身损害第三人原因违约责任

《民法典》(合同编)规定,当事人一方因第三人的原因造成违约的,应当向对方承担违约责任。当事人一方和第三人之间的纠纷,依照法律规定或者按照约定解决。

【教学提示】 铁路运输过程中,旅客人身损害因铁路运输企业和旅客以外的第三人原因给旅客造成的伤害,属第三人责任。旅客被窗外扔来啤酒瓶击伤铁路先予赔偿案例参见【教学案例 6-3】。

四、铁路旅客人身损害违约责任赔偿办法

《民法典》(合同编)没有对旅客运输合同违约造成的人身损害赔偿做出具体规定,只在违约责任中对赔偿处理办法做了原则性的规定:

(一)赔偿损失

当事人一方不履行合同义务或者履行合同义务不符合约定的,应当承担继续履行、采取补救措施或者赔偿损失等违约责任。

(二)赔偿数额

当事人一方不履行合同义务或者履行合同义务不符合约定,给对方造成损失的,损失赔偿额应当相当于因违约所造成的损失,包括合同履行后可以获得的利益,但不得超过违反合同一方订立合同时预见到或者应当预见到的因违反合同可能造成的损失。

(三)混合过错

当事人双方都违反合同的,应当各自承担相应的责任。

（四）责任竞合

当事人一方的违约行为，侵害对方人身、财产权益的，受损害方有权选择依照本法要求其承担违约责任或者依照其他法律要求其承担侵权责任。

【教学提示】 铁路旅客人身损害违约责任，在铁路运输法规、规章取消限额赔偿规定后，限额赔偿制度已不存在。由于合同法中没有对旅客运输合同违约造成的人身损害的做出可操作性的具体规定，司法实践中常比照最高人民法院《关于审理人身损害赔偿案件适用法律若干问题的解释》有关人身损害赔偿办法、范围、项目、依据的具体规定确定各项财产损失的实际赔偿金额。

典型工作任务2　铁路旅客运输告知义务与救助义务

铁路旅客运输过程中，铁路运输企业除负有法定的基于铁路旅客运输合同而产生的安全运输义务外，还负有法定的告知义务与救助义务。

一、告知义务

《民法典》（合同编）规定，承运人应当严格履行安全运输义务，及时告知旅客安全运输应当注意的事项。承运人迟延运输或者有其他不能正常运输情形的，应当及时告知和提醒旅客，采取必要的安置措施。

承运人除应向旅客及时告知有关不能正常运输的重要事由外，还应向旅客及时告知安全运输应当注意的事项。旅客对于运输中的安全乘运通常所能了解和具备的仅是一般的常识，因此具有安全运输专业知识的承运人就应当向旅客及时告知安全运输应当注意的事项。如因承运人的过错，没有告知旅客安全运输应当注意的事项，造成旅客的人身或者财产损害的，承运人应负相应的赔偿责任。

【教学提示】 在铁路旅客运输中，因不可抗力、意外事件、承运人的过错或者第三人的原因造成的异常情况时有发生，导致运输不能正常进行。例如，洪水导致列车运行中断，车辆发生故障，线路钢轨损坏，致使旅客运输不能正常继续进行。不可抗力、运输工具故障、运营设备损坏等就是运输不能正常进行的重要事由，承运人都应当及时告知旅客，以便旅客能及时采取应对措施，避免秩序失控、造成混乱和无端猜疑。

二、救助义务

在铁路旅客运输中，铁路运输企业还要承担一项法定的特殊义务，即救助义务。救助义务是旅客运输合同的附随义务。《民法典》（合同编）规定，承运人在运输过程中，应当尽力救助患有急病、分娩、遇险的旅客。

【教学提示】 在铁路旅客运输中，旅客发生急病或死亡，是指持有有效车票的旅客在铁路车站候车室或在列车上发生急病或死亡。出现旅客急病或者死亡的情况，铁路运输企业应根据国务院批转的关于旅客发生急病或死亡的处理办法和补充办法分别做出处理。

（一）旅客发生急病的处理办法

1. 持有车票的旅客在车站候车期间发生急病时，车站应立即送至医院急救。如系传染病，应转送传染病院。

2. 旅客在列车上发生急病时，列车长应填写客运记录，送交市、县所在地的车站或较大车站,转送医院或传染病医院治疗。

3. 急病旅客在治疗期间所需要的一切费用,应由旅客负担。

(二)旅客发生死亡的处理办法

1. 持有车票的旅客在车站候车期间死亡时,车站应会同公安、卫生部门共同检验并按规定处理。如因传染病死亡的,应根据卫生部门的指示办理。车站应通知死者家属或工作单位前来认领。

2. 旅客在列车上死亡时,列车长应填写客运记录,会同铁路公安人员,将尸体和死者遗物交给市、县所在的车站或较大车站,接收站按照旅客在车站死亡的处理办法办理。

3. 对死亡旅客的遗物应妥善保管,待死者家属或工作单位前来认领时一并交还。

4. 旅客死后所需暂存、埋葬等费用,先由铁路部门垫付,事后向其家属或工作单位索还。

【教学提示】　例如,1416 次列车即将在平原站进站,在站台候车的一名男旅客突然晕倒在站台上,客运值班员见状,立即要求客运员组织其他旅客有序乘降,同时迅速赶到晕倒旅客身边。经询问得知,该旅客心脏不好,便协助亲属对该旅客进行简单抢救,并用手机拨打 120 急救电话,同时要求车站门卫开启大门等待指引救护车进站。由于车站工作人员处置得当,患病旅客得到及时抢救,脱离了生命危险。

典型工作任务 3　铁路旅客人身意外伤害保险

铁路运输企业对旅客负有基于铁路旅客运输合同而产生的运输责任。中国铁路财产保险自保有限公司(简称铁路保险公司),对于自愿投保铁路旅客人身意外伤害保险(简称铁路乘意险)的旅客,负有基于铁路旅客人身意外伤害保险合同而产生的保险责任。

一、铁路乘意险开办依据

(一)法律依据

保险合同在一般法《民法典》(合同编)中没有具体规定,应适用针对保险领域的特别法《保险法》的规定,从事保险活动应遵循《保险法》的规定。依据《保险法》的规定:

人身保险,是指投保人根据合同约定,向保险人支付保险费,当被保险人死亡、伤残、疾病或者达到合同约定的年龄、期限等条件时,保险人承担给付保险金责任的商业保险行为。

人身保险业务,包括人寿保险、健康保险、意外伤害保险等保险业务。人身保险是以人的寿命和身体为保险标的的保险。

保险业务由依法设立的保险公司以及法律、行政法规规定的其他保险组织经营,其他单位和个人不得经营保险业务。

保险人不得兼营人身保险业务和财产保险业务。但是,经营财产保险业务的保险公司经国务院保险监督管理机构批准,可以经营短期健康保险业务和意外伤害保险业务。

【教学提示】　中国保险监督管理委员会(简称中国保监会),根据国务院授权履行行政管理职能,依照法律、法规统一监督管理全国保险市场,维护保险业的合法、稳健运行。经中国保监会批准的铁路乘意险,属于意外伤害保险。

(二)办理依据

铁路旅客意外伤害强制保险停办后,铁路保险公司经向中国保监会备案,为乘坐境内旅客列车的旅客提供铁路旅客人身意外伤害保险。铁路乘意险按照《铁路旅客人身意外伤害保条款（A 款）》办理。

需要特别注意的是，《保险法》规定，被保险人因第三者的行为而发生死亡、伤残或者疾病等保险事故的，保险人向被保险人或者受益人给付保险金后，不享有向第三者追偿的权利，但被保险人或者受益人仍有权向第三者请求赔偿。

【教学提示】　第三者是指保险合同的保险人、被保险人之外的第三人。铁路乘意险中，保险人是铁路保险公司，被保险人是旅客，第三者是承运人或其他第三人。

二、铁路乘意险与乘意险投保

（一）铁路乘意险

铁路乘意险，是指被保险人在保险期间内持有效乘车凭证，乘坐境内旅客列车（以下简称境内列车），遭受意外伤害致使本人身故、伤残或者受伤治疗的，铁路保险公司按照约定给付保险金的一种保险服务。

【教学提示】　有效乘车凭证，是指铁路旅客运输合同凭证，包括纸质车票、电子车票及铁路部门认可的其他乘车凭证。

意外伤害，是指以外来的、突发的、非本意的和非疾病的客观事件为直接且单独的原因致使身体受到的伤害。

（二）投保铁路乘意险

每张车票可投保 1 份铁路乘意险。投保乘意险按《铁路旅客人身意外伤害保险（指定行程）投保须知》办理。

铁路乘意险实行实名制投保，投保时应准确提供被保险人（乘车人）的有效身份证件信息。有效身份证件包括：中华人民共和国二代居民身份证、港澳居民来往内地通行证、台湾居民来往大陆通行证、按规定可使用的有效护照。

（三）保险费与保险金

铁路乘意险，每份保险费 3 元，最高保障 50 万元意外身故、伤残和 5 万元意外医疗费用保险金；未成年人须由其父母投保，每份保险费 1 元，最高保障 20 万元意外身故、伤残和 2 万元意外医疗保险金。

（四）铁路乘意险书面合同

铁路乘意险保险合同由保险条款、投保单、保险单、批单和特别约定共同组成。凡涉及保险合同的约定，均应采用书面形式。

投保人、被保险人通过保险人同意或认可的网站投保或者对保险合同进行变更，视为投保人、被保险人的书面申请。投保人、被保险人、受益人向保险人在线提交的电子信息与向保险人提交的纸质文件具有相同的法律效力。

【教学提示】　书面形式，是指合同书、信件和数据电文（包括电报、电传、传真、电子数据交换和电子邮件）等可以有形地表现所载内容的形式。

三、保险人与被保险人、投保人与受益人

（一）保险人

铁路保险公司，为铁路旅客人身意外伤害保险的保险人。

【教学提示】　保险人，是指与投保人签订保险合同的铁路保险公司及各分支机构。

(二)被保险人

凡持铁路有效乘车凭证合法乘坐中华人民共和国境内(不包括香港、澳门、台湾地区,下同)营运的铁路客运列车(以下简称境内列车)的自然人,可作为铁路乘意险保险合同的被保险人。

随同成人旅客免费乘坐境内列车的儿童,在铁路乘意险保险合同中视为其持有有效乘车凭证。

(三)投保人

具有完全民事行为能力的被保险人本人、在订立铁路乘意险保险合同时对被保险人具有保险利益的其他个人或组织均可作为投保人。

投保人不得为无民事行为能力人投保铁路乘意险,但父母为其未成年子女投保的除外。

除父母为其未成年子女投保的以外,铁路乘意险保险合同应经被保险人同意并认可保险金额,否则以死亡为给付保险金条件的条款无效,保险人不承担保险责任。

(四)受益人

1. 身故保险金受益人

订立保险合同时,被保险人或投保人可指定一人或数人为身故保险金受益人。身故保险金受益人为数人时,应确定其受益顺序和受益份额;未确定受益份额的,各身故保险金受益人按照相等份额享有受益权。

被保险人死亡后,有下列情形之一的,保险金作为被保险人的遗产,由保险人依照《中华人民共和国继承法》的规定履行给付保险金的义务:

(1)没有指定受益人,或者受益人指定不明无法确定的。

(2)受益人先于被保险人死亡,没有其他受益人的。

(3)受益人依法丧失受益权或者放弃受益权,没有其他受益人的。

受益人与被保险人在同一事件中死亡,且不能确定死亡先后顺序的,推定受益人死亡在先。

被保险人或投保人可以变更身故保险金受益人,但需书面通知保险人,由保险人在保险合同上批注。对因身故保险金受益人变更发生的法律纠纷,保险人不承担任何责任。

投保人指定或变更身故保险金受益人时须经被保险人同意。被保险人为无民事行为能力人或限制民事行为能力人的,应由其监护人指定或变更身故保险金受益人。

2. 其他保险金受益人

除另有约定外,保险合同的伤残保险金受益人、医疗费用保险金受益人均为被保险人本人。

四、保险期间

保险期间为被保险人按保险单载明的乘车日期、列车车次和发到站(以下简称指定行程),持有效乘车凭证合法乘坐境内列车期间。

【教学提示】　乘坐境内列车期间,是指被保险人持有效乘车凭证通过实名制验证或检票进站时起,至被保险人到站检票出站时止,但不包括被保险人中途下车出站至重新进站期间和被保险人所乘列车在境外运行期间。

(一)变更到站

经铁路部门同意对保险单所对应的乘车凭证进行改签、变更到站的,保险合同继续有效,保险期间以改签、变更到站后的乘车日期、列车车次和发到站为准。

（二）行程中止

被保险人在指定行程中途离开列车并出站的，则保险人对该被保险人的保险责任中止，直至该被保险人返回继续原指定行程。

（三）行程提前终止

被保险人在指定行程中途离开列车并出站，若被保险人未返回或未在指定行程结束前返回的，保险人对该被保险人的保险责任自被保险人中途离开时终止。

（四）运输中断

因当日当次列车停驶、铁路线中断等情形，被保险人按照铁路部门的安排转乘其他列车而变更原指定行程的，保险人对该被保险人变更后的行程（即变更后的乘车日期、列车车次和发到站），按保险合同的约定继续承担保险责任。

五、保险责任范围

在保险期间内，被保险人持有效乘车凭证合法乘坐境内列车遭受意外伤害，并以该意外伤害为直接且单独原因而导致被保险人本人身故、伤残或治疗的，保险人按照下列约定给付保险金。

（一）意外伤害保险责任

1. 身故保险责任

（1）给付条件

身故：在保险期间内，被保险人遭受意外伤害，并自该意外伤害发生之日起180 d内因该意外伤害身故的，保险人按规定给付身故保险金，对该被保险人的保险责任终止。

宣告死亡：在保险期间内，被保险人因遭受意外伤害且自该意外伤害发生之日起下落不明，后经人民法院宣告死亡的，保险人按规定给付身故保险金。

（2）给付办法

保险人按该被保险人意外伤害保险金额给付身故保险金。

在保险期间内，保险人依据保险合同对被保险人给付身故保险金的总额，以保险单所载明的该被保险人的意外伤害保险金额为限。一次或多次累计给付的身故保险金总和达到意外伤害身故保险金额时，保险人对该被保险人的身故保险责任终止。

被保险人身故前，保险人已按保险合同约定给付伤残保险金的，身故保险金应扣除已给付金额。

若被保险人被宣告死亡后重新出现或身故保险金受领人确知其没有死亡的，身故保险金受领人应于知道或应当知道被保险人没有死亡后30 d内退还保险人给付的身故保险金。

父母为其未成年子女投保保险的，因被保险人身故给付的保险金总和不得超过国务院保险监督管理机构规定的限额。

【教学提示】　中国保监会《关于父母为其未成年子女投保以死亡为给付保险金条件人身保险有关问题的通知》中规定，对于父母为其未成年子女投保的人身保险，在被保险人未成年之前，各保险合同约定的被保险人死亡给付的保险金额总和，被保险人死亡时各保险公司实际给付的保险金总和按以下限额执行：（1）被保险人不满10周岁的不得超过人民币20万元。（2）被保险人已满10周岁但未满18周岁的不得超过50万元。

2. 伤残保险责任

（1）给付条件

在保险期间内，被保险人遭受意外伤害，并自该意外伤害发生之日起180 d内依据中国保险行业协会、中国法医学会联合发布的《人身保险伤残评定标准》(保监发〔2014〕6号)鉴定为一至十级中任一级伤残的,保险人按规定给付伤残保险金。如第180 d治疗仍未结束的,按当日的身体情况进行伤残鉴定,并据此给付伤残保险金。

(2)给付办法

保险人按照《人身保险伤残评定标准》中规定的给付比例乘以该被保险人意外伤害保险金额给付伤残保险金。

在保险期间内,保险人依据保险合同对被保险人给付伤残保险金的总额,以保险单所载明的该被保险人的意外伤害保险金额为限。一次或多次累计给付的伤残保险金总和达到意外伤害伤残保险金额时,保险人对该被保险人的伤残保险责任终止。

(3)不给付的情况

若被保险人因遭受意外伤害事故导致的伤残不在《人身保险伤残评定标准》之列,保险人不承担给付伤残保险金责任。

(二)意外伤害医疗费用保险责任

1. 给付条件

(1)保险期间内

在保险期间内,被保险人遭受意外伤害,在中华人民共和国境内二级及以上公立医院或保险人认可的医疗机构治疗,对被保险人实际支出的、符合当地政府颁布的社会基本医疗保险报销范围内的、合理且必要的医疗费用。

(2)保险期间届满

若保险期间届满时被保险人治疗仍未结束的,保险人继续承担给付保险金的责任,但对住院治疗者最长不超过自该意外伤害发生之日起连续180日,对门诊治疗者最长不超过自该意外伤害发生之日起连续15日。

2. 给付办法

意外伤害医疗费用,保险人在扣除社会基本医疗保险或其他任何途径(包括但不限于任何商业保险机构、公费医疗、侵权责任人等)已经补偿或给付的部分后,按其剩余部分的数额依据保险合同的约定给付医疗费用保险金。

保险人依据保险合同对被保险人医疗费用保险金的给付总额,以保险单所载明的该被保险人的意外伤害医疗费用保险金额为限。一次或多次累计给付医疗费用保险金总和达到意外伤害医疗费用保险金额时,保险人对该被保险人的意外伤害医疗费用保险责任终止。

六、保险责任免除

(一)事由免除

因下列原因之一,造成被保险人身故、伤残或治疗的,铁路乘意险保险人不承担给付保险金责任:

1. 投保人的重大过失或故意行为。

2. 被保险人故意犯罪或抗拒依法采取的强制措施。

3. 被保险人自致伤害或自杀,但被保险人自杀时为无民事行为能力人的除外。

4. 因被保险人挑衅或故意行为而导致的打架、斗殴、被袭击或被谋杀。

5. 被保险人违反《铁路法》《铁路安全管理条例》等法律、法规、规章或未遵守铁路部门安全管理规定。

6. 被保险人妊娠、流产、分娩、疾病、猝死、药物过敏、食物中毒、高原病（高山病）、减压病、中暑、细菌或病毒感染，但因意外伤害事故导致流产、分娩和创伤感染的除外。

7. 被保险人接受手术或其他医疗。

8. 被保险人未遵医嘱，私自服用、涂用、注射药物。

9. 被保险人因遭受铁路交通事故以外的原因失踪而被人民法院宣告死亡的。

10. 任何生物、化学、原子能武器，原子能或核能装置、核燃料、核废料所造成的爆炸、灼伤、污染或辐射。

11. 恐怖主义行为、恐怖袭击、绑架。

【教学提示】　故意，是指明知自己的行为会产生一定的结果而希望或者放任这种结果的发生。

猝死，是指由于潜在的自然疾病突然发作或恶化而发生的出人意料的急骤死亡。

恐怖主义，是指任何个人或集团运用武力或暴力，以达到政治上的、宗教上的或意识形态上的目的，包括意图影响政府，或致使民众或部分民众处于恐慌。

（二）期间免除

被保险人在下列期间遭受意外伤害导致身故、伤残或治疗的，铁路乘意险保险人也不承担给付保险金责任：

1. 被保险人精神和行为障碍期间（以世界卫生组织颁布的《疾病和有关健康问题的国际统计分类（ICD-10）》为准）。

2. 战争、军事行动、暴动、武装叛乱期间。

3. 被保险人醉酒或受毒品、管制药物的影响期间。

4. 被保险人非乘坐境内列车期间，或虽在乘坐境内列车期间但未持有与保险期间对应的有效乘车凭证。

5. 被保险人从事违法犯罪活动期间或被依法限制人身自由、在逃期间。

（三）费用免除

铁路乘意险保险人对下列费用也不承担给付保险金责任：

1. 非治疗与此次意外为直接且单独原因导致的身体伤害而发生的医疗费用。

2. 当地社会基本医疗保险规定的自费项目和药品费用。

3. 矫形、整容、美容、体检、验光、心理咨询和治疗、器官移植以及修复、安装及购买残疾用具（包括但不限于轮椅、假肢、假眼、助听器、配镜）的费用。

4. 洗牙、牙齿美白、正畸、烤瓷牙、种植牙、镶牙等牙齿保健和修复费用。

5. 在境外医院、中外合资医院、民营医院、康复中心、联合诊所、特需（色）门诊、特需病房等非保险人指定或者认可的医疗机构发生的费用，但符合条款规定的变更医疗机构约定情形的除外。

6. 营养费、食宿费、交通费、误工费、丧葬费、生活补助费以及疗养或康复治疗的费用。

7. 保险合同中载明的免赔额。

七、保险合同解除与变更

（一）解除保险合同

在保险合同成立后、保险责任开始前，投保人可以书面形式通知保险人解除保险合同，保险合同自保险人接到保险合同解除通知之时起解除。

在保险合同成立后、保险责任开始前,经铁路部门同意对保险单所对应的乘车凭证进行退票的,保险合同自退票成功之时起自动解除。

保险责任开始后,投保人不得要求解除保险合同。

保险合同依据约定解除的,除另有约定外,保险人可以向投保人收取应交保险费 20% 的手续费,并在 30 d 内向投保人退还保险费。

(二)变更医疗机构

保险事故发生后,被保险人若因急诊等特殊情况未在保险人指定或认可的医疗机构治疗的,应在 3 d 内通知保险人,并根据病情及时转入保险人指定或认可的医疗机构。若确需在非保险人指定或认可的医疗机构治疗的,应向保险人提出书面申请,保险人在接到申请后 3 d 内给予答复。对于保险人同意在其他医疗机构治疗的,保险人对该期间发生的医疗费用按保险合同约定承担给付医疗费用保险金责任。

八、投保人、被保险人义务

(一)投保人义务

1. 如实告知

订立保险合同,保险人就被保险人的有关情况提出询问的,投保人应当如实告知。

投保人故意或者因重大过失未履行前款规定的义务,足以影响保险人决定是否同意承保或者提高保险费率的,保险人有权解除保险合同。

投保人故意不履行如实告知义务的,保险人对于合同解除前发生的保险事故,不承担给付保险金责任,并不退还保险费。

投保人因重大过失未履行如实告知义务,对保险事故的发生有严重影响的,保险人对于合同解除前发生的保险事故,不承担给付保险金责任,但应当退还保险费。

2. 通知住所或通讯地址变更

投保人住所或通讯地址变更时,应及时以书面形式或通过客服电话通知保险人。投保人未通知的,保险人按保险合同所载的最后住所或通讯地址发送的有关通知,均视为已发送给投保人。

3. 通知保险事故

投保人、被保险人或者受益人知道保险事故发生后,应当在 48 h 内通知保险人。故意或者因重大过失未及时通知,致使保险事故的性质、原因、损失程度等难以确定的,保险人对无法确定的部分,不承担给付保险金责任,但保险人通过其他途径已经及时知道或者应当及时知道保险事故发生的除外。

上述约定,不包括因不可抗力而导致的迟延。

(二)保险人义务

1. 格式条款提示说明

订立保险合同时,采用保险人提供的格式条款的,保险人向投保人提供的投保单应当附格式条款,保险人应当向投保人说明保险合同的内容。

对保险合同中免除保险人责任的条款,保险人在订立合同时应当在投保单、保险单或者其他保险凭证上做出足以引起投保人注意的提示,并对该条款的内容以书面或者口头形式向投保人做出明确说明;未作提示或者明确说明的,该条款不产生效力。

2. 及时签发保险单证

保险合同成立后,保险人应当及时向投保人签发保险单或其他保险凭证。

3. 按规定履行保险合同解除权

保险人依据投保人、被保险人未尽告知通知义务所取得的保险合同解除权，自保险人知道有解除事由之日起，超过 30 d 不行使而消灭。

保险人在合同订立时已经知道投保人未如实告知的情况的，保险人不得解除合同；发生保险事故的，保险人应当承担给付保险金责任。

4. 通知提供补充证明资料

保险人认为保险金申请人提供的有关索赔的证明和资料不完整的，应当及时一次性通知保险金申请人补充提供。

【教学提示】 保险金申请人，指被保险人、受益人或被保险人的继承人或依法享有保险金请求权的其他人。

5. 及时核定保险责任

保险人收到保险金申请人的给付保险金的请求后，应当及时做出是否属于保险责任的核定；情形复杂的，应当在 30 d 内做出核定，但保险合同另有约定的除外。

保险人应当将核定结果通知保险金申请人；对属于保险责任的，在与保险金申请人达成给付保险金的协议后 10 d 内，履行给付保险金义务。保险合同对给付保险金的期限有约定的，保险人应当按照约定履行给付保险金义务。保险人依照约定做出核定后，对不属于保险责任的，应当自做出核定之日起 3 d 内向保险金申请人发出拒绝给付保险金通知书，并说明理由。

6. 按规定给付保险金

保险人自收到给付保险金的请求和有关证明、资料之日起 60 d 内，对其给付的数额不能确定的，应当根据已有证明和资料可以确定的数额先予支付；保险人最终确定给付的数额后，应当支付相应的差额。

九、保险金和保险费

(一)保险金

保险金额是保险人承担给付保险金责任的最高限额。保险金额由投保人、保险人双方协商确定，并在保险单中载明，但父母为其未成年子女投保的，其意外伤害保险金额不得超过国务院保险监督管理机构规定的限额。保险金额一经确定，不得变更。

(二)保险费

除另有约定外，投保人应当在保险合同成立时交清保险费。保险费交清前发生的保险事故，保险人不承担给付保险金责任。

十、保险金申请与给付

(一)提交申请材料

保险金申请人向保险人申请给付保险金时，应按规定提交材料。保险金申请人因特殊原因不能提供以下材料的，应提供其他合法有效的材料。保险金申请人未能提供有关材料，导致保险人无法核实该申请的真实性的，保险人对无法核实的部分不承担给付保险金责任。

保险金申请分身故保险金申请、伤残保险金申请或医疗费用保险金申请，申请时应提交以下材料：

1. 保险金给付申请书。

2. 保险金申请人的有效身份证明。

3. 乘车证明。

4. 死亡证明、伤残鉴定或医疗证明。

(1)死亡证明,是指中华人民共和国境内二级及以上的公立医院或保险人认可的医疗机构出具的被保险人死亡证明,或人民法院出具的宣告死亡证明文件以及公安部门出具的被保险人的户籍注销证明。

(2)伤残鉴定,是指中华人民共和国境内二级及以上的公立医院或保险人认可的医疗机构或司法鉴定机构出具的伤残鉴定诊断书。

(3)医疗证明,是指中华人民共和国境内二级及以上公立医院或保险人认可的医疗机构出具的入院出院证明、诊断证明、医疗费用原始收据及明细清单、病历资料。

5. 保险金申请人所能提供的与确认保险事故的性质、原因、损失程度等有关的其他证明和资料。

6. 监护人代无民事行为能力人或者限制民事行为能力人申领保险金的,应提供监护人的有效身份证明等资料。

7. 委托他人申领保险金的,应提供授权委托书原件、委托人和受托人的有效身份证明等相关证明文件。

(二)委托申领

委托他人申领保险金的,应提供授权委托书原件、委托人和受托人的有效身份证明等相关证明文件。

(三)诉讼时效期间

保险金申请人向保险人请求给付保险金的诉讼时效期间为 2 年,自其知道或者应当知道保险事故发生之日起计算。

十一、争议处理和法律适用

(一)争议处理方式

因履行保险合同发生的争议,由当事人协商解决。协商不成的,提交保险单载明的仲裁机构仲裁;保险单未载明仲裁机构或者争议发生后未达成仲裁协议的,依法向人民法院起诉。

(二)法律适用范围

与保险合同有关的以及履行保险合同产生的一切争议处理适用中华人民共和国法律(不包括港、澳、台地区法律)。

典型工作任务 4　铁路旅客运输中事实旅客的界定

铁路对旅客人身伤亡和路外人身伤亡,承担责任的范围和方式是有很大区别的。是不是旅客,关系到铁路的承责范围和方式。

一、无票进站乘车

铁路旅客运输合同是一种格式化的书面合同,车票成为旅客运输合同存在的基本凭证。通常情况下,铁路旅客运输合同自车票售出时成立,从旅客检票进站时起生效。但对于已进站或已乘车的无票人员,因无车票证明其旅客身份,给处理带来了困难,情况较为特殊,究竟是否属于事实旅客,必须分两种不同的情形来加以分析界定,区别对待。

（一）经铁路同意进站上车

就铁路现已开办的客运业务而言，无票但经铁路同意进站上车的，主要有在无人售票的乘降所上车的情况。

从合同成立的法律要件来分析。订立合同的过程，就是合同当事人就权利与义务进行协商，达成协议的过程。实践中，订立合同需要经过要约与承诺两个阶段。当事人订立合同，采取要约、承诺的方式。要约是希望和他人订立合同的意思表示。承诺是受要约人同意要约的意思表示，要约人的要约经受要约人承诺，合同成立。《民法典》（合同编）规定，客运合同自承运人向旅客交付客票时成立，但当事人另有约定或者另有交易习惯的除外。

从合同生效的法律要件来分析。《民法典》（合同编）规定，当事人对合同的效力可以约定附条件，附生效条件的合同，自条件成就时生效。旅客运输的运送期间自检票进站时起至到站出站时止。因此，铁路旅客运输合同在旅客检票进站时起生效。

在部分线路仍保留无人售票的乘降所上车，目的也是为了方便附近的旅客乘降，只不过乘降所不是客运站，未设常规的进站口，从法律的要件来分析，本质是一样的。从合同成立的法律要件来分析，在无人售票的乘降所，让旅客先上车后补票的制度，也是一种交易习惯，旅客在乘降台登上旅客列车车门踏板的行为，即表明其向铁路提出了要约，是希望和铁路订立旅客运输合同的意思表示，如该车厢值乘的列车员按规定未加阻止而让旅客上车，则表明铁路同意了旅客的要约，铁路旅客运输合同即告成立。同时，由于旅客登上旅客列车踏板时，也已进入了铁路旅客运输的运送期间，合同也即行生效。

【教学提示】　无票但经铁路同意进站上车的，如在无人售票的乘降所上车，应以旅客按规定上车为标志，铁路旅客运输合同成立并生效，虽然无票，但已经与铁路运输企业形成了事实上的运输合同关系，属于事实旅客，铁路运输企业从旅客进站或上车时起，即开始承担运输责任和保险责任，而不是在旅客补票后才承担责任，补票只是补办书面合同手续。

（二）未经铁路同意进站上车

由于铁路车站只是一种半封闭的运输场所，未经铁路同意进站上车的情况时有发生，少数人为图方便或想逃票，不从规定的进站口进站，而是沿着铁路线或翻墙从其他非正当渠道进入车站，进而又没有经过列车乘务人员同意，强行上车或爬窗上车；还有持失效、伪造或涂改的车票进站乘车，按《客规》规定也都按无票处理，均属于未经铁路同意而进站上车的无票人员，与绿色通道、无人售票乘降所的情况有着本质的不同。

当事人订立合同要在自愿的基础上协商一致达成协议，这是《民法典》（合同编）明文规定订立合同时应遵循的原则。未经铁路运输企业同意而进站上车的无票人员，没有与作为承运人的铁路运输企业协商，更谈不上征得铁路同意取得一致意见并达成协议，显然违背了合同订立的基本原则，铁路旅客运输合同不能成立，与铁路运输企业之间既不存在书面上的旅客运输合同关系，也不存在事实上的旅客运输合同关系，未补票前，不能视为事实旅客，而是以办理补票手续后，取得车票为标志，铁路旅客运输合同成立并生效。

至于失效、伪造或涂改的车票，实质上就是无效合同。《民法典》（合同编）规定，无效合同自始没有法律约束力。所以，持失效、伪造或涂改的车票进站乘车，应按无票处理，也属于未经铁路运输企业同意进站上车的无票人员。

【教学提示】　归纳起来，未经铁路运输企业同意而进站上车的无票人员，未补票前，由于与铁路运输企业不存在旅客运输合同关系，不属于事实旅客，无论是在乘车站站内的站台、天桥、地道，还是在旅客列车车厢上或运行途中，发生人身伤亡，均不能按旅客伤亡处理。

二、免费乘车

按规定免费乘车的儿童、持各种免费乘车证和免费乘车书面证明乘车的人员,都没有车票,铁路也没有收取运输费用,但都属于典型的事实旅客。

按《民法典》(合同编)规定,承运人应当对运输过程中旅客的伤亡承担损害赔偿责任,但伤亡是旅客自身健康原因造成的或者承运人证明伤亡是旅客故意、重大过失造成的除外,此规定适用于按照规定免票、持优待票或者经承运人许可搭乘的无票旅客。因此,按规定免费乘车的儿童、持免费乘车证和免费乘车书面证明乘车的人员,在旅客运送期间发生人身伤亡,均应按照旅客伤亡处理,虽然铁路没有收取票款,但与购票旅客一样,除非具备法定的免责条件,否则铁路运输企业就要承担运输责任,并按规定支付赔偿金。

三、车票实名制购买查验

(一)车票实名制购买查验制度

《铁路安全管理条例》规定,铁路运输企业应当按照国务院铁路行业监督管理部门的规定实施车票实名购买、查验制度。实施车票实名购买、查验制度的,旅客应当凭有效身份证件购票乘车;对车票所记载身份信息与所持身份证件或者真实身份不符的持票人,铁路运输企业有权拒绝其进站乘车。

国家铁路局《铁路旅客车票实名制管理办法》规定,快速及以上等级旅客列车和相关车站实行车票实名制管理,儿童票除外;其他旅客列车和车站需实行车票实名制管理的范围由铁路运输企业根据运输安全需要确定并公告。

(二)旅客实名制身份认定

旅客实名制身份认定,实行"票、人、证"一致性查验(免费乘车的儿童及持儿童票的儿童除外)。

依据国家铁路局《铁路旅客车票实名制管理办法》的相关规定,铁路运输企业对实行车票实名购买的车票记载的身份信息与乘车人及其有效身份证件原件进行一致性核对(使用铁路电子客票或者铁路乘车卡,人、证一致)。

因此,旅客应持本人有效身份证件和有效乘车凭证进站、乘车,无身份证件、乘车凭证,或者身份证件、乘车凭证丢失以及票、证、人不一致,须补票、补办才能成为旅客运输合同存在的直接的书面证明,另行补票、补办前发生人身伤亡,如有有效证据(包括电子数据)证明其原持有有效乘车凭证、身份证件,应按事实旅客处理。

(三)有效身份证件

实行车票实名制管理所需的有效身份证件应当符合法律、行政法规和国家有关规定,具体种类由铁路运输企业向社会公布。无法出示有效身份证件原件的旅客,应当到公安机关办理旅客进站乘车的临时身份证明。

有效身份证件包括:中华人民共和国居民身份证(含中华人民共和国临时居民身份证),居民户口簿,中华人民共和国护照,中华人民共和国出入境通行证,中华人民共和国旅行证,新生儿出生医学证明,军官证、警官证、文职干部证、义务兵证、士官证、文职人员证,海员证,以及公安机关出具的临时乘车身份证明;中华人民共和国港澳居民居住证,中华人民共和国台湾居民居住证,港澳居民来往内地通行证,往来港澳通行证,大陆居民往来台湾通行证,台湾居民来往大陆通行证;外国人永久居留身份证,外国人护照,外国人出入境证,公安机关出具的外国人签证证件受理回执、护照报失证明,各国驻华使领馆签发的临时性国际旅行证件(应当附具公安机关签发的有效签证或者停留证件)。

（四）有效乘车凭证

1. 实名制有效证件

使用中华人民共和国居民身份证、港澳居民居住证、台湾居民居住证、外国人永久居留身份证,港澳居民来往内地通行证、台湾居民来往大陆通行证等可识读证件购票的旅客,凭购票时所使用的有效身份证件原件,可通过实名制核验、检票闸机自助完成实名制验证、进出站检票手续。

使用其他证件购票的旅客,凭购票时所使用的有效身份证件原件,通过人工通道完成实名制验证、进出站检票手续。

2. 铁路乘车卡

铁路乘车卡主要有中铁银通卡、广深铁路牡丹信用卡。中铁银通卡为双介质预付卡,可在指定线路上直接刷卡检票乘车;广深铁路牡丹信用卡为双介质信用卡,可以在广深线直接刷卡检票乘坐动车组列车。旅客购买并使用铁路乘车卡进站、乘车,视铁路乘车卡为有效乘车凭证。

3. 其他符合规定的乘车凭证

主要有铁路乘车证、特种乘车证乘车和中国铁路免费乘车证。

【教学提示】　铁路乘车证,包括因公、便乘、通勤、就医、通学、探亲乘车使用的乘车证。

特种乘车证乘车包括:(1)全国铁路通用乘车证。(2)中央和各省、市、自治区机要部门使用的软席乘车证(限乘指定的乘车位置)。(3)邮政部门使用的机要通信人员免费乘车证,包括押运员、检查员(只限乘坐邮车及铁路指定的位置)。(4)邮局押运人员免费乘车证(只限乘坐邮车及铁路指定的位置)。(5)邮局视导员免费乘车证(只限乘坐邮车及铁路指定的位置)。(6)口岸站的海关、边防军、银行使用的往返免费乘车书面证明。(7)我国铁路邀请的外国铁路代表团使用的中华人民共和国铁路免费乘车证。(8)用于到外站装卸作业及抢险的调度命令。

中国铁路免费乘车证,是指为了加强对铁路运输企业执行国家政策法规的监督,国务院铁路主管部门邀请的其他政府部门和新闻单位检查铁路工作时,凭"中国铁路免费乘车证"可乘坐除国际列车以外各种等级、席别的列车。

项目小结

重点掌握铁路旅客人身损害违约责任的责任期间、责任范围、免责条件和赔偿办法,培养依法办理铁路旅客人身损害违约责任赔偿的理赔能力。

教学案例

【教学案例 6-1】　中专女生车票未剪口被挤倒刮下站台轧伤。

案情简介:中专学校 19 岁女学生从甲站乘车至乙站,她先从其他通道进站后,又托同学在站外买票带进,但票未经剪口。由于正值春运高峰,站台上已聚集了众多旅客,当列车进站时,许多旅客随行进的列车跑动,拥挤抢上车时,将该女生挤倒在地,被列车脚踏板刮下站台,被车轮三次辗轧,经抢救,左臂和双腿高位截肢,造成一级伤残。

车站与旅客家属经反复协商,签订了"旅客伤害事故处理协议书",除已垫付的医疗费、住院费 24 699.50 元外,一次性支付保险金、医疗费、假肢安装费、营养、护理、住宿、交通费合计

206 314.09元。

此后，该女生到法律援助中心请求法律援助，以事故处理协议并非本人委托签字，也不是本人真实的意思表示，处理结果无效为由，将铁路起诉到铁路运输中级法院。诉讼请求：

1. 认定处理协议无效。

2. 判令被告赔偿原告损失206.13万元。

其中包括：伤残救治费用合计10.13万元；假肢安装费106万元；终身生活和护理费60万元；精神损失费30万元。

3. 被告承担诉讼费。

法院审判：铁路运输法院经审理判决如下：

1. 原来签订的"旅客伤害事故处理协议书"因无原告本人授权，协议无效。

2. 该事故的发生是由于铁路未能有效履行其保证旅客安全等法定义务所致，应依照《铁路法》及铁路有关损害赔偿的规定承担赔偿责任。

3. 原告属持有效车票旅客，虽未经检票剪口，但不影响合同的效力，该案属铁路旅客运输合同纠纷案，应适用《铁路法》及铁路有关损害赔偿的规定。

据此，判令被告赔偿原告赔偿金、保险金共计294 313.59元，减去已经支付的部分，还要支付63 300.00元。

受害人不服一审判决。上诉至省高级人民法院，省高院在一审判决的基础上，加判了5万元精神损害赔偿。

案例分析：上述案例，涉及的铁路客运规章规定：

《铁路旅客运输管理规则》规定，天桥、地道、平过道要做好防护引导，防止旅客对流。站台上应组织旅客排队上车。

《铁路旅客运输管理规则》规定，列车出发和到达，客运人员、站台售货员、运转值班员、值勤民警等应在站台上列队迎送列车。列车进站前和开车铃响后，站台服务人员应组织站台上的人退到安全线以内，确保人身安全。

【教学案例6-2】 旅客坠车死亡铁路承担举证不利后果。

案情简介：一旅客与其同行人乘旅客列车去外地打工，乘车期间该旅客去餐车就餐，其同行人在座位上睡觉，到站下车时却找不到该旅客。而列车运行途中有人曾反映有一名旅客跳车，列车工作人员遂向两位目击者取证，并广播寻找跳车者的同行人，但没有结果。之后在事发地线路旁发现了该旅客尸体，在死者身上查到2张车票和电话本等物品。事后，铁路部门根据两位目击者关于发现有人跳车的证明，认为该旅客的死亡是其自身原因造成的，铁路不承担赔偿责任。该旅客家属根据铁路提供的证人姓名和地址查找证人，当地公安出具的查询结果一个是查无此地址，一个是查无此人名。据此家属认为该旅客并非死于跳车，遂向铁路运输法院起诉，要求承运人对该旅客的死亡承担赔偿责任。

法院审判：此案经两审终审，认为该旅客是在乘坐旅客列车过程中发生死亡，铁路未能履行保证旅客运输安全的合同义务，应承担违约责任，而且铁路不能证明其对该旅客的死亡具备免责事由，判决铁路承担赔偿责任。

案例分析：《民法典》(合同编)规定，承运人应当对运输过程中旅客的伤亡承担损害赔偿责任，但伤亡是旅客自身健康原因造成的或者承运人证明伤亡是旅客故意、重大过失造成的除外。上述案件中，只要被告铁路方不能证明自己存在法定的免责事由，就要对损害承担赔偿责任，由于铁路提供的两个目击证人来历不明，因此承担了举证不能的不利后果。

【教学案例 6-3】 旅客被窗外扔来啤酒瓶击伤铁路先予赔偿。

案情简介： 一旅客持有效车票乘坐旅客列车，列车运行过程中，该旅客在餐车等待就餐时，被窗外扔来啤酒瓶击中右眼，顿时眼液流出。列车长编制客运记录后移交前方站送医院救治，治疗时摘除了右眼球并安装义眼，经鉴定为7级伤残，铁路垫付了医疗费。事后，该旅客起诉到铁路运输法院。

双方控辩： 原告诉称，承运人未能有效保证旅客运输安全，属于违约行为，请求判令被告支付伤残赔偿金、继续治疗费和精神损害赔偿金等共计12万元。

被告辩称，原告在列车上右眼受伤是事实，但该事故是第三人原因造成的旅客意外伤害，不是铁路运输企业的责任。铁路运输企业已经承担了原告的医疗费用，原告要求精神损害赔偿金等其他诉讼请求于法无据不予支付。

法院调解： 在合议庭主持下，双方达成协议，被告一次性支付给原告赔偿金、继续治疗费共计3.4万元，原告放弃其他诉讼请求。

案例分析： 铁路运输企业作为当事人一方因第三人的原因造成违约，应当向对方旅客承担违约责任。旅客由第三人原因造成伤害的情况，不在法律规定的承运人免责范围内，承运人应先向旅客承担赔偿责任，之后可依照法律规定向有责任的第三人追偿。

【教学案例 6-4】 临时停车未通报和看守车门致旅客误下车被撞伤亡。

案情简介： 一下行旅客列车夜间行车到途中站临时停车待避交会前方上行列车时，一男旅客声称列车到站了，并擅自用自制钥匙打开车厢列车前进方向右侧边门下车，同车厢4名女性旅客听说到站了，便尾随其下了车。时值上行列车从邻线通过，走在前面的2名旅客当场被撞死，紧随其后的1名旅客受轻微伤。造成两死一伤的旅客伤害大事故。事后查明，列车待避时该车厢当班乘务员在乘务室打瞌睡，没有告知旅客临时停车和相关注意事项，也没有按规定执行车门管理制度在车门坚守岗位。

案例分析： 依据《民法典》（合同编）的规定，承运人应当向旅客及时告知有关不能正常运输的重要事由和安全运输应当注意的事项。

该条明确规定了承运人的告知义务。告知义务的内容体现在两个方面：一是不能正常运输重要事由的告知义务；二是安全运输注意事项的告知义务。如果承运人没有履行该义务，致使旅客在运输过程中受到损害，承运人应当承担相应的损害赔偿责任。因此，旅客列车临时停车（夜间行车）时，列车广播员（乘务员）要向旅客通报解释临时停车的原因，向旅客宣传不能随意开启车门、不能钻爬车窗自行下车等安全运输应当注意的事项。

《铁路旅客运输管理规则》规定，列车乘务员要加强车门管理，认真执行停开、动关、锁，出站台四门检查瞭望的制度，遇有临时停车，应看守车门。

遇有临时停车，乘务员应坚守岗位，看守车门，同时严密注意车内旅客动态，遇有旅客跳窗，要坚决予以制止，并做好宣传解释工作。列车长、乘警等应加强巡视，做好宣传，防止旅客跳车。

实训任务

任 务 单 （一）

作业人员： 班级_____　姓名_____　学号_____　成绩_____　评阅人_____

任务要求： 将正确答案填写在题中空格的下划线上，加深对铁路旅客人身损害违约责任与保险责任基础知识的理解。

任务内容：

1. 最高人民法院《关于审理铁路运输损害赔偿案件若干问题的解释》规定,铁路运输企业对旅客运送的责任期间,自旅客＿＿＿＿＿＿＿＿＿＿时起,到旅客＿＿＿＿＿＿或应当出站时止。

2.《民法典》规定,承运人对运输过程中旅客的伤亡承担赔偿责任,但伤亡是旅客自身＿＿＿＿＿＿＿＿＿＿造成的或承运人＿＿＿＿＿＿伤亡是旅客＿＿＿＿＿＿、＿＿＿＿＿＿＿＿造成的除外。此规定适用于按照规定＿＿＿＿＿＿＿、持优待票或者经承运人许可搭乘的无票旅客。

3.《民法典》规定,因＿＿＿＿＿＿＿＿不能履行合同的,根据＿＿＿＿＿＿＿＿的影响,部分或者全部＿＿＿＿＿＿责任,但法律另有规定的除外。

4.《民法典》规定,当事人一方不履行合同义务或者履行合同义务不符合约定的,应当承担继续履行、采取补救措施或者＿＿＿＿＿＿＿＿＿＿等违约责任。

5.《民法典》规定,承运人应当向旅客及时告知有关不能正常运输的＿＿＿＿＿＿＿＿＿＿和安全运输应当＿＿＿＿＿＿＿的事项。

6.《铁路旅客运输管理规则》规定,列车乘务员要加强车门管理,认真执行＿＿＿＿＿＿＿＿＿＿＿＿,出站台四门检查瞭望的制度,遇有临时停车,应看守＿＿＿＿＿＿。

7.《民法典》规定,承运人在运输过程中,应当尽力救助患有＿＿＿＿＿＿、＿＿＿＿＿＿、＿＿＿＿＿＿的旅客。

8. 铁路乘意险保险合同由＿＿＿＿＿＿＿＿＿、＿＿＿＿＿＿、＿＿＿＿＿、＿＿＿＿＿＿和＿＿＿＿＿＿共同组成。

9. 铁路乘意险保险期间为被保险人按保险单载明的乘车＿＿＿＿＿＿、列车＿＿＿＿＿＿和发到站(以下简称＿＿＿＿＿＿＿＿＿),持有效乘车凭证合法乘坐境内列车期间。

10. 乘坐境内列车期间是指被保险人持有效乘车凭证通过实名制验证或检票＿＿＿＿＿＿＿＿时起,至被保险人到站检票＿＿＿＿＿＿＿＿时止,但不包括被保险人中途下车＿＿＿＿＿＿至重新＿＿＿＿＿＿期间和被保险人所乘列车在＿＿＿＿＿＿＿＿运行期间。

11. 铁路有效乘车凭证,包括＿＿＿＿＿＿、＿＿＿＿＿、＿＿＿＿＿＿及其他符合规定的＿＿＿＿＿＿＿＿。

任 务 单 (二)

作业人员: 班级＿＿＿＿＿＿　姓名＿＿＿＿＿＿　学号＿＿＿＿＿　成绩＿＿＿＿＿　评阅人＿＿＿＿＿＿＿

任务要求: 将正确答案的英文字母代号填写在题中的括号内,加深对铁路旅客人身损害违约责任赔偿与保险责任理赔基本技能的掌握。

任务内容:

1.《民法典》规定,当事人一方的违约行为,侵害对方人身、财产权益的,受损害方有权选择依照本法要求其承担(　　　)责任或者依照其他法律要求其承担(　　　)责任。

    A. 违约　　　　　　B. 刑事　　　　　　C. 侵权　　　　　　D. 连带

2. 下列旅客人身损害的情形,不属于铁路运输企业免责范围的是(　　　)。

    A. 地震造成旅客人身受伤　　　　　　B. 旅客突发脑溢血偏瘫

    C. 旅客自杀伤亡　　　　　　　　　　D. 站台积水旅客不小心摔伤

3. 铁路旅客运输过程中,铁路运输企业除负有法定的基于铁路旅客运输合同而产生的安全运输义务外,还负有法定的(　　　)义务与(　　　)义务。

    A. 告知　　　　　　B. 看守　　　　　　C. 治疗　　　　　　D. 救助

4. 铁路旅客运输合同中约定的承运人义务不包括（　　）。

A. 不能正常运输时向旅客解释原因　　B. 告知行车中的安全注意事项

C. 尽力救助患有急病的旅客　　　　　D. 按旅客要求中途改变运输路线

5. 铁路乘意险按照（　　）办理。

A. 铁路旅客人身意外伤害保险条款　　B. 铁路旅客运输规程

C. 铁路旅客人身意外伤害强制保险条例　D. 铁路旅客运输管理规则

6. 铁路乘意险中，保险人是中国铁路财产保险自保有限公司，被保险人是旅客，第三者是（　　）。

A. 承运人　　　　B. 其他旅客　　　　C. 路外人员　　　D. 承运人或其他第三人

7. 铁路乘意险有效乘车凭证，是指铁路旅客运输合同凭证，不包括（　　）。

A. 纸质车票　　　B. 电子车票　　　　C. 保险凭证　　　D. 铁路乘车证

8. 每张铁路旅客车票可投保（　　）铁路乘意险。

A.1份　　　　　B.2份　　　　　C.3份　　　　　D. 身故、伤残、医疗各1份

9. 铁路乘意险，每份保险费（　　）元，最高保障（　　）万元意外身故、伤残和（　　）万元意外医疗费用保险金；未成年人须由其父母投保，每份保险费（　　）元，最高保障（　　）万元意外身故、伤残和（　　）万元意外医疗保险金。

A.1　　　　　　B.2　　　　　　C.3　　　　　　D.5

E. 20　　　　　F. 50

10. 以死亡为给付保险金条件的铁路乘意险，下列说法不正确的是（　　）。

A. 投保人不得为无民事行为能力人投保以死亡为给付保险金条件的人身保险（父母为其未成年子女投保的除外）

B. 父母为其未成年子女投保的，保险金额可以由其父母与保险公司完全自由商定

C. 除非是父母为其未成年子女投保，否则未经被保险人同意并认可保险金额的，保险合同无效

D. 保险人不得承保为无民事行为能力人投保以死亡为给付保险金条件的人身保险（父母为其未成年子女投保的除外）

11. 铁路乘意险意外伤害医疗费用免赔额为人民币（　　）元。

A. 0　　　　　　B. 50　　　　　C.100　　　　　D. 200

12. 投保铁路乘意险的旅客，在保险期间内，遭受意外伤害，并自该意外伤害发生之日起（　　）日内因该意外伤害身故的，保险人按规定给付身故保险金。

A. 10　　　　　B. 30　　　　　C. 60　　　　　D. 180

13. 在铁路乘意险保险期间内，被保险人遭受意外伤害，并自该意外伤害发生之日起（　　）日内鉴定为一至十级中任一级伤残，保险人按规定给付伤残保险金。

A. 30　　　　　B. 60　　　　　C. 180　　　　　D. 360

14. 投保铁路乘意险后，下列（　　）情况，保险人承担给付保险金责任：

A. 中年旅客在列车上有意自杀

B. 旅客对邻座看不惯并用语言挑衅，引起打架被打伤

C. 老年旅客在站台上因心脏病突发猝死

D. 旅客携带鞭炮乘车被炸伤

E. 旅客被行李架上坠落的旅行箱砸伤颅脑不治身亡

15. 铁路乘意险中,将来有可能领取保险金的人包括( )。

A. 被保险人或受益人 　　　　　　B. 被保险人或投保人

C. 投保人或受益人 　　　　　　　D. 投保人或代理人

16. 铁路乘意险合同主体双方在自愿诚信的基础上,根据法律规定及合同约定,自行解决争议的方式称为( )。

A. 调解 　　　B. 协商 　　　C. 仲裁 　　　D. 诉讼

17. 铁路运输企业对实行车票实名购买的车票记载的身份信息与乘车人及其有效身份证件原件进行一致性核对,是指( )一致,使用铁路电子客票或者铁路乘车卡,( )一致。

A. 票、车、人 　　B. 票、证 　　C. 人、证 　　D. 票、证、人

18. 在 12306.cn 网站购票可使用的有效身份证件包括:中华人民共和国居民身份证;港澳居民来往内地通行证;( );按规定使用的有效护照。

A. 中华人民共和国来往港澳通行证 　　B. 临时乘车身份证明

C. 台湾居民来往大陆通行证 　　　　　D. 大陆居民往来台湾通行证

任 务 单 (三)

作业人员:班级_____姓名_____学号_____成绩_____评阅人_____

任务要求:在题号前的括号内,正确√,错误×,增强对办理铁路旅客人身损害违约责任与保险责任理赔业务问题的判断能力。

任务内容:

( )1. 因钢轨折断,旅客列车脱轨,一批行李被损坏。因行李损坏是行车意外事故造成的,铁路不负赔偿责任。

( )2. 当事人一方因第三人的原因造成违约的,应当向对方承担违约责任。

( )3. 路边行人击打铁路旅客列车,造成一旅客被砸伤。在事故中,因铁路无过错,铁路不承担赔偿责任。

( )4.《保险法》规定,被保险人因第三者的行为而发生死亡、伤残或者疾病等保险事故的,保险人向被保险人或者受益人给付保险金后,享有向第三者追偿的权利。

( )5.《保险法》规定,被保险人因第三者的行为而发生死亡、伤残或者疾病等保险事故的,保险人向被保险人或者受益人给付保险金后,被保险人或者受益人不再有权向第三者请求赔偿。

( )6. 铁路乘意险属于强制保险,铁路旅客购票时必须同时购买乘意险。

( )7. 因铁路旅客列车行车事故导致旅客伤残,获得乘意险伤残保险金后,不能再向铁路运输企业要求赔偿。

( )8. 现役军人不得购买铁路乘意险。

( )9. 铁路乘意险,凡涉及保险合同的约定,均应采用书面形式。

( )10. 通过保险人同意或认可的网站在线提交的电子信息与提交的纸质文件具有相同的法律效力。

( )11. 中国铁路财产保险自保有限公司,经营财产保险业务,不能成为铁路旅客人身意外伤害保险的保险人。

( )12. 铁路乘意险保险合同的伤残保险金受益人、医疗费用保险金受益人均为被保

险人本人(另有约定除外)。

　　(　　)13. 旅客在车站办理改签、变更到站后,铁路乘意险保险合同不再有效。

　　(　　)14. 线路中断后,旅客持原票等候通车后继续旅行,并在通车后第 3 日恢复旅行,铁路乘意险不再有效。

　　(　　)16. 父母为其未成年子女投保保险的,因被保险人身故给付的保险金总和不得超过人民币 10 万元的限额。

　　(　　)17. 一旅客购买了 50 万元最高额铁路乘意险,乘运过程中受到意外伤害,经鉴定为七级伤残,应给付伤残保险金 35 万元。

　　(　　)18. 若被保险人因遭受意外伤害事故导致的伤残达不到一级伤残,保险人不承担给付伤残保险金责任。

　　(　　)19. 铁路乘意险保险人对旅客因意外伤害产生的营养费、食宿费、交通费、误工费、丧葬费、生活补助费以及疗养或康复治疗的费用,不承担给付保险金责任。

　　(　　)20. 旅客在车站售票窗口购买铁路乘意险投保时,售票员(保险销售员)未对免责条款作任何提示和说明,也未要求旅客使用投保确认器确认,免责条款无效。

　　(　　)21. 旅客携带一名身高 1.1 m 的儿童乘坐旅客列车,该儿童属于无票的事实旅客。

任 务 单 （四）

　　作业人员:班级_____姓名_____学号_____成绩_____评阅人_____

　　任务要求:结合法律、法规和司法解释的具体条文规定进行案例分析,将正确答案填写在题下的空白处,增强对铁路旅客人身损害违约责任与保险责任问题的分析和解决能力。

　　任务内容:

　　1. 一旅客持有效票加剪进站后,因赶车心切,在上车后突发脑溢血,跌倒摔伤致九级伤残。该旅客声称:因其持有有效车票并购买了铁路乘意险,在列车上受伤,铁路未能尽到安全运输义务,铁路运输企业应承担违约赔偿责任,铁路保险公司应给付伤残保险金。试判断该旅客的要求是否符合法律规定,指出依据的法律条文规定并结合上述案情具体分析。

　　2. 旅客在列车上酗酒,不听乘务员和周围旅客劝阻,以致酒精中毒,经及时交车站转送医院抢救无效死亡。事后其家属持该旅客的车票和铁路乘意险单证,要求铁路运输企业应承担违约赔偿责任,铁路保险公司应给付身故保险金。试判断该旅客家属的要求是否符合法律规定,指出依据的法律条文规定并结合上述案情具体分析。

3. 一老年旅客检票进站后,在站台上被拥挤的旅客撞倒,摔断了一条腿,混乱中未能指认出将其撞倒的人,经鉴定为 6 级伤残。该老年旅客认为其是在站内摔伤的,此时铁路旅客运输合同和铁路乘意险合同均已生效,遂要求铁路运输企业对其摔伤承担违约赔偿责任,并由铁路保险公司支付伤残保险金。试判断该老年旅客的要求是否符合法律规定,指出依据的法律条文规定并结合上述案情具体分析。

4. 旅客列车雨季在区间运行时突遇洪水,数节车厢颠覆,事故造成一旅客重伤致 2 级伤残。该旅客认为铁路未能将其安全运输至到站,求铁路运输企业对违反运输合同承担赔偿责任,而且其在购票时也购买了铁路乘意险,还应由铁路保险公司支付伤残保险金。试判断该旅客的要求是否符合法律规定,指出依据的法律条文规定并结合上述案情具体分析。

项目 7

铁路运输人身损害侵权责任

项目描述

铁路运输人身损害侵权责任，主要学习涉及因民事侵权造成铁路旅客和路外人员的人身损害及精神损害的法律、法规和司法解释的相关规定，重点掌握人身损害侵权责任与精神损害赔偿的责任范围、免责条件和赔偿办法。

教学目标

(1)知识目标

理解铁路旅客、路外人身损害与精神损害的法律责任，掌握铁路旅客、路外人身损害与精神损害赔偿相关法律、法规和司法解释的具体条文规定。

(2)能力目标

确定铁路旅客、路外人身损害与精神损害赔偿的责任期间、责任范围和免责条件，依法办理路旅客、路外人身损害与精神损害赔偿。

(3)素质目标

树立人民铁路为人民、人民铁路人民爱的思想，以负责的态度，公平、公正地处理民事侵权铁路旅客、路外人身损害与精神损害赔偿，依法维护铁路旅客、路外人员和铁路运输企业的合法权利。

教学条件

铁路运输现场调研，铁路客运仿真实训室，多媒体设备及课件，铁路旅客车票、客运记录，铁路旅客运输规程，铁路客货运法规汇编。

教学建议

教学重点是铁路旅客、路外人身损害的责任期间、责任范围和免责条件。教学难点是铁路旅客人身损害赔偿。建议采用仿真实训、案例教学、多媒体教学，并通过项目实训任务单的单项练习、综合练习及案例分析，培养依法办理铁路旅客、路外人身损害与精神损害赔偿的理赔能力。

工作任务

典型工作任务1　铁路运输人身损害与法律适用

一、铁路运输人身损害的范围与分类

铁路运输人身损害,包括铁路旅客人身损害、路外人员人身损害。《铁路法》所规定的因铁路行车事故及其他铁路运营事故造成的人身伤亡,包括旅客伤亡和路外伤亡。

(一)旅客人身损害

铁路旅客人身损害,是指凡持有效车票的旅客,自进站时起,到旅客出站或应当出站时止,人身受到伤害,以致丧失身体机能、残疾或死亡,均属铁路旅客人身损害。

(二)路外人身损害

铁路路外人身损害,是指除旅客人身损害、在岗执行职务的铁路职工人身损害以外的铁路人身损害。

二、铁路运输人身损害民事侵权法律适用

确定铁路人身损害的侵权责任及赔偿办法,主要依据的是《铁路法》和《民法典》以及最高人民法院相关司法解释的规定。

(一)旅客人身损害侵权责任法律适用

发生铁路旅客人身损害,要求铁路运输企业承担违约责任的按合同违约处理,要求铁路运输企业承担侵权赔偿责任的,应当依照有关侵权责任的法律规定,确定铁路运输企业是否承担赔偿责任及责任的大小。

(二)路外人身损害侵权责任法律适用

路外人身损害,由于路外人员与铁路运输企业并无旅客运输合同关系,不存在违约责任,只存在侵权责任,应当依照有关侵权责任的法律规定,确定铁路运输企业是否承担赔偿责任及责任的大小。

【教学提示】　有关侵权责任的法律规定,主要包括《民法典》和最高人民法院人身损害赔偿相关司法解释的规定。

依据最高人民法院《关于审理铁路运输人身损害赔偿纠纷案件适用法律若干问题的解释》规定,与铁路运输企业建立劳动合同关系或者形成劳动关系的铁路职工在执行职务中发生的人身损害,依照有关调整劳动关系的法律规定及其他相关法律规定处理。

典型工作任务2　铁路运输人身损害侵权责任确定

一、一般规定

(一)《民法典》(侵权责任编)的规定

1. 高度危险责任

从事高空、高压、地下挖掘活动或者使用高速轨道运输工具造成他人损害的,经营者应当承担侵权责任,但能够证明损害是因受害人故意或者不可抗力造成的,不承担责任。被侵权人对损害的发生有过失的,可以减轻经营者的责任。

2. 不承担责任和减轻责任的情形

因不可抗力造成他人损害的,不承担责任,法律另有规定的,依照其规定。损害是因受害人故意造成的,行为人不承担责任。被侵权人对损害的发生也有过错的,可以减轻侵权人的责任。

3. 安全保障义务与第三人侵权

宾馆、商场、银行、车站、娱乐场所等公共场所的管理人或者群众性活动的组织者,未尽到安全保障义务,造成他人损害的,应当承担侵权责任。

因第三人的行为造成他人损害的,由第三人承担侵权责任;管理人或者组织者未尽到安全保障义务的,承担相应的补充责任。

(二)司法解释的规定

依据最高人民法院《关于审理人身损害赔偿案件适用法律若干问题的解释》的规定:

因生命、健康、身体遭受侵害,赔偿权利人起诉请求赔偿义务人赔偿财产损失和精神损害的,人民法院应予受理。

【教学提示】　在发站进入车站范围购票候车还没有检票进站的人,或在到站下车出站后还没有离开车站范围的人,虽然是在铁路车站旅客公共运营场所,但因铁路旅客运输合同尚未生效或已经结束,其身份不是法律意义上的旅客,发生人身损害,不存在合同违约,只有是否存在侵权责任的问题,应按路外人身损害处理。车站运营设施不良导致赶车人员死亡案例参见【教学案例 7-1】。

二、特别规定

最高人民法院《关于审理铁路运输人身损害赔偿纠纷案件适用法律若干问题的解释》针对铁路运输的情况和特点,就铁路运输人身损害侵权责任的法律适用做了特别规定:

铁路运输造成人身损害的,铁路运输企业应当承担赔偿责任。具体到铁路运输人身损害不同类型的侵权责任,归责时分别做了不承担赔偿责任、减轻赔偿责任、最低限度赔偿责任和连带赔偿责任的规定。

(一)不承担赔偿责任

铁路行车事故及其他铁路运营事故造人身损害,有下列情形之一的,不承担赔偿责任:

1. 不可抗力造成的。

2. 受害人故意以卧轨、碰撞等方式造成的。

3. 法律规定铁路运输企业不承担赔偿责任的其他情形造成的。

【教学提示】　例如,受害人卧轨撞车自杀自残,若有证据证明其有自杀自残的企图,即属受害人故意造成的,应免除铁路运输企业的赔偿责任。

又如,铁路运输企业已充分履行安全防护、警示等义务,受害人不听从值守人员劝阻强行通过铁路平交道口、人行过道,或者明知危险后果仍然无视警示等规定沿铁路线路纵向行走、坐卧故意造成人身损害的,铁路运输企业不承担赔偿责任,但是有证据证明并非受害人故意造成的除外。

(二)减轻赔偿责任

1. 因受害人的过错行为造成人身损害,依照法律规定应当由铁路运输企业承担赔偿责任的,依据受害人的过错程度可以适当减轻铁路运输企业的赔偿责任,并按照一下情形分别处理：

（1）铁路运输企业未充分履行安全防护、警示等义务，铁路运输企业承担事故主要责任的，应当在全部损害的百分之六十至百分之九十之间承担赔偿责任；铁路运输企业承担事故同等责任的，应当在百分之五十至百分之六十之间承担赔偿责任；铁路运输企业承担事故次要责任的，应当在全部损害的百分之十至百分之四十之间承担赔偿责任。

（2）铁路运输企业已充分履行安全防护、警示等义务，受害人仍施以过错行为的，铁路运输企业应当在全部损害的百分之十以内承担赔偿责任。

2.铁路运输造成不具备完全民事行为能力人人身损害的，按照以下情形分别处理：

（1）铁路运输造成无民事行为能力人人身损害的，铁路运输企业应当承担赔偿责任；监护人有过错的，按照过错程度减轻铁路运输企业的赔偿责任。

（2）铁路运输造成限制民事行为能力人人身损害的，铁路运输企业应当承担赔偿责任；监护人或者受害人自身有过错的，按照过错程度减轻铁路运输企业的赔偿责任。

（三）连带赔偿责任

铁路机车车辆与机动车发生碰撞造成机动车驾驶人员以外的人人身损害的，由铁路运输企业与机动车方对受害人承担连带赔偿责任。

铁路运输企业与机动车方之间，按照各自的过错分担责任；双方均无过错的，按照公平原则分担责任。对受害人实际承担赔偿责任超出应当承担份额的一方，有权向另一方追偿。

【教学提示】《民法典》（债权责任编）规定，法律规定承担连带责任的，被侵权人有权请求部分或者全部连带责任人承担责任。连带责任人根据各自责任大小确定相应的赔偿数额；难以确定责任大小的，平均承担赔偿责任。青年男子穿越封闭铁路线被货物列车撞击身亡案例参见【教学案例 7-2】。

三、铁路运输人身损害第三人侵权责任

《民法典》（侵权责任编）规定，宾馆、商场、银行、车站、机场、体育场馆、娱乐场所等经营场所、公共场所的经营者、管理者或者群众性活动的组织者，未尽到安全保障义务，造成他人损害的，应当承担侵权责任。

因第三人的行为造成他人损害的，由第三人承担侵权责任；经营者、管理者或者组织者未尽到安全保障义务的，承担相应的补充责任。经营者、管理者或组织者承担补充责任后，可以向第三人追偿。

典型工作任务3　铁路运输人身损害侵权责任赔偿

铁路运输人身损害侵权责任的赔偿范围和赔偿办法，适用《民法典》（侵权责任编）的规定，并按最高人民法院《关于审理人身损害赔偿案件适用法律若干问题的解释》的具体规定执行。

一、铁路运输人身损害侵权赔偿范围

《民法典》（侵权责任编）规定，侵害他人造成人身损害的，应当赔偿医疗费、护理费、交通费等为治疗和康复支出的合理费用，以及因误工减少的收入。造成残疾的，还应当赔偿残疾生活辅助器具费和残疾赔偿金。造成死亡的，还应当赔偿丧葬费和死亡赔偿金。因同一侵权行为造成多人死亡的，可以以相同数额确定死亡赔偿金。

最高人民法院《关于审理人身损害赔偿案件适用法律若干问题的解释》就相关法律适用问题做出具体的司法解释。

二、铁路运输人身损害侵权赔偿办法

最高人民法院《关于审理人身损害赔偿案件适用法律若干问题的解释》按民事侵权造成人身损害的程度,分三个层面规定了人身损害的赔偿项目、确认依据和计算方法。

(一)就医误工

受害人遭受人身损害,因就医治疗支出的各项费用以及因误工减少的收入,包括医疗费、误工费、护理费、交通费、住宿费、住院伙食补助费、必要的营养费,赔偿义务人应当予以赔偿。

1. 医疗费

根据医疗机构出具的医药费、住院费等收款凭证,结合病历和诊断证明等相关证据确定。

【教学提示】　医疗费按照一审法庭辩论终结前实际发生的数额确定。必要的康复费、适当的整容费以及其他后续治疗费,可待实际发生后另行起诉。但根据医疗证明或者鉴定结论确定必然发生的费用,可以与已经发生的医疗费一并予以赔偿。

2. 误工费

根据受害人的误工时间和收入状况确定。

【教学提示】　误工时间根据受害人接受治疗的医疗机构出具的证明确定,因伤致持续误工的,可以计算至定残日前一日。受害人有固定收入的,误工费按照实际减少的收入计算;无固定收入的,凭证明按照最近三年的平均收入计算,不能举证证明的,可以参照受诉法院所在地相同或者相近行业上一年度职工的平均工资计算。

3. 护理费

根据护理人员的收入状况和护理人数、护理期限确定。

【教学提示】　护理人员人数原则上为1人,但医疗机构或者鉴定机构有明确意见的可以参照确定。护理人员有收入的,参照误工费的规定计算;护理人员没有收入或者雇佣护工的,参照当地护工从事同等级别护理的劳务报酬标准计算。

护理期限计算至受害人恢复生活自理能力时止,因残疾不能恢复的,可据其年龄、健康状况等因素确定合理的护理期限,但最长不超过20年。定残后的护理,应据其护理依赖程度并结合配制残疾辅助器具的情况确定护理级别。

4. 交通费

根据受害人及必要的陪护人员因就医或者转院治疗实际发生的费用计算。

【教学提示】　交通费应当以正式票据为凭据,并与就医地点、时间、人数、次数相符合。

5. 住院伙食补助费

可以参照当地国家机关一般工作人员的出差伙食补助标准予以确定。

【教学提示】　确有必要到外地治疗,因客观原因不能住院,受害人本人及陪护人员实际发生的住宿费和伙食费,其合理部分应予赔偿。

6. 营养费

根据伤残情况参照医疗机构的意见确定。

(二)因伤致残

受害人因伤致残的,其因增加生活上需要所支出的必要费用以及因丧失劳动能力导致的收入损失,包括残疾赔偿金、残疾辅助器具费、被扶养人生活费以及因康复护理、继续治疗实际发生的必要的康复费、护理费、后续治疗费,赔偿义务人也应当予以赔偿。

1. 残疾赔偿金

根据受害人丧失劳动能力程度或者伤残等级,按照受诉法院所在地上一年度城镇居民人均可支配收入或者农村居民人均纯收入标准,自定残之日起按 20 年计算。但 60 周岁以上的,年龄每增加 1 岁减少 1 年;75 周岁以上的,按 5 年计算。

【教学提示】 受害人因伤致残但实际收入没有减少,或者伤残等级较轻但造成职业妨害严重影响其劳动就业的,可以对残疾赔偿金作相应调整。

为进一步规范人体损伤致残程度鉴定,最高人民法院、最高人民检察院、公安部、国家安全部和司法部联合公布《人体损伤致残程度分级》,自 2017 年 1 月 1 日起正式施行。司法鉴定机构和司法鉴定人进行人体损伤致残程度鉴定统一适用《人体损伤致残程度分级》。

2. 残疾辅助器具费

按照普通适用器具的合理费用标准计算。伤情有特殊需要的,可以参照辅助器具配制机构的意见确定相应的合理费用标准。

【教学提示】 辅助器具的更换周期和赔偿期限参照配制机构的意见确定。

3. 被扶养人生活费

根据扶养人丧失劳动能力程度,按照受诉法院所在地上一年度城镇居民人均消费性支出和农村居民人均年生活消费支出标准计算。被扶养人为未成年人的,计算至 18 周岁;被扶养人无劳动能力又无其他生活来源的,计算 20 年。但 60 周岁以上的,年龄每增加 1 岁减少 1 年;75 周岁以上的,按 5 年计算。

【教学提示】 被扶养人是指受害人依法应当承担扶养义务的未成年人或者丧失劳动能力又无其他生活来源的成年近亲属。被扶养人还有其他扶养人的,赔偿义务人只赔偿受害人依法应当负担的部分。被扶养人有数人的,年赔偿总额累计不超过上一年度城镇居民人均消费性支出额或者农村居民人均年生活消费支出额。

(三)受害死亡

受害人死亡的,赔偿义务人除根据抢救治疗情况赔偿就医误工相关费用外,还应当赔偿丧葬费、被扶养人生活费、死亡补偿费以及受害人亲属办理丧葬事宜支出的交通费、住宿费和误工损失等其他合理费用。

1. 死亡赔偿金

按照受诉法院所在地上一年度城镇居民人均可支配收入或者农村居民人均纯收入标准,按 20 年计算。但 60 周岁以上的,年龄每增加 1 岁减少 1 年;75 周岁以上的,按 5 年计算。

2. 丧葬费

按照受诉法院所在地上一年度职工月平均工资标准,以 6 个月总额计算。

3. 被扶养人生活费

受害人死亡的,被扶养人生活费依照受害人因伤致残的相关计算标准确定。

【教学提示】 城镇居民人均可支配收入、农村居民人均纯收入、城镇居民人均消费性支出、农村居民人均年生活消费支出、职工平均工资,按照政府统计部门公布的各省、自治区、直辖市以及经济特区和计划单列市上一年度相关统计数据确定。上一年度,是指一审法庭辩论终结时的上一统计年度。

　　赔偿权利人举证证明其住所地或者经常居住地城镇居民人均可支配收入或者农村居民人均纯收入高于受诉法院所在地标准的,残疾赔偿金、死亡赔偿金或者被扶养人生活费可以按照其住所地或者经常居住地的相关标准计算。

　　公民以他的户籍所在地的居住地为住所,经常居住地与住所不一致的,经常居住地视为住所。公民离开住所地最后连续居住一年以上的地方,为经常居住地,但住医院治病的除外。公民由其户籍所在地迁出后至迁入另一地之前,无经常居住地的,仍以其原户籍所在地为住所。

　　超过确定的护理期限、辅助器具费给付年限或者残疾赔偿金给付年限,赔偿权利人向人民法院起诉请求继续给付护理费、辅助器具费或者残疾赔偿金的,人民法院应予受理。赔偿权利人确需继续护理、配制辅助器具,或者没有劳动能力和生活来源的,人民法院应当判令赔偿义务人继续给付相关费用 5 至 10 年。

典型工作任务 4　铁路运输民事侵权精神损害赔偿

　　铁路运输民事侵权精神损害赔偿,适用《民法典》(侵权责任编)和最高人民法院相关司法解释的规定。

一、精神损害赔偿法律依据

　　《民法典》(侵权责任编)规定,侵害自然人人身权益造成严重精神损害的,被侵权人可以请求精神损害赔偿。

　　因故意或者重大过失侵害自然人具有人身意义的特定物造成严重精神损害的,被侵权人有权请求精神损害赔偿。

　　《民法典》(合同编)规定,因当事人一方的违约行为,损害对方人格权并造成严重精神损害,受损害方选择请求其承担违约责任的,不影响受损方请求精神损害赔偿。

　　最高人民法院《关于审理人身损害赔偿案件适用法律若干问题的解释》进一步做了具体的规定:

　　因生命、健康、身体遭受侵害,赔偿权利人起诉请求赔偿义务人赔偿财产损失和精神损害的,人民法院应予受理。

　　精神损害抚慰金适用最高人民法院《关于确定民事侵权精神损害赔偿责任若干问题的解释》予以确定。

二、精神损害赔偿责任范围

　　依据最高人民法院《关于确定民事侵权精神损害赔偿责任若干问题的解释》的规定:

　　因人身权益或者具有人身意义的特定物受到侵害,自然人或者其近亲属向人民法院起诉请求精神损害赔偿的,人民法院应当依法予以受理。

　　当事人在侵权诉讼中没有提出赔偿精神损害的诉讼请求,诉讼终结后又基于同一侵权事实另行起诉请求赔偿精神损害的,人民法院不予受理。

三、精神损害赔偿办法

　　最高人民法院《关于确定民事侵权精神损害赔偿责任若干问题的解释》规定,精神损害的

赔偿数额根据以下因素确定:

1. 侵权人的过错程度,但是法律另有规定的除外。
2. 侵害的目的、方式、场合等具体情节。
3. 侵权行为所造成的后果。
4. 侵权人的获利情况。
5. 侵权人承担责任的经济能力。
6. 受理诉讼法院所在地平均生活水平。

【教学提示】 人身损害及精神损害的赔偿项目及数额,必须按法律、法规,特别是司法解释规定项目和计算方法,结合具体案情进行确定和计算。路人横越线路被调机轧伤赔偿项目的确定与计算参见【教学案例7-3】。

项目小结

铁路运输人身损害侵权责任,主要学习涉及因民事侵权造成铁路旅客和路外人员的人身损害及精神损害的法律、法规和司法解释的相关规定,重点掌握铁路运输人身损害侵权责任与精神损害赔偿的责任范围、免责条件和赔偿办法。

教学案例

【教学案例7-1】 车站运营设施不良导致赶车人员死亡。

案情简介:旅客酒后与同伴夜间来到铁路车站,准备乘车到外地进货。在站内赶往候车的过程中,由于没有照明设备,也没有任何警示标志,许云生走到一处护栏损坏的涵洞时不慎掉进5米多深的下水道,因伤势严重当晚死亡。事后死者家属起诉到铁路运输法院。

双方控辩:原告认为旅客到铁路车站乘车,车站应提供完善安全的服务设施,但由于铁路疏于管理,在车站内深达5米多的下水道涵洞上没有任何安全防护设施和警示标志,存在严重的安全隐患,直接导致了旅客的死亡,应承担相应的民事责任,请求法院判令铁路支付死亡补偿费、丧葬费共计50 820元。

被告铁路局及代理人在法庭上辩称,旅客虽然是在车站站内坠入涵洞受伤而致死亡,但不是铁路造成的。旅客未尽到一般人应尽的谨慎注意义务,而且事发前饮过酒,同行人也称其已有点醉态,其行为具有过错,应属重大过失,其死亡属自身原因造成,铁路不承担赔偿责任。

法院审判:铁路运输法院审理认为,车站站内涵洞上护栏被损坏,车站没有及时修复,也未设置相应的警示标志,疏于管理,未尽合理限度内的安全保障义务,对旅客的死亡存在过错,应承担未尽安全保障义务的侵权责任。旅客事发当晚醉酒,对自己的行为未尽到安全注意义务,从而导致损害后果的发生,具有重大过失,自身也负有责任。综上所述,旅客的死亡是因本人和铁路的混合过错造成的。

据此,判决铁路赔偿死者家属赔偿金、丧葬费等共计35 000元。

【教学案例7-2】 青年男子穿越封闭铁路线被货物列车撞击身亡。

案情简介:一青年男子在区间穿越封闭铁路线时,被高速行驶的货物列车撞击身亡。事后,受害人父母将铁路诉至铁路运输法院,认为受害人途经铁路区间线路时,不知正有列车高速驶来,以致躲避不及,被列车撞击身亡。该事发地铁路线无防护网设施,又无任何警告提示,每天有很多行人穿越该铁路线路出行,也无任何铁路工作人员制止,铁路部门在安全设施及监管上存在过错。请求法院判令铁路支付死亡赔偿金、丧葬费、精神损害抚慰金等共计 81 万元。

铁路辩称,受害人违反《铁路法》《铁路安全管理条例》的规定,擅自进入铁路区间,此次事故属于死者自身原因造成,应自负事故全部责任。

法院审判:法院经审理查明,《铁路交通事故认定书》载明:事发时受害人在区间侵入铁路界限,司机在鸣笛示警的同时采取紧急制动措施,列车在制动过程中与受害人相撞。事发地段为封闭的铁路线路,线路周边防护设施完好,铁路已经尽到了安全防护的义务。

法院认为,受害人违法进入铁路封闭区间内,与运行中列车相撞导致死亡,是造成本次事故的主要原因。虽然事发区段铁路线路为封闭式线路,被告也在事发铁路线路区段尽到了安全防护义务,但根据最高人民法院《关于审理铁路运输人身损害赔偿纠纷案件适用法律若干问题的解释》的规定,因受害人翻越、穿越、损毁、移动铁路线路两侧防护围墙、栅栏或者其他防护设施穿越铁路线路的过错行为造成人身损害,铁路运输企业已充分履行安全防护、警示等义务,应当减轻铁路运输企业的赔偿责任。

综上,判决被告赔偿原告各项损失以及精神损害抚慰金 16.2 万元,驳回原告其他诉讼请求。

【教学案例 7-3】 路人横越线路被调机轧伤赔偿项目的确定与计算。

法院审理:铁路运输法院在审理一起铁路运输人身损害赔偿案时,经查明,受害人为图方便从铁路线上穿越,事发时车站调车机车正停在铁路线上,受害人从车底部钻爬穿越时,调机启动致其双下肢被轧断,司机发现后停车施救。另查明,铁路车站地处闹市区,线路未做封闭,市民经常横穿铁路形成便道,铁路在该通道口设立了"禁止横跨铁路进入站内"的警示牌,事发后将该通道封闭。

法院审理时,委托法医临床司法鉴定所对受害人的伤情进行鉴定,结论为:构成二级伤残,双下肢高位截肢,除进食外其他活动均需他人扶助完成,属大部分护理依赖,护理期限为20 年。

法院审理认为,受害人作为完全民事行为能力人,为图方便,采取穿越铁路线并钻车底的危险行为,导致事故的发生,应负主要责任。铁路虽然在事故地设置了警示牌,事故发生后也实施了停车救助义务,但铁路未设立隔离防护设施,作业人员也没有尽到比封闭线路更加谨慎的注意义务,也未对穿越铁路并钻车的人员进行制止,未尽到应有的安全防护义务,对事故的发生存在过错,负次要责任。据此,受害人对其所受的人身损害应自行承担 60% 的责任,铁路承担 40% 的赔偿责任。

赔偿计算:法院对各项赔偿项目、赔偿数额、确认依据和计算方法的说明如下:

1. 物质损害赔偿金

(1)医疗费 24 688.86 元

受害人被送往当地医院救治,出具了医院病历、医疗费单据、出院证,8 张医疗费票据中,仅有医院住院费单据系正规发票,且费用由受害人支出,内容真实,予以采信,支出医疗费24 688.86 元;其他票据来源不清,形式不规范,不能证明系受害人此次受伤所支出的费用,不予采信。

(2)交通费 825 元

原告在当地住院,后又到外地做康复治疗,受害人所举交通费票据中,发生在住院和康复治疗两地的予以采信,其他地方的交通费票据不予采信。期间的餐费票据,无法律依据,不予采信。

（3）误工费 31 860.52 元

从受伤到定残有 2 年时间，但受害人为无业人员，不能举证收入状况，也无法参照相同或者相近行业平均工资，按照上一年度城镇居民人均可支配收入 15 930.26 元计算，误工费为 31 860.52 元。

（4）住院伙食补助费 6 210 元

受害人前后住院 207 天，参照省财政厅省内出差伙食补助标准每人每天 30 元计算，住院伙食补助费为 6 210 元；

（5）营养费 2 070 元

营养费按住院 207 天，每天 10 元，计算为 2 070 元。

（6）住院期间护理费 21 000 元

受害人受伤后生活不能自理，住院 207 天近 7 个月，雇佣 2 个人护理，每人每月工资 1 500 元，共支出护理费 21 000 元，出具的证明符合客观实际情况，予以采信。

（7）残疾赔偿金 286 744.68 元

残疾赔偿按照上一年度城镇居民人均可支配收入 15 930.26 元乘以二级伤残指数 90％再乘以 20 年计算，为 286 744.68 元。

（8）出院后护理费 448 760 元

受害人因此次事故高位截瘫，生活不能自理，出院后日常生活仍需要 1 人护理，护理费用参照省统计局发布的居民服务业和其他服务业年平均工资 22 438 元，按 20 年计算为 448 760 元。

（9）残疾辅助器具费 378 000 元

受害人住院期间，征得医院同意，到假肢公司安装了假肢，该公司出具证明，认为受害人选择装配国内普通适用假肢，共计 63 000 元。假肢产品使用年限为 4 年，每年维修费为假肢价格的 5％，假肢更换的最高期限参考受诉法院所在地人均期望寿命。

残疾辅助器具费（包括更换假肢费和维修费），根据受害人的年龄和身体状况，暂按 20 年计算，假肢安装及更换费为 63 000×（20÷4－1）＝252 000（元），维修费为 63 000×5％×20＝63 000（元），共计 315 000 元，考虑到以后的价格变动，按 1.2 系数，定为 315 000×1.2＝378 000（元）。

以上各项共计 1 200 159.06 元，铁路承担 40％的责任，应赔偿原告 480 063.60 元。

2. 精神损害抚慰金

此次事故给受害人的身心健康造成了极大的伤害，影响到其以后的就业和生活，铁路部门应给予相应的损害赔偿，原告请求赔偿精神损失费 10 万元，考虑到其自身也有过错，酌定为 40 000 元。

实训任务

任 务 单（一）

作业人员：班级＿＿＿＿　姓名＿＿＿＿　学号＿＿＿＿　成绩＿＿＿＿　评阅人＿＿＿＿

任务要求：将正确答案填写在题中空格的下划线上，加深对铁路运输人身损害侵权责任与精神损害赔偿基础知识的理解。

任务内容：

1. 铁路运输人身损害,包括铁路＿＿＿＿＿＿＿人身损害、＿＿＿＿＿＿＿人员人身损害。

2. 依据《民法典》规定,车站等公共场所的管理人,未尽到＿＿＿＿＿＿＿＿＿义务,造成他人损害的,应当承担侵权责任。

3. 沿铁路线路纵向行走,或者在铁路线路上坐卧,造成人身损害,铁路运输企业＿＿＿＿证明已充分履行＿＿＿＿＿＿＿＿、＿＿＿＿＿＿等义务的,不承担赔偿责任。

4. 铁路旅客运送期间因第三人侵权造成旅客人身损害的,由实施侵权行为的＿＿＿＿＿＿承担赔偿责任,铁路运输企业有过错的,应当在能够＿＿＿＿＿＿或者＿＿＿＿＿＿损害的范围内承担相应的＿＿＿＿＿＿＿赔偿责任。铁路运输企业承担赔偿责任后,有权向＿＿＿＿＿＿＿追偿。

5. 铁路旅客运送期间,车外第三人投掷石块等击打列车造成车内旅客人身损害,赔偿权利人要求铁路运输企业＿＿＿＿＿＿赔偿的,人民法院应当予以支持。铁路运输企业赔付后,有权向第三人追偿。

6.《民法典》规定,侵害他人造成人身损害的,应当赔偿＿＿＿＿＿费、护理费、交通费等为治疗和康复支出的合理费用,以及因＿＿＿＿＿＿减少的收入。造成残疾的,还应当赔偿残疾生活辅助具费和＿＿＿＿＿＿＿＿＿。造成死亡的,还应当赔偿丧葬费和＿＿＿＿＿＿＿＿。因同一侵权行为造成多人死亡的,可以以＿＿＿＿＿＿数额确定死亡赔偿金。

7. 残疾赔偿金、死亡赔偿金,按照受诉法院所在地上一年度城镇居民＿＿＿＿＿＿＿＿＿＿＿＿＿或者农村居民＿＿＿＿＿＿＿＿＿＿＿＿标准计算。

8. 被扶养人生活费,按照受诉法院所在地上一年度城镇居民＿＿＿＿＿＿＿＿＿＿＿＿＿＿和农村居民＿＿＿＿＿＿＿＿＿＿＿＿标准计算。

9. 受害人因伤致残,残疾赔偿金根据受害人丧失＿＿＿＿＿＿＿＿＿＿＿程度或者＿＿＿＿＿＿＿＿等级,自定残之日起按＿＿＿＿＿年计算;受害人死亡的,死亡赔偿金按＿＿＿＿＿年计算;被扶养人生活费,如被扶养人无劳动能力又无其他生活来源的,计算＿＿＿＿＿＿年。但＿＿＿＿＿周岁以上的,年龄每增加 1 岁减少＿＿＿＿＿年;＿＿＿＿＿周岁以上的,按＿＿＿＿＿年计算。

10. 依据《民法典》的规定,侵害他人人身权益,造成他人严重精神损害的,被侵权人可以请求＿＿＿＿＿＿＿＿＿赔偿。

11. 最高人民法院《关于审理人身损害赔偿案件适用法律若干问题的解释》规定,因生命、健康、＿＿＿＿＿＿遭受侵害,赔偿权利人起诉请求赔偿义务人赔偿＿＿＿＿＿＿损失和＿＿＿＿＿＿损害的,人民法院应予受理。

12. 最高人民法院《关于审理人身损害赔偿案件适用法律若干问题的解释》规定,精神损害抚慰金与按照就医误工、因伤致残或受害死亡确定的＿＿＿＿＿＿损害赔偿金,原则上应当一次性给付。

任务单 (二)

作业人员: 班级＿＿＿＿＿＿姓名＿＿＿＿＿＿学号＿＿＿＿＿成绩＿＿＿＿＿评阅人＿＿＿＿＿＿

任务要求: 将正确答案的英文字母代号填写在题中的括号内,加深对铁路运输人身损害侵权责任与精神损害赔偿理赔基本技能的掌握。

任务内容:

1. 依据最高人民法院《关于审理铁路运输人身损害赔偿纠纷案件适用法律若干问题的解

释》规定,与铁路运输企业建立劳动合同关系或者形成劳动关系的铁路职工在执行职务中发生的人身损害,依照有关调整(　　)关系的法律规定及其他相关法律规定处理。

  A. 人身   B. 人事   C. 运输   D. 劳动

  2.《民法典》规定,使用高速轨道运输工具造成他人损害的,因经营者应当承担侵权责任,但能够证明损害是因受害人(　　)造成的,不承担责任。

  A. 故意   B. 重大过失   C. 故意或重大过失 D. 过错

  3. 在山区小站候车,突然发生地震,一旅客在剧烈晃动中摔伤,确定铁路运输企业的侵权责任时应当是(　　)。

  A. 最低限度赔偿责任   B. 减轻赔偿责任

  C. 连带赔偿责任   D. 不承担赔偿责任

  4. 因家长未看管好,10 岁小学生跑到未封闭线路上玩耍,被通过的列车碾压致死,铁路承担同等责任,应在全部损害的(　　)之间承担赔偿责任。

  A. 60%～90% B. 50%～60% C. 10%～40% D. 10%～50%

  5. 一人趁门卫不注意溜进货场捡拾废铁线,货运员和装卸工觉得其可怜未加劝阻,后被正在走行的龙门吊吊起的钢管碰伤,铁路负主要责任,铁路应当在全部损失的(　　)之间承担赔偿责任。

  A. 60～90% B. 50%～60% C. 10%～40% D. 10%～50%

  6. 因伤致残持续误工的,误工时间可以计算至(　　)。

  A. 残疾资料送审日 B. 残疾评审日 C. 定残日   D. 定残日前一日

  7. 护理期限计算至受害人恢复生活自理能力时止,但最长不超过(　　)年。

  A. 1   B. 3   C. 10   D. 20

  8. 受害人死亡,被扶养人生活费按上一年度(　　)标准计算。

  A. 人均纯收入 B. 人均可支配收入 C. 生活消费支出 D. 职工平均工资

  9. 因旅客列车发生行车冲突,事故造成一名 76 岁老年旅客和携带的 1 岁小孙子不同程度受伤致残,残疾赔偿金的计算年限分别按(　　)确定。

  A. 4 年、19 年 B. 4 年、20 年 C. 5 年、19 年 D. 5 年、20 年

  10. 受害人死亡的,丧葬费按照受诉法院所在地上一年度职工月平均工资标准,以(　　)个月总额计算。

  A. 1   B. 3   C. 6   D. 12

  11. 旅客乘坐列车时,发现每一个车厢的广告窗里,都装有一广告公司为旅游景区制作和代理广告的招贴画,上面印有其在该景区旅游时拍摄的以景点为背景的面部照片,遂要求广告公司承担精神损害赔偿。法院调查到广告公司已收取了旅游景区 10 万元的广告费,并据此酌情确定相应的精神损害抚慰金,是根据以下(　　)因素确定。

  A. 侵害的场合   B. 侵权行为所造成的后果

  C. 侵权人承担责任的经济能力 D. 侵权人的获利情况

任 务 单(三)

  作业人员:班级_____姓名_____学号_____成绩_____评阅人_____

  任务要求:在题号前的括号内,正确√,错误×,增强对办理铁路运输人身损害侵权责任与

精神损害赔偿问题的判断能力。

任务内容：

（ ）1. 铁路运输中旅客发生人身损害只能要求铁路运输企业承担违约赔偿责任。

（ ）2. 铁路运输中旅客发生人身损害不能要求铁路运输企业承担侵权赔偿责任。

（ ）3. 自然人因生命、健康、身体遭受侵害，发生人身损害，可以要求赔偿财产损失和精神损害。

（ ）4. 铁路已充分履行安全防护、警示等义务，路人偷乘货车，途中坠车受伤，铁路不承担赔偿责任。

（ ）5. 铁路已充分履行安全防护、警示等义务，线路旁居民因失意翻越防护网卧轨自杀，铁路不承担赔偿责任。

（ ）6. 旅客从未关门的铁路职工通勤口进入车站，想越过线路到乘车站台时被列车撞伤，可减轻铁路的赔偿责任。

（ ）7. 路边小孩嬉戏打闹，将玻璃珠子砸向正常行驶的列车，坐在车窗旁旅客被砸伤，铁路无任何过错不承担任何责任。

（ ）8. 根据医疗证明或者鉴定结论确定必然发生的续治疗费，可以与已经发生的医疗费一并予以赔偿。

（ ）9. 受害人转院治疗发生的交通费应当赔偿，但同行陪护人员的交通费不在赔偿之列。

（ ）10. 一城镇居民外出旅游，因旅客列车脱轨受伤死亡，死亡赔偿金按照受诉法院所在地上一年度城镇居民人均纯收入标准计算。

（ ）11. 一农村村民外出打工，在旅客列车被坠落的吊扇砸伤致残，残疾赔偿金按照受诉法院所在地上一年度农村居民人均可支配收入标准计算。

（ ）12. 被扶养人为未成年人的，被扶养人生活费计算至18周岁。

（ ）13. 因侵权致人精神损害，造成严重后果的，人民法院可以根据受害人一方的请求判令其赔偿相应的精神损害抚慰金。

（ ）14. 请求赔偿精神损害抚慰金的，不得同时请求法院判令对方赔礼道歉。

任 务 单（四）

作业人员：班级_____姓名_____学号_____成绩_____评阅人_____

任务要求：结合法律、法规和司法解释的具体条文规定进行案例分析，将正确答案填写在题下的空白处，增强对铁路运输人身损害侵权责任与精神损害赔偿问题的分析和解决能力。

任务内容：

1. 贸易公司销售人员准备乘坐列车到外地参加展销会，购买车票后，到候车室等候上车。候车时被座位上方旋落的吊扇砸成重伤，该旅客向铁路索赔时遭到拒绝。铁路工作人员认为，该旅客虽然购买了车票，但未经检票进站，旅客运输合同并未生效，因此铁路不用承担赔偿责任。试分析铁路工作人员的观点是否符合法律规定。试判断铁路工作人员的观点是否符合法律规定，指出依据的法律条文规定并结合上述案情具体分析。

2. 一老年旅客检票进站后,在通往乘车站台的天桥上,被身后蜂拥而下的旅客挤倒在台阶遭踩踏受伤。老年旅客认为,铁路对应其摔伤承担侵权赔偿责任,而铁路工作人员认为铁路并没有实施侵害行为,应找挤倒踩踏的人索赔。试判断双方的观点是否符合法律规定,指出依据的法律条文规定并结合上述案情具体分析。

3. 一村民在封闭的铁路线上被通过的货物列车撞死。受害人家属认为,该村民是被列车撞死的,铁路按规定要承担赔偿责任;而铁路认为已充分尽到了安全防护、警示的义务,不承担赔偿责任。

事后,铁路公安进行现场勘查笔录,对列车机车驾驶人员作询问,当司机发现线路道心上有人时,立即多次鸣笛警示警告并采取紧急制动措施停车,在列车停车过程中撞上受害人,现场勘查时周围做农活的人证实听到了鸣笛声和刹车时车轮与钢轨的尖锐的摩擦声。公安在受害人居住的村庄作调查笔录,村民反映受害人曾在村头小卖部拦车想去村子北边的集镇赶集,没有拦到车就说要走近路去,便攀登翻越铁路防护网。列车行车记录仪视频记载显示,受害人是沿着铁路线由南往北走。地区铁路监督管理局事故调查组对事故现场调查取证,并做出铁路交通事故认定书,证实铁路线路两侧的铁路护网完好无缺,处于全封闭状态。

试判断双方的观点是否符合法律规定,指出依据的法律条文规定并结合上述案情具体分析。

项目 8

铁路运输民事纠纷处理

项目描述

铁路运输过程中,难免发生货物、行李损失和旅客人身损害,必须学会运用法律处理合同违约和侵权赔偿纠纷。铁路运输民事纠纷处理,主要的学习内容是铁路运输中民事纠纷的协商、调解、仲裁与诉讼的解决方式。

教学目标

(1)知识目标

了解民事纠纷协商、调解、仲裁与诉讼的方法,理解铁路运输法院的民事诉讼管辖范围和民事审判程序,重点掌握第一审程序和索赔时效。

(2)能力目标

学会运用民事诉讼的具体法律规定,正确处理铁路运输合同纠纷与索赔,按照审判程序参与和办理铁路运输民事诉讼。

(3)素质目标

注重发挥人际沟通技巧和社会交流艺术在民事纠纷协商、调解中的作用,按照法律的规定公平、公正地处理铁路货物、行李损失和旅客、路外人身损害纠纷。

教学条件

实训室模拟法庭,庭审教学案例,角色扮演辩论,多媒体设备及课件,铁路客货运法规汇编。

教学建议

教学重点是民事诉讼第一审程序、索赔时效。教学难点是证据、依法判决。建议采用模拟法庭辩论、角色扮演教学、案例教学、多媒体教学,并通过项目实训任务单的单项练习、综合练习及案例分析,培养依法处理铁路运输民事纠纷的能力。

工作任务

典型工作任务1　铁路运输民事纠纷与协商解决

一、铁路运输民事纠纷

(一)民事纠纷

民事纠纷是指民事法律关系主体之间因民事权利义务而产生的争议。根据民事纠纷特点和内容,可将民事纠纷分为两大类:

1. 财产关系民事纠纷

财产关系民事纠纷,包括财产所有关系的民事纠纷和财产流转关系的民事纠纷。

2. 人身关系民事纠纷

人身关系民事纠纷,包括人格权关系的民事纠纷和身份关系的民事纠纷。

(二)铁路运输主要民事纠纷

铁路运输民事纠纷,主要是货物、行李和旅客运输合同违约产生的财产关系民事纠纷以及旅客和路外人身损害侵权引起的人格权关系民事纠纷。

二、铁路运输民事纠纷处理方式

(一)民事纠纷处理方式

民事纠纷可以通过协商、调解、仲裁的方式得到解决,还可以依照民事诉讼程序加以解决。

(二)铁路运输民事纠纷主要处理方式

铁路运输民事纠纷主要通过协商的方式解决。实践中,铁路运输民事纠纷大部分采用协商的方式解决,如协商不成,也通过司法调解的方式解决,乃至通过诉讼的方式加以解决。

【教学提示】　在民事活动中,各民事法律关系主体因处于不同的地位,有着不同的利益,以及受各种客观因素的影响,不可避免地会发生大量的利益矛盾,产生民事纠纷,尤其在经济交往和协作中,因合同产生的纠纷,更是占有主要地位。民事纠纷若不能得到妥善解决,不仅会损害当事人合法的民事权益,而且可能波及第三人,甚至影响社会的安定。因此,必须重视民事纠纷的解决,建立相应的处理民事纠纷的制度。

三、铁路运输民事纠纷协商解决

(一)民事纠纷协商解决

民事纠纷的协商解决,也称和解,是指双方当事人自愿就已发生的民事纠纷,依照法律规定或约定进行协商,并达成协议自行解决的一种民事纠纷处理方式。

(二)协商解决的法律效力

协商达成的协议不具有强制执行的效力,但可以成为原合同或协议的补充部分。协商达成协议后,当事人一方拒不执行,另一方不可以申请强制执行,但可以追究相应的违约责任。

(三)铁路运输民事纠纷协商解决的途径

铁路运输民事纠纷协商解决,主要是通过召开事故分析会的途径协商解决。

铁路运输发生货物、行李损失或旅客、路外人身损害,通常由铁路运输企业,包括负责事故处理的铁路局集团公司和相关的铁路局集团公司乃至国铁集团,托运人、收货人、旅客、路外人员或其相关人,保险公司及其他相关单位,必要时请铁路公安机关、事故鉴定单位及有关专家参与,召开事故处理分析会,共同协商,划清责任,达成事故处理意见或协议,签署会议纪要或事故处理协议书,通过协商的方式解决铁路运输民事纠纷。

【教学提示】 通过协商解决民事纠纷,不必经过第三人,既可避免事态扩大,又可以节约时间、精力和费用,同时也有利于双方当事人解决矛盾,继续保持协作与合作关系。需要注意的是,通过自行协商解决民事纠纷时,当事人必须遵守法律、法规的规定,不得损害国家利益和社会公共利益以及第三人的利益。

典型工作任务2 铁路运输民事纠纷调解

一、民事纠纷调解

民事纠纷调解,是指通过双方当事人以外的第三人居中调停,促使双方当事人依照法律规定或约定进行协商,自愿达成解决协议的一种民事纠纷处理方式。

合法和自愿,是所有调解都必须遵守的原则。

【教学提示】 调解这一解决民事纠纷的方式,被广泛运用。如行政主管机关对所属行业民事纠纷的调解;仲裁机关和人民法院在处理民事纠纷时也要着重调解,只有在不愿调解或调解无效后,才依法进行仲裁或者司法判决、裁决。

二、民事纠纷调解形式

民事纠纷的调解,按其性质主要可以分为三种形式:

(一)法院调解

法院调解,也称司法调解或诉讼调解,是指在人民法院的主持下所进行的调解。

法院调解是民事诉讼法规定的一项重要的诉讼制度。人民法院审理民事案件,应当根据自愿和合法的原则进行调解,调解达成协议,人民法院应当制作调解书或记入笔录,由双方当事人、审判人员、书记员签名或者盖章后,即具有法律效力。

【教学提示】 法院调解,必须征询原被告双方是否愿意调解,有一方不愿调解,或调解不成的,应当及时判决。

司法实践表明,人民法院受理的民事纠纷案件,有相当的比例是经调解结案的。司法调解建立在双方愿意的基础上,较之判决更具柔性,有利于促成双方当事人和解,彻底化解矛盾。调解结案,也有利于提高司法效率,节约司法资源,增强司法透明度。

(二)仲裁调解

仲裁调解,是指在仲裁机构的主持下进行的调解。

仲裁调解是仲裁法规定的一项仲裁制度。仲裁庭在做出裁决前,可以先行调解。当事人自愿调解的,仲裁庭应当调解。调解达成协议的,仲裁庭应当制作调解书或者根据协议的结果制作裁决书。调解书与裁决书具有同等法律效力。调解不成的,应当及时做出裁决。

(三)行政调解

行政调解,是指在行政主管机关主持下进行的调解。

行政调解是国家行政机关的一项职责。国家行政机关对属于职权管辖范围内的平等主体之间的民事纠纷进行调解,也必须以国家法律、法规及政策为依据,以双方当事人自愿为基础。行政调解所达成的协议,不具有强制执行的法律效力。

【教学提示】 行政机关的职能主要集中在行政管理与行政执法,但法律还规定国家行政机关负责调解特定的民事纠纷。例如:

(1)国家合同管理机关的调解。国家规定的合同管理机关,是国家市场监督管理总局和地方各级市场监督管理局,发生合同纠纷,可以向工商行政管理机关申请调解。

(2)公安治安管理机关的调解。治安管理处罚法规定,对于因民间纠纷引起的打架斗殴或者损毁他人财物等违反治安管理的行为,情节轻微的,公安机关可以调解处理。

(3)公安交通管理机关的调解。道路交通安全法和道路交通事故处理办法规定,公安机关处理交通事故,应当在查明交通事故原因、认定交通事故责任、确定交通事故造成的损失情况后,召集当事人和有关人员对损害赔偿进行调解。

三、铁路运输民事纠纷调解形式

依据《铁路交通事故应急救援和调查处理条例》的规定,事故当事人对事故损害赔偿有争议的,可以通过协商解决,或者请求组织事故调查组的机关或铁路管理机构组织调解,也可以直接向人民法院提起民事诉讼。

【教学提示】 铁路机车车辆在运行过程中与行人、机动车、非机动车、牲畜及其他障碍物相撞,或者铁路机车车辆发生冲突、脱轨、火灾、爆炸等影响铁路正常行车的铁路交通事故的调查处理,特别重大事故由国务院或者国务院授权的部门组织事故调查组进行调查,国务院授权的部门主要是国家安全生产监督管理总局;重大事故由国务院铁路主管部门组织事故调查组进行调查,国务院铁路主管部门主要是交通运输部国家铁路局;较大事故和一般事故由事故发生地铁路管理机构组织事故调查组进行调查,国务院铁路主管部门认为必要时,可以组织事故调查组对较大事故和一般事故进行调查,地区铁路管理机构主要是指国家铁路局下属的负责监督管理地区铁路运输安全的沈阳、上海、广州、成都、武汉、西安、兰州铁路监督管理局和北京铁路监察处。

典型工作任务3 铁路运输民事纠纷仲裁

一、民事仲裁及其适用范围

(一)民事仲裁

民事仲裁,是指民事纠纷的当事人按事先或事后达成的书面协议,自愿将有关争议提交仲裁机构,仲裁机构依法对争议做出判断和裁决,以解决争议的一种民事纠纷处理方式。

仲裁裁决具有法律效力,当事人必须履行,否则另一方当事人有权申请法院强制执行。

仲裁是处理民事纠纷的一项法律制度,最主要的法律依据是《仲裁法》和最高人民法院《关于适用〈中华人民共和国仲裁法〉若干问题的解释》。

(二)民事仲裁的适用范围

依据《仲裁法》的规定,平等主体的公民、法人和其他组织之间发生的合同纠纷和其他财产权益纠纷,可以仲裁。下列纠纷不能仲裁:

1. 婚姻、收养、监护、扶养、继承纠纷。
2. 依法应当由行政机关处理的行政争议。

二、民事仲裁的特征

(一)仲裁须当事人自愿

民事仲裁是以双方当事人自愿要求仲裁为前提,当事人一方或双方不同意提交仲裁,无仲裁协议,仲裁机构无权对此进行仲裁。

【教学提示】　当事人双方自愿仲裁的意思表示,既可以表现在双方所签订的合同或协议中的仲裁条款,也可以表现在纠纷发生后达成的有关仲裁协议。有无仲裁协议,是仲裁机构决定是否受理当事人仲裁申请的重要依据之一。

(二)仲裁是特定第三人的行为

仲裁与协商相同之处在于仲裁是双方当事人以外的第三人的行为,与调解的不同之处在于第三人是双方当事人约定的、符合仲裁法规定的仲裁机构。

(三)仲裁的裁决具有法律强制性

仲裁与协商、调解的不同之处还在于协商、调解达成的协议不具有法律强制性,而仲裁的裁决具有法律强制性。

【教学提示】　仲裁机构的裁决具有法律效力,对双方当事人都有法律约束力,当事人应当履行裁决。一方当事人不履行的,另一方当事人可以依照《民事诉讼法》的有关规定向人民法院申请执行。除非该仲裁裁决不符合法定条件并被人民法院撤销或者裁定不予执行,否则接受申请的人民法院应当执行。

(四)仲裁具有灵活性和便利性

当事人有权协议约定仲裁机构和选择仲裁员,因此仲裁裁决可以更大程度地赢得当事人的信任。除当事人协议公开的,仲裁不公开进行,以保护当事人的信息和商业秘密。

三、民事仲裁的原则

仲裁机构受理、审理、裁决纠纷时应遵循以下原则:

(一)当事人自愿

自愿,是仲裁制度贯彻的最基本的原则。在仲裁中,自愿原则的主要含义是充分尊重当事人的约定。

【教学提示】　仲裁充分尊重当事人的约定,主要体现在:是否采取仲裁的方式解决彼此间的纠纷,选择哪一个仲裁机构进行仲裁,是否采取独任仲裁庭;在仲裁进行过程中,当事人可以自行和解,达成和解协议的,可以请求仲裁庭根据和解协议做出裁决书,也可以撤回仲裁申请;当事人达成和解协议,撤回仲裁申请后反悔的,可以根据仲裁协议申请仲裁;在仲裁庭做出裁决前,当事人自愿调解的,仲裁庭应当调解。

(二)独立仲裁

仲裁机构在处理纠纷时,依法独立进行仲裁,不受行政机关、社会团体和个人的干涉。

【教学提示】　仲裁不实行级别管辖和地域管辖,独立于行政机关,与行政机关没有隶属关系,各仲裁委员会相互间也无隶属关系,各自独立地对纠纷进行仲裁,而且超脱于双方当事人,与任何一方当事人均无利害关系,不受任何一方的不当影响,严格依照法律和事实独立地对纠纷进行审理,做出公正的裁决,以保护当事人的正当权益。

(三)一裁终局制

仲裁实行一裁终局的制度。裁决做出后,当事人就同一纠纷再申请仲裁或者向人民法院起诉的,仲裁委员会或者人民法院不予受理。

只有裁决被人民法院依法裁定撤销或者不予执行的,当事人就该纠纷可以根据双方重新达成的仲裁协议申请仲裁,也可以向人民法院起诉。

【教学提示】 一裁终局是仲裁的重要原则。仲裁法规定一裁终局,不仅赋予了仲裁裁决的有效性和权威性,同时也为快捷地处理当事人间的纠纷提供了保证。

四、仲裁协议

仲裁协议是指当事人在合同中订立的仲裁条款和以其他书面方式在纠纷发生前或者纠纷发生后达成的请求仲裁的协议。其他书面形式的仲裁协议,包括以合同书、信件和数据电文(含电报、电传、传真、电子数据交换和电子邮件)等形式达成的请求仲裁的协议。

(一)仲裁协议的主要内容

1. 请求仲裁的意思表示。

2. 仲裁事项。

3. 选定的仲裁委员会。

(二)无效仲裁协议

仲裁协议是当事人向仲裁委员会申请仲裁的客观依据。仲裁协议对仲裁事项或者仲裁委员会没有约定或者约定不明确的,当事人可以补充协议;达不成补充协议的,仲裁协议无效。

仲裁协议无效的主要情形有:

1. 约定的仲裁事项超出法律规定的仲裁范围。

2. 无民事行为能力或者限制民事行为能力的人订立的仲裁协议。

3. 一方采取胁迫手段,迫使对方订立仲裁协议。

(三)仲裁协议的效力

1. 独立效力

仲裁协议独立存在,合同的变更、解除、终止或者无效,不影响仲裁协议的效力,仲裁庭有权确认合同的效力。

2. 持有异议

当事人对仲裁协议的效力有异议的,应当在仲裁庭首次开庭前提出,可以请求仲裁委员会做出决定或者请求人民法院做出裁定,一方请求仲裁委员会做出决定,另一方请求人民法院做出裁定的,由人民法院裁定。

五、仲裁委员会

仲裁委员会是依法行使法律赋予的仲裁权的仲裁机构。仲裁委员会可以在直辖市和省、自治区人民政府所在地的市设立,也可以根据需要在其他设区的市设立,不按行政区划层层设立。

【教学提示】 设立仲裁委员会,应当经省、自治区、直辖市的司法行政部门登记。仲裁委员会应当具备以下四个条件:(1)名称、住所和章程;(2)必要的财产;(3)该委员会的组成人员;(4)聘任的仲裁员。仲裁委员会由主任1人、副主任2~4人和委员7~11人组成。仲裁委员会的组成人员中,法律、经济、贸易专家不得少于三分之二。

六、仲裁程序

仲裁程序是仲裁案件自开始至终止过程中,仲裁委员会和当事人所应当遵照的仲裁的步骤和方法。

仲裁程序主要经过申请和受理、仲裁庭的组成、开庭和裁决三个阶段。

(一)申请和受理

1. 申请

申请是指当事人向仲裁委员会依照法律和仲裁协议将争议提请仲裁。当事人申请仲裁应当符合下列条件:

(1)有仲裁协议。

(2)有具体的仲裁请求和事实、理由。

(3)属于仲裁委员会的受理范围。

当事人申请仲裁,应当向仲裁委员会递交仲裁协议、仲裁申请书及副本。

当事人申请仲裁后,可以自行和解。达成和解协议的,当事人可以请求仲裁庭根据和解协议做出裁决书,也可以撤回仲裁申请。当事人达成和解协议,撤回仲裁申请后反悔的,可以根据仲裁协议申请仲裁。

2. 受理

受理,是指仲裁委员会依法接受对纠纷的审理。仲裁委员会收到仲裁申请书之日起 5 d 内,认为符合受理条件的,应当受理,并通知当事人;认为不符合受理条件的,应当书面通知当事人不予受理,并说明理由。

仲裁委员会受理仲裁申请后,应当在仲裁规则规定的期限内将仲裁规则和仲裁员名册送达申请人,并将仲裁申请书副本和仲裁规则、仲裁员名册送达被申请人。

当事人提出仲裁员回避申请,应当说明理由,在首次开庭前提出。回避事由在首次开庭后知道的,可以在最后一次开庭终结前提出。

(二)仲裁庭的组成

仲裁委员会受理仲裁申请后,应依法组成仲裁庭。仲裁庭可以由三名仲裁员或者一名仲裁员组成。由三名仲裁员组成的,设首席仲裁员。仲裁庭组成后,仲裁委员会应当将仲裁庭的组成情况书面通知当事人。

【教学提示】 当事人约定由三名仲裁员组成仲裁庭的,应当各自选定或者各自委托仲裁委员会主任指定一名仲裁员,第三名仲裁员由当事人共同选定或者共同委托仲裁委员会主任指定。第三名仲裁员是首席仲裁员;当事人约定由一名仲裁员成立仲裁庭的,应当由当事人共同选定或者共同委托仲裁委员会主任指定仲裁员。当事人没有在仲裁规则规定的期限内约定仲裁庭的组成方式或者选定仲裁员的,由仲裁委员会主任指定。

(三)开庭和裁决

1. 开庭通知

在开庭审理以前,仲裁委员会应当在仲裁规则规定的期限内将开庭日期通知双方当事人。

经书面通知后,申请人无正当理由不到庭或者未经仲裁庭许可中途退庭的,可以视为撤回仲裁申请;被申请人无正当理由不到庭或者未经仲裁庭许可中途退庭的,可以缺席裁决。

2. 开庭审理

开庭审理,是指仲裁庭按照法定的程序,对案件进行有步骤有计划地审理。仲裁应当开庭进行。当事人协议不开庭的,仲裁庭可以根据仲裁申请书、答辩书以及其他材料做出裁决。

仲裁不公开进行。当事人协议公开的,可以公开进行,但涉及国家秘密的除外。

3. 举证质证

当事人应当对自己的主张提供证据。仲裁庭认为有必要收集的证据,可以自行收集。

仲裁庭对专门性问题认为需要鉴定的,可以交由当事人约定的鉴定部门鉴定,也可由仲裁庭指定的鉴定部门鉴定。根据当事人的请求或者仲裁庭的要求,鉴定部门应当派鉴定人参加开庭。

证据应当在开庭时出示,当事人可以质证。当事人经仲裁庭许可,可以向鉴定人提问。

4. 证据保全

在证据可能灭失或者以后难以取得的情况下,当事人可以申请证据保全。当事人申请证据保全的,仲裁委员会应当将当事人的申请提交证据所在地的基层人民法院。

5. 辩论陈述

在仲裁过程中,双方当事人有权进行辩论。辩论终结时,首席仲裁员或者独任仲裁员应当征询当事人的最后意见,当事人可作最后陈述。

6. 仲裁调解

仲裁庭在做出裁决前,可以先行调解。当事人自愿调解的,仲裁庭应当调解。调解不成的,应当及时做出裁决。

7. 仲裁裁决

仲裁裁决应当按多数仲裁员的意见做出,少数仲裁员的不同意见可以记入笔录。仲裁庭不能形成多数意见时,裁决应当按照首席仲裁员的意见做出。裁决书自做出之日起发生法律效力。

【教学提示】　调解与裁决相结合,是仲裁制度的特色。调解达成协议的,仲裁庭应当制作调解书或者根据协议的结果制作裁决书,调解书与裁决书具有同等的法律效力。调解书经双方当事人签收后,即发生法律效力。调解达不成协议的或者在调解书签收前当事人反悔的,仲裁庭应当及时做出裁决。

七、仲裁的执行

(一)裁决的履行与执行

当事人应当履行仲裁裁决。一方当事人不履行的,另一方当事人可以依照《民事诉讼法》的有关规定向人民法院申请执行。接受申请的人民法院应当执行。

(二)依裁定不予执行

被申请人提出证据证明仲裁裁决有《民事诉讼法》规定的下列情形之一的,经人民法院组成合议庭审查核实,裁定不予执行:

1. 当事人在合同中没有订立仲裁条款或者事后没有达成书面仲裁协议。

2. 裁决的事项不属于仲裁协议的范围或者仲裁机构无权仲裁。

3. 仲裁庭的组成或者仲裁的程序违反法定程序。

4. 认定事实的主要证据不足。

5. 适用法律确有错误。

6. 仲裁员在仲裁该案时有贪污受贿、徇私舞弊、枉法裁决行为。

人民法院认定执行裁决违背社会公共利益的,裁定不予执行。

(三)中止、恢复或终结执行

一方当事人申请执行裁决,另一方当事人申请撤销裁决的,人民法院应当裁定中止执行。撤销裁决的申请被裁定驳回的,人民法院应当裁定恢复执行。人民法院裁定撤销裁决的,应当裁定终结执行。

（四）申请执行的期限

申请执行的期限为 2 年，从裁决书规定履行期间的最后一日起计算；法律文书规定分期履行的，从规定的每次履行期间的最后一日起计算；法律文书未规定履行期间的，从法律文书生效之日起计算。

【教学提示】　最高人民法院《关于适用〈中华人民共和国仲裁法〉若干问题的解释》规定，当事人向人民法院申请确认仲裁协议效力的案件，由仲裁协议约定的仲裁机构所在地的中级人民法院管辖；仲裁协议约定的仲裁机构不明确的，由仲裁协议签订地或者被申请人住所地的中级人民法院管辖。当事人在仲裁庭首次开庭前没有对仲裁协议的效力提出异议，而后向人民法院申请确认仲裁协议无效的，人民法院不予受理。

八、铁路运输民事纠纷仲裁

铁路运输民事纠纷，当事人也可以通过约定采用仲裁的方式加以解决。依据《铁路法》的规定：发生铁路运输合同争议的，铁路运输企业和托运人、收货人或者旅客可以通过调解解决；不愿意调解解决或者调解不成的，可以依据合同中的仲裁条款或者事后达成的书面仲裁协议，向国家规定的仲裁机构申请仲裁。

当事人一方在规定的期限内不履行仲裁机构的仲裁决定的，另一方可以申请人民法院强制执行。当事人没有在合同中订立仲裁条款，事后又没有达成书面仲裁协议的，可以向人民法院起诉。

典型工作任务4　铁路运输民事纠纷诉讼

一、民事诉讼

民事诉讼，是指公民之间、法人之间、非法人组织之间以及相互之间因财产关系和人身关系发生民事纠纷向法院提起诉讼，经法院立案受理，在双方当事人和其他诉讼参与人的参加下，经法院审理和解决争议的的一种民事纠纷处理方式。

民事诉讼，最主要的法律依据是《民事诉讼法》以及最高人民法院《关于适用〈中华人民共和国民事诉讼法〉的解释》。

【教学提示】　民事诉讼，除法院、原告（上诉人）、被告（被上诉人）主要的三方外，还可能有辅助人员，如代理人、辩护人、证人、鉴定人、翻译人员参与，共同完成或协助完成诉讼活动。

二、民事诉讼管辖

民事诉讼管辖，是指各级人民法院之间和不同地区的人民法院之间受理第一审民事案件的分工、权限、地域和范围。民事诉讼管辖主要有以下几种划分：

（一）级别管辖

级别管辖是根据案件的性质、影响的范围，划分上下级人民法院之间审理第一审民事案件的分工和权限。

【教学提示】　最高人民法院管辖在全国有重大影响的案件以及认为应由本院审理的案件。高级人民法院管辖在本辖区有重大影响的案件。中级人民法院管辖的第一审案件，包括重大涉外案件、在本辖区有重大影响的案件、最高人民法院确定由其管辖的案件。基层人民法院管辖除依法由上级法院管辖的第一审案件外其他的第一审案件。

（二）地域管辖

地域管辖是指划分同级人民法院之间受理第一审民事案件的权限和分工。分为一般地域管辖和特殊地域管辖。

1. 一般地域管辖

一般地域管辖，是指依据《民事诉讼法》的规定，民事诉讼案件一般应由被告所在地人民法院管辖。

【教学提示】　被告为公民的，住所地为其户口所在地，住所地与经常居住地不一致时，由经常居住地法院管辖。被告为法人或非法人组织的，住所地为主要办事机构所在地。

2. 特殊地域管辖

特殊地域管辖，是指依据《民事诉讼法》的规定，以诉讼标的或当事人所在地来确定管辖法院。

（三）协议管辖

协议管辖，是指合同双方当事人可以在书面合同中协议选择被告住所地、合同履行地、合同签订地、原告住所地、标的物所在地人民法院管辖，但不能违反级别管辖和专属管辖的规定。

（四）移送管辖和指定管辖

移送管辖，是指没有管辖权的人民法院将已受理的案件移送给有管辖权的人民法院受理，接受移送的法院不可以再自行移送。

指定管辖，是指有管辖权的人民法院由于特殊原因，不能行使管辖权的，由上级法院指定管辖。两个以上法院因管辖权发生争议，由双方共同的上级法院指定管辖的法院。

此外，上级人民法院有权审理下级法院管辖的第一审案件，也可把本院管辖的第一审案件交由下级法院审理。下级法院对其管辖的第一审案件，认为需要由上级法院审理的，可报请上级法院审理。

（五）专属管辖

1. 以诉讼标的的所在地来确定管辖法院

适用专属管辖的情形有两种：因不动产纠纷提起的诉讼，由不动产所在地人民法院管辖；因港口作业中发生纠纷提起的诉讼，由港口所在地人民法院管辖。

2. 专门法院民事审判庭的设置及收案范围

作为专门法院的铁路运输法院和海事法院分别受理行业或法定管辖范围内的民事纠纷案件。

三、铁路运输专门法院的设置

铁路运输设置专门法院，在每个铁路局集团公司管内重要的铁路地区设立铁路运输法院，在每个铁路局集团公司设立铁路运输中级法院，上级法院为所在地的省、自治区、直辖市高级人民法院。

铁路运输法院、铁路运输中级法院设有民事审判庭，负责审理铁路运输有关的铁路运输合同纠纷和铁路运输人身损害侵权纠纷等民事案件。

四、铁路运输民事诉讼管辖

（一）专属管辖

最高人民法院《关于铁路运输法院案件管辖范围的若干规定》对铁路运输法院、铁路运输中级法院的民事诉讼管辖范围做了明确规定。

1. 铁路运输法院专属管辖范围

下列涉及铁路运输、铁路安全、铁路财产的民事诉讼第一审案件,由铁路运输法院管辖:

(1)铁路旅客和行李运输合同纠纷。

(2)铁路货物运输合同和铁路货物运输保险合同纠纷。

(3)国际铁路联运合同和铁路运输企业作为经营人的多式联运合同纠纷。

(4)代办托运、包装整理、仓储保管、接取送达等铁路运输延伸服务合同纠纷。

(5)铁路运输企业在装卸作业、线路维修等方面发生的委外劳务、承包等合同纠纷。

(6)与铁路及其附属设施的建设施工有关的合同纠纷。

(7)铁路设备、设施的采购、安装、加工承揽、维护、服务等合同纠纷。

(8)铁路行车事故及其他铁路运营事故造成的人身、财产损害赔偿纠纷。

(9)违反铁路安全保护法律、法规,造成铁路线路、机车车辆、安全保障设施及其他财产损害的侵权纠纷。

(10)因铁路建设及铁路运输引起的环境污染侵权纠纷。

(11)对铁路运输企业财产权属发生争议的纠纷。

2. 铁路运输中级法院专属管辖范围

铁路运输法院就上述所列一审案件做出的判决、裁定,当事人提起上诉的二审案件,由相应的铁路运输中级法院受理。

3. 高级人民法院指定管辖

省、自治区、直辖市高级人民法院可以指定辖区内的铁路运输法院受理其他第一审民事案件,并指定该铁路运输基层法院驻在地的中级人民法院或铁路运输中级法院受理对此提起上诉的案件。此类案件发生管辖权争议的,由该高级人民法院指定管辖。

省、自治区、直辖市高级人民法院可以指定辖区内的铁路运输中级法院受理对其驻在地基层人民法院一审民事判决、裁定提起上诉的案件。

省、自治区、直辖市高级人民法院对本院及下级人民法院的执行案件,认为需要指定执行的,可以指定辖区内的铁路运输法院执行。

各高级人民法院指定铁路运输法院受理案件的范围,报最高人民法院批准后实施。

(二)地域管辖

依据《民事诉讼法》以及最高人民法院《关于适用〈中华人民共和国民事诉讼法〉的解释》和《关于审理铁路运输人身损害赔偿纠纷案件适用法律若干问题的解释》的规定:

1. 合同违约责任

(1)运输合同

因铁路运输和联合运输合同提出的诉讼,由运输始发地、目的地或被告住所地人民法院管辖。

铁路运输人身损害,赔偿权利人依照合同法要求承运人承担违约责任予以人身损害赔偿的,由运输始发地、目的地或者被告住所地铁路运输法院管辖。

(2)保险合同

因保险合同纠纷提起的诉讼,由被告住所地或保险标的物所在地人民法院管辖。

因财产保险合同纠纷提起的诉讼,如果保险标的物是运输中的货物,可以由运输目的地、保险事故发生地人民法院管辖。

因人身保险合同纠纷提起的诉讼，可以由被保险人住所地人民法院管辖。

2. 民事侵权责任

因侵权行为提起的诉讼，由侵权行为地或者被告住所地人民法院管辖。侵权行为地，包括侵权行为实施地、侵权结果发生地。

因铁路事故请求损害赔偿提起的诉讼，由事故发生地、车辆最先到达地或者被告住所地人民法院管辖。

铁路运输人身损害，赔偿权利人要求对方当事人承担侵权责任的，由事故发生地、列车最先到达地或者被告住所地铁路运输法院管辖。

五、民事审判程序

民事审判制度，实行两审终审制。

民事审判程序，是指人民法院审理民事纠纷案件的步骤和方法。基层人民法院及其派出的法庭，审理简单的民事案件，可采用简易程序。民事审判普通程序，主要有以下各步骤工作：

（一）第一审程序

人民法院审判第一审民事纠纷案件所适用的普通程序包括以下几个阶段：

1. 起诉和受理

（1）起诉条件

起诉必须符合以下条件：原告是与本案有直接利害关系的公民、法人和非法人组织；有明确的被告；有具体的诉讼请求和事实根据；属于人民法院受理范围和受诉人民法院管辖。

（2）递交起诉状

原告起诉，应向人民法院递交起诉状，并按被告人数提交起诉状副本。

（3）起诉状记明事项

起诉状应当记明下列事项：原告的姓名、性别、年龄、民族、职业、工作单位、住所、联系方式，法人或者非法人组织的名称、住所和法定代表人或者主要负责人的姓名、职务、联系方式；被告的姓名、性别、工作单位、住所等信息，法人或者非法人组织的名称、住所等信息；诉讼请求和所根据的事实与理由；证据和证据来源，证人姓名和住所。

（4）受理

人民法院收到起诉状后经审查，符合起诉条件的，应在 7 d 内立案并通知当事人；不符合起诉条件的，应当在 7 d 内做出裁定书，不予受理；原告对裁定不服的，可以提起上诉。

2. 审理前准备

人民法院受理案件后，在开庭审理前，可以通过组织证据交换、进行调解、召集庭前会议等方式，做好审理前的准备。

（1）诉状副本发送被告

人民法院应当在立案之日起 5 d 内将起诉状副本发送被告。

（2）被告提出答辩状

被告应在收到起诉状副本之日起 15 d 内提出答辩状，被告不提出答辩状的，不影响人民法院审理。

（3）答辩状副本发送原告

人民法院应当在收到答辩状之日起 5 d 内将答辩状副本发送原告。

(4)收集有关证据

审判人员必须认真审核诉讼材料,调查收集必要的证据。必要时可以委托外地人民法院调查。

(5)征求当事人意见

人民法院应当根据当事人的诉讼请求、答辩意见以及证据交换的情况,归纳争议焦点,并就归纳的争议焦点征求当事人的意见。

(6)庭前调解

当事人起诉到人民法院的民事纠纷,适宜调解的,先行调解,但当事人拒绝调解的除外。

调解必须双方自愿,调解达成协议,人民法院应当制作调解书。调解书经双方当事人签收后即具有法律效力。调解未达成协议,或者调解书送达前一方翻悔的,人民法院应当及时判决。

(7)组成合议庭

审理第一审民事案件,由审判员、陪审员共同组成合议庭或者由审判员组成合议庭。合议庭的成员人数,必须是单数。合议庭组成人员确定后,应当在 3 d 内告知当事人。

3. 开庭审理

(1)开庭通知

人民法院审理民事案件,应当在开庭 3 d 前通知当事人和其他诉讼参与人。公开审理的,应当公告当事人姓名、案由和开庭的时间、地点。

(2)告知和询问

开庭审理时,由审判长核对当事人,宣布案由,宣布审判人员、书记员名单,告知当事人有关的诉讼权利义务,询问当事人是否提出回避申请。

(3)法庭调查

法庭调查按照下列顺序进行:当事人陈述;告知证人的权利义务,证人作证,宣读未到庭的证人证言;出示书证、物证、视听资料和电子数据;宣读鉴定意见;宣读勘验笔录。

(4)法庭辩论

法庭辩论按照下列顺序进行:原告及其诉讼代理人发言;被告及其诉讼代理人答辩;第三人及其诉讼代理人发言或者答辩;互相辩论。

(5)征询最后意见

法庭辩论终结,由审判长按照原告、被告、第三人的先后顺序征询各方最后意见。

(6)判决前调解

判决前能够调解的,还可以进行调解,调解不成的,应当及时判决。

4. 合议庭评议

合议庭评议案件,实行少数服从多数的原则。评议应当制作笔录,由合议庭成员签名。评议中的不同意见,必须如实记入笔录。

5. 判决和裁定

(1)判决

人民法院对公开审理或者不公开审理的案件,一律公开宣告判决。

当庭宣判的,应当在 10 d 内发送判决书;定期宣判的,宣判后立即发给判决书。

宣告判决时,必须告知当事人上诉权利、上诉期限和上诉的法院。

(2)判决书

判决书应当写明判决结果和做出该判决的理由。判决书内容包括:案由、诉讼请求、争议的事实和理由;判决认定的事实和理由、适用的法律和理由;判决结果和诉讼费用的负担;上诉期间和上诉的法院。

(3)裁定

裁定适用于下列范围:不予受理;对管辖权有异议的;驳回起诉;保全和先予执行;准许或者不准许撤诉;中止或者终结诉讼;补正判决书中的笔误;中止或者终结执行;撤销或者不予执行仲裁裁决;不予执行公证机关赋予强制执行效力的债权文书;其他需要裁定解决的事项。

上列可以上诉的是:不予受理;对管辖权有异议的;驳回起诉。

(4)裁定书

裁定书应当写明裁定结果和做出该裁定的理由。口头裁定的,记入笔录。

(5)上诉期间

当事人不服地方人民法院第一审判决或裁定的,有权在判决书送达之日起 15 d 内,或在裁定书送达之日起 10 d 内,向上一级人民法院提起上诉。

(6)判决、裁定生效

最高人民法院的判决、裁定以及依法不准上诉或者超过上诉期没有上诉的判决、裁定,是发生法律效力的判决、裁定。

【教学提示】 最高人民法院《关于民事诉讼证据的若干规定》中,对法庭调查中质证的顺序做了调整。质证按下列顺序进行:(1)原告出示证据,被告、第三人与原告进行质证。(2)被告出示证据,原告、第三人与被告进行质证。(3)第三人出示证据,原告、被告与第三人进行质证。人民法院依照当事人申请调查收集的证据,作为提出申请的一方当事人提供的证据。人民法院依照职权调查收集的证据应当在庭审时出示,听取当事人意见,并可就调查收集该证据的情况予以说明。

民事诉讼第一审普通程序,是最为典型的诉讼程序。依据《民事诉讼法》的规定,基层人民法院及其派出的法庭审理事实清楚、权利义务关系明确、争议不大的简单的民事案件,可以适用简易程序。诉讼程序,必须严格按《民事诉讼法》以及最高人民法院《关于适用〈中华人民共和国民事诉讼法〉的解释》的规定进行,以确保司法程序公正。

(二)第二审程序

第二审程序是指当事人不服地方各级人民法院第一审未生效的判决、裁定,向上一级人民法院提起上诉,上一级人民法院对案件进行再次审理所适用的程序。

第二审人民法院审理上诉案件,除特别规定外,适用第一审普通程序。

1. 提起上诉

(1)提出上诉状

上诉应当递交上诉状。上诉状应当通过原审人民法院提出,并按照对方当事人或者代表人的人数提出副本。当事人直接向第二审人民法院上诉的,第二审人民法院应当在 5 d 内将上诉状移交原审人民法院。

(2)上诉内容

上诉状的内容,应当包括当事人的姓名,法人的名称及其法定代表人的姓名或者非法人组织的名称及其主要负责人的姓名;原审人民法院名称、案件的编号和案由;上诉的请求和理由。

2. 原审法院工作

(1)上诉状副本送达对方当事人

原审人民法院收到上诉状,应当在 5 d 内将上诉状副本送达对方当事人。对方当事人包括被上诉人和原审其他当事人。

（2）对方当事人提出答辩状

对方当事人在收到上诉状副本之日起 15 d 内提出答辩状，交原审人民法院接收。对方当事人不提出答辩状的，不影响人民法院审理。

（3）答辩状副本送达上诉人

原审人民法院应当在收到答辩状之日起 5 d 内将副本送达上诉人。

（4）报送二审法院

原审人民法院收到上诉状、答辩状，应当在 5 d 内连同全部案卷和证据，报送第二审人民法院。

3. 二审前准备

第二审人民法院应当对上诉请求的有关事实和适用法律进行审查。

4. 二审调解

第二审人民法院审理上诉案件，可以进行调解。调解达成协议，应当制作调解书。调解书送达后，原审人民法院的判决即视为撤销。

5. 开庭审理

第二审人民法院对上诉案件，应当组成合议庭，开庭审理。

经过阅卷、调查和询问当事人，对没有提出新的事实、证据或者理由，合议庭认为不需要开庭审理的，可以不开庭审理。

6. 上诉案件处理

第二审人民法院对上诉案件，经过审理，按照下列情形，分别处理：

（1）原判决、裁定认定事实清楚，适用法律正确的，以判决、裁定方式驳回上诉，维持原判决、裁定。

（2）原判决、裁定认定事实错误，或者适用法律错误的，以判决、裁定方式依法改判、撤销或者变更。

（3）原判决认定基本事实不清的，裁定撤销原判决，发回原审人民法院重审，或者查清事实后改判。

（4）原判决遗漏当事人或者违法缺席判决等严重违反法定程序的，裁定撤销原判决，发回原审人民法院重审。

7. 终审判决、裁定

原审人民法院对发回重审的案件做出判决后，当事人提起上诉的，第二审人民法院不得再次发回重审。第二审人民法院对不服第一审人民法院裁定的上诉案件的处理，一律使用裁定。

第二审人民法院的判决、裁定，是终审的判决、裁定。

（三）审判监督程序

民事审判监督程序，是指对已经发生法律效力的判决、裁定、调解书，经当事人申请，或人民检察院提出抗诉或检察建议，或人民法院发现确有错误，对案件进行再审或提审的程序。

1. 当事人申请再审

当事人对已经发生法律效力的判决、裁定，认为有错误的，可以向上一级人民法院申请再审，特殊情况也可以向原审人民法院申请再审。当事人申请再审，应当在判决、裁定发生法律效力后 6 个月内提出。当事人申请再审的，不停止判决、裁定的执行。

当事人的申请符合下列情形之一的，人民法院应当再审：

(1)有新的证据,足以推翻原判决、裁定的。

(2)原判决、裁定认定的基本事实缺乏证据证明的。

(3)原判决、裁定认定事实的主要证据是伪造的。

(4)原判决、裁定认定事实的主要证据未经质证的。

(5)对审理案件需要的主要证据,当事人因客观原因不能自行收集,书面申请人民法院调查收集,人民法院未调查收集的。

(6)原判决、裁定适用法律确有错误的。

(7)审判组织的组成不合法或者依法应当回避的审判人员没有回避的。

(8)无诉讼行为能力人未经法定代理人代为诉讼或者应当参加诉讼的当事人,因不能归责于本人或者其诉讼代理人的事由,未参加诉讼的。

(9)违反法律规定,剥夺当事人辩论权利的。

(10)未经传票传唤,缺席判决的。

(11)原判决、裁定遗漏或者超出诉讼请求的。

(12)据以做出原判决、裁定的法律文书被撤销或者变更的。

(13)审判人员审理该案件时有贪污受贿,徇私舞弊,枉法裁判行为的。

当事人对已经发生法律效力的调解书,提出证据证明调解违反自愿原则或者调解协议的内容违反法律的,可以申请再审。经人民法院审查属实的,应当再审。

2. 人民检察院提出抗诉或检察建议

最高人民检察院对各级人民法院、上级人民检察院对下级人民法院或者地方各级人民检察院对同级人民法院已经发生法律效力的判决、裁定,发现有上述规定情形之一的,或者发现调解书损害国家利益、社会公共利益的,最高人民检察院、上级人民检察院应当提出抗诉,地方各级人民检察院可以向同级人民法院提出检察建议,并报上级人民检察院备案,也可以提请上级人民检察院向同级人民法院提出抗诉。

3. 人民法院再审或提审

各级人民法院院长对本院已经发生法律效力的判决、裁定、调解书,发现确有错误,认为需要再审的,应当提交审判委员会讨论决定。

最高人民法院对地方各级人民法院已经发生法律效力的判决、裁定、调解书,上级人民法院对下级人民法院已经发生法律效力的判决、裁定、调解书,发现确有错误的,有权提审或者指令下级人民法院再审。

4. 再审材料

当事人申请再审的,应当提交再审申请书等材料。人民法院应当自收到再审申请书之日起 5 d 内将再审申请书副本发送对方当事人。

对方当事人应当自收到再审申请书副本之日起 15 d 内提交书面意见;不提交书面意见的,不影响人民法院审查。

人民法院可以要求申请人和对方当事人补充有关材料,询问有关事项。

人民检察院决定对人民法院的判决、裁定、调解书提出抗诉的,应当制作抗诉书。

5. 再审条件审查与裁定

人民法院应当自收到再审申请书之日起 3 个月内审查,符合再审规定的,裁定再审;不符合再审规定的,裁定驳回申请。有特殊情况需要延长的,由本院院长批准。

按照审判监督程序决定再审的案件,裁定中止原判决、裁定、调解书的执行。

6. 再审案件审理

人民法院审理再审案件,应当另行组成合议庭。人民法院按照审判监督程序,对发生法律效力的判决、裁定进行再审的案件,按下列程序审判:

(1)第一审法院做出的,按照第一审程序审理,所做的判决、裁定,当事人可以上诉。

(2)第二审法院做出的,按照第二审程序审理,所做的判决、裁定,是发生法律效力的判决、裁定。

(3)上级人民法院按照审判监督程序提审的,按照第二审程序审理,所做的判决、裁定是发生法律效力的判决、裁定。

人民检察院提出抗诉的案件,人民法院再审时,应当通知人民检察院派员出席法庭。

(四)执行程序

执行是民事审判工作的最后一道程序,也是民事诉讼程序的一个重要阶段,对保证人民法院判决、裁定的执行,维护法律的尊严,有着重要意义。

1. 申请执行

发生法律效力的民事判决、裁定,一方当事人拒绝履行或者未全部履行的,对方当事人应在法定期限内向有管辖权的人民法院申请执行。

2. 申请执行期间

申请执行的期间为 2 年。从法律文书规定履行期间的最后一日起计算;法律文书规定分期履行的,从规定的每次履行期间的最后一日起计算;法律文书未规定履行期间的,从法律文书生效之日起计算。

3. 执行法院

发生法律效力的民事判决、裁定以及刑事判决、裁定中的财产部分,由第一审人民法院或者与第一审人民法院同级的被执行的财产所在地人民法院执行。

4. 执行措施

被执行人未按执行通知履行法律文书确定的义务,人民法院有权采取的执行措施主要有:

(1)被执行人拒绝报告或者虚假报告财产情况的,根据情节轻重予以罚款、拘留。

(2)查封、扣押、冻结、划拨、变价、拍卖、变卖被执行人的应当履行义务部分的财产。

(3)扣留、提取被执行人应当履行义务部分的收入。

(4)采取或者通知有关单位协助采取限制出境。

(5)在诚信系统记录、通过媒体公布不履行义务信息。

六、民事诉讼证据

民事诉讼中,证据对认定事实、公正审理和裁判结果具有重要作用。人民法院在诉讼过程中,应当向当事人说明举证的要求及法律后果。人民法院审理案件应当以证据能够证明的案件事实为依据,依法做出裁判。

(一)证据种类

证据包括:当事人的陈述;书证;物证;视听资料;电子数据;证人证言;鉴定意见;勘验笔录。证据必须查证属实,才能作为认定事实的根据。

1. 当事人陈述

当事人应当就案件事实作真实而完整地陈述。当事人拒绝陈述的,不影响人民法院根据证据认定案件事实。

人民法院对当事人的陈述,应当结合本案的其他证据,审查确定能否作为认定事实的根据。

【教学提示】 当事人可以申请人民法院通知有专门知识的人出庭,代表当事人对鉴定意见进行质证,或者对案件事实所涉及的专业问题提出意见。具有专门知识的人在法庭上就专业问题提出的意见,视为当事人的陈述。

2. 书证

书证应当提交原件。提交原件确有困难的,可以提交复制品、照片、副本、节录本。提交外文书证,必须附有中文译本。

人民法院应当结合其他证据和案件具体情况,审查判断书证复制品等能否作为认定案件事实的根据。

【教学提示】 提交书证原件确有困难,包括下列情形:(1)书证原件遗失、灭失或者毁损的;(2)原件在对方当事人控制之下,经合法通知提交而拒不提交的;(3)原件在他人控制之下,而其有权不提交的;(4)原件因篇幅或者体积过大而不便提交的;(5)承担举证证明责任的当事人通过申请人民法院调查收集或者其他方式无法获得书证原件的。

3. 物证

物证应当提交原物。提交原物确有困难的,可以提交复制品、照片。人民法院可以通过勘验或者鉴定等方法,审查判断物证的真实性和证明力。

【教学提示】 人民法院认为有必要的,可以根据当事人的申请或者依职权对物证进行勘验。人民法院可以要求鉴定人参与勘验。必要时,可以要求鉴定人在勘验中进行鉴定。

4. 视听资料

视听资料包括影像资料和录音资料。人民法院对视听资料,应当辨别真伪,并结合本案的其他证据,审查确定能否作为认定事实的根据。

5. 电子数据

电子数据是指通过电子邮件、电子数据交换、网上聊天记录、博客、微博、手机短信、电子签名、域名等形成或者存储在电子介质中的信息。

存储在电子介质中的影像资料和录音资料,适用电子数据的规定。

6. 证人证言

(1)证人

当事人申请证人出庭作证的,应当在举证期限届满前提出。人民法院可以依职权通知证人出庭作证。未经人民法院通知,证人不得出庭作证,但双方当事人同意并经人民法院准许的除外。

经人民法院通知,证人应当出庭作证。人民法院在证人出庭作证前应当告知其如实作证的义务以及作伪证的法律后果,并责令其签署保证书。

(2)证言

证人因特殊情况不能出庭,经人民法院许可,可以通过书面证言、视听传输技术或者视听资料等方式作证。

【教学提示】 不能出庭的特殊情况包括:(1)健康原因;(2)路途遥远,交通不便;(3)自然灾害等不可抗力;(4)其他正当理由。

7. 鉴定意见

(1)当事人申请鉴定

当事人申请鉴定,可以在举证期限届满前提出。申请鉴定的事项与待证事实无关联,或者对证明待证事实无意义的,人民法院不予准许。

人民法院准许当事人鉴定申请的,应当组织双方当事人协商确定具备相应资格的鉴定人。当事人协商不成的,由人民法院指定。

（2）法院依职权委托鉴定

符合依职权调查收集证据条件的,人民法院应当依职权委托鉴定,在询问当事人的意见后,指定具备相应资格的鉴定人。

（3）鉴定人提出书面鉴定意见

鉴定人有权了解进行鉴定所需要的案件材料,必要时可以询问当事人、证人。鉴定人应当提出书面鉴定意见,在鉴定书上签名或者盖章。

（4）鉴定人出庭作证

当事人对鉴定意见有异议或者人民法院认为鉴定人有必要出庭的,鉴定人应当出庭作证。经人民法院通知,鉴定人拒不出庭作证的,鉴定意见不得作为认定事实的根据。

8. 勘验笔录

人民法院认为有必要的,可以根据当事人的申请或者依职权对物证或者现场进行勘验。勘验人应当将勘验情况和结果制作笔录,由勘验人、当事人和被邀参加人签名或者盖章。

（二）举证证明责任

1. 一般规定

当事人对自己提出的诉讼请求所依据的事实或者反驳对方诉讼请求所依据的事实,应当提供证据加以证明,但法律另有规定的除外。

2. 责任分配

人民法院应当依照下列原则确定举证证明责任的承担,但法律另有规定的除外:

（1）主张法律关系存在的当事人,应当对产生该法律关系的基本事实承担举证证明责任。

（2）主张法律关系变更、消灭或者权利受到妨害的当事人,应当对该法律关系变更、消灭或者权利受到妨害的基本事实承担举证证明责任。

3. 特殊规定

法律对于举证证明责任的承担有明确规定的,人民法院应当按照法律的规定确定举证证明责任的承担。

4. 举证不能的不利后果

在做出判决前,当事人未能提供证据或者证据不足以证明其事实主张的,由负有举证证明责任的当事人承担不利的后果。

【教学提示】　一般规定即通常说的谁主张谁举证,特殊规定通常是指举证反置或举证倒置,责任分配是对指定情形的举证责任作原则性的分配,确定举证证明责任的承担。

法律及司法解释对铁路运输企业举证证明责任做了特殊规定,及采用通常说的举证反置或举证倒置。例如《民法典》规定,承运人对运输过程中货物的毁损、灭失承担赔偿责任,但承运人证明货物的毁损、灭失是因不可抗力、货物本身的自然属性或者合理损耗以及托运人、收货人的过错造成的,不承担损害赔偿责任。又如最高人民法院司法解释规定,铁路运输中发生人身损害,只有少部分情形,铁路运输企业举证证明已充分履行安全防护、警示等义务的,不承担赔偿责任。

（三）免于举证证明

1. 当事人自认无需举证证明

一方当事人在法庭审理中,或者在起诉状、答辩状、代理词等书面材料中,对于己不利的事实明确表示承认的,另一方当事人无需举证证明。

对于涉及身份关系、国家利益、社会公共利益等应当由人民法院依职权调查的事实,不适用自认的规定。

自认的事实与查明的事实不符的,人民法院不予确认。

2. 已认定的事实无须举证证明

下列事实,除有相反证据足以反驳或推翻外,当事人无须举证证明:

(1)自然规律以及定理、定律。

(2)众所周知的事实。

(3)根据法律规定推定的事实。

(4)根据已知的事实和日常生活经验法则推定出的另一事实。

(5)已为人民法院发生法律效力的裁判所确认的事实。

(6)已为仲裁机构生效裁决所确认的事实。

(7)已为有效公证文书所证明的事实。

(四)举证期限

当事人对自己提出的主张应当及时提供证据。人民法院应当在审理前的准备阶段确定当事人的举证期限。举证期限可以由当事人协商,并经人民法院准许。

人民法院确定举证期限,第一审普通程序案件不得少于 15 d,当事人提供新的证据的第二审案件不得少于 10 d。

当事人申请延长举证期限的,应当在举证期限届满前向人民法院提出书面申请。申请理由成立的,人民法院应当准许,适当延长举证期限,并通知其他当事人。延长的举证期限适用于其他当事人。

(五)法院调查取证

人民法院有权向有关单位和个人调查取证,有关单位和个人不得拒绝。人民法院调查收集证据,应当由两人以上共同进行。调查材料要由调查人、被调查人、记录人签名、捺印或者盖章。

当事人及其诉讼代理人因客观原因不能自行收集的证据,或者人民法院认为审理案件需要的证据,人民法院应当调查收集。

1. 可以申请法院调查收集证据的范围

当事人及其诉讼代理人因下列客观原因不能自行收集的证据,可以在举证期限届满前书面申请人民法院调查收集:

(1)证据由国家有关部门保存,当事人及其诉讼代理人无权查阅调取的。

(2)涉及国家秘密、商业秘密或者个人隐私的。

(3)当事人及其诉讼代理人因客观原因不能自行收集的其他证据。

2. 法院据需要依职权调查收集证据的情形

人民法院调查收集证据,应当依照当事人的申请进行,但下列情形人民法院认为审理案件需要应当调查收集:

(1)涉及可能损害国家利益、社会公共利益的。

(2)涉及身份关系的。

(3)涉及对污染环境、侵害众多消费者合法权益等损害社会公共利益的行为提起诉讼的。

(4)当事人有恶意串通损害他人合法权益可能的。

（5）涉及依职权追加当事人、中止诉讼、终结诉讼、回避等程序性事项的。

（六）证据保全

在证据可能灭失或者以后难以取得的情况下，当事人可以在举证期限届满前书面向人民法院申请保全证据，人民法院也可以主动采取保全措施。

证据保全可能对他人造成损失的，人民法院应当责令申请人提供相应的担保。

（七）质证

1. 证据应经过质证

证据应当在法庭上出示，由当事人互相质证。未经当事人质证的证据，不得作为认定案件事实的根据。

当事人在审理前的准备阶段认可的证据，经审判人员在庭审中说明后，视为质证过的证据。

涉及国家秘密、商业秘密、个人隐私或者法律规定应当保密的证据，不得公开质证。

2. 质证证据证明力

人民法院应当组织当事人围绕证据的真实性、合法性以及与待证事实的关联性进行质证，并针对证据有无证明力和证明力大小进行说明和辩论。

能够反映案件真实情况、与待证事实相关联、来源和形式符合法律规定的证据，应当作为认定案件事实的根据。

（八）逻辑推理和经验法则

最高人民法院《关于适用〈中华人民共和国民事诉讼法〉的解释》对运用逻辑推理和经验法则判断证据的证明力做了规定：

人民法院应当按照法定程序，全面、客观地审核证据，依照法律规定，运用逻辑推理和日常生活经验法则，对证据有无证明力和证明力大小进行判断，并公开判断的理由和结果。

【教学提示】　运用逻辑推理和经验法则判断证据的证明力，也称为自由心证，是指审判人员针对具体案情根据经验法则、逻辑规则和自己的理性良心自由判断，由法官由此形成内心确信，并据此确定证据的取舍及其证明力，认定案件事实。内心确信，就是内心对于案件事实形成确信，即心证程度应当达到"不允许相反事实可能存在"（刑事诉讼）或者"真实的可能性大于虚假的可能性"（民事诉讼、行政诉讼）的证明标准。老人旅客因颅内血肿抢救无效死亡赔偿纠纷案参见【教学案例 8-1】。

七、民事诉讼时效

《民法典》（总则编）对民事诉讼时效作了具体规定。

（一）诉讼时效期间

向人民法院请求保护民事权利的诉讼时效期间为 3 年，法律另有规定的依照其规定。

（二）诉讼时效起算时间

诉讼时效期间自权利人知道或者应当知道权利受到损害以及义务人之日起计算。法律另有规定的，依照其规定。但是自权利受到损害之日起超过 20 年的，人民法院不予保护，有特殊情况的，人民法院可以根据权利人的申请决定延长。

（三）诉讼时效中止与中断

在诉讼时效期间的最后 6 个月内，因不可抗力或者其他障碍不能行使请求权的，诉讼时效中止。自中止时效的原因消除之日起满 6 个月，诉讼时效期间届满。

诉讼时效因提起诉讼、申请仲裁、提出履行请求或者同意履行义务而中断。从中断时起,诉讼时效期间重新计算。

项目小结

学会运用协商、调解、仲裁和诉讼多种途径和方法解决铁路运输民事纠纷,重点学习民事诉讼第一审程序和索赔时效,掌握程序法中有关起诉、受理、判决、证据的法律规定,培养依法处理铁路运输民事纠纷的能力。

教学案例

【教学案例 8-1】 老人旅客因颅内血肿抢救无效死亡赔偿纠纷案。

案情简介:一老年旅客从外地探亲后,独自在发站乘旅客列车返回老家,列车到达到站后工作人员将已昏迷不醒的老人抬下车,并编制客运记录交到站送医院抢救,医院诊断老人因颅内血肿抢救无效死亡。事故发生后,老人的儿子要求铁路赔偿遭到拒绝,随后向铁路运输法院起诉。

原告诉求:老人的儿子认为:

(1)承运人没有尽到将旅客安全运送到目的地的义务,对其父的死亡负有不可推卸的责任。

(2)列车从发站至到站中间途经几个经停站,承运人都没有发现其父的异常情况及时送医院救治,应负未尽到救助的责任。

(3)要求铁路支付死亡赔偿金、医疗费及其他费用共计 65 585 元。

被告辩称:针对原告的诉请,被告铁路运输企业辩称:

(1)老人的死亡与铁路运输企业的运输行为没有因果关系,铁路作为承运人按通常的方式运送旅客,车上没有发生任何旅客意外伤害。

(2)老人经医院诊断,头部没有外伤痕迹,其死亡原因是颅内血肿,属于老人自身健康原因引发的死亡,铁路运输企业依法不应承担损害赔偿责任。

(3)承运人在列车到达到站后立即将老人送到医院抢救,尽到了救助旅客的义务。

(4)铁路应予免责,请求法院驳回原告的诉讼请求。

法院审理:法院经过审理,原被告双方对下列事实没有争议:

(1)老人持有效车票乘车,上车时步履艰难,由发站客运工作人员搀扶上车,列车长和列车员还特意询问原因。

(2)老人在车上昏迷,列车上没有采取抢救措施,到达到站后送医院诊断头部无外伤痕迹,经抢救无效死亡。

双方争执的焦点:老人死亡的直接原因是颅内血肿,但造成颅内血肿的原因有内外之分,有内因旅客自身高血压、脑溢血等疾病引发的可能,也有外内部直接伤害、剧烈对冲伤造成颅内血肿的可能。

(1)原告认为此案应适用举证责任倒置,应由被告承担举证责任,如果承运人不能证明老人的颅内血肿是由自身疾病造成的,就应承担举证不能的不利后果,承担损害赔偿责任。

（2）被告认为外部伤害确实不存在，承运人不可能去证明一个没有发生、实际上并不存在的行为，要证明产生颅内血肿的原因，只有根据医院的诊断书和护理记录进行法医鉴定。

法院调查：法院就此问题向专业医院做了调查咨询，医院脑外科专家认为已时过境迁，诊断记录既过简单又不规范，无法准确鉴定造成颅内血肿的原因。如何举证便成为处理此案的关键问题和疑难问题。

法庭合议：合议庭经充分讨论后认为：

（1）从原告请求被告赔偿死亡赔偿金来看，本案应认定为侵权之诉，适用举证责任倒置，然而适用举证责任倒置并不是说原告就可以不举证，原告至少应证明侵权行为（作为或不作为）的发生、损害结果的存在。

（2）从本案来看，原告提供的证据只证明了旅客死于颅内血肿的事实，并不能证明是因侵权行为（譬如打击、跌落、摔跤留下的的伤痕，车窗外突来的飞石击打等事件）造成的。因此，原告对自己提出的诉讼请求并没有证据加以证明，应承担举证不能的不利后果。

（3）从被告提供的证据来看，老人进站上车之时已行走困难，老人的头部没有外伤，列车运行正常，老人因颅内血肿死亡，依据病理学和医学调查统计表明通常情况下是因自身原因引起。根据日常生活的经验和社会实践的普通标准来进行概然性的判断，旅客死于自身疾病的可能性远远高于意外伤害的可能性。

（4）此案还有一个原告、被告没有争议的事实，被告的列车工作人员在老人上车时特意对他进行了询问，在发现原告出现危险情况后没有采取任何抢救措施，列车从发站到到站中间途经 6 个停站，如果列车工作人员尽到对重点旅客的关注义务，及时发现并采取积极的抢救措施，在前几站就编制客运记录交由当地医院进行及时治疗，老人也许就不会死亡。

（5）"承运人在运输过程中，应当尽力救助患有急病、分娩、遇险的旅客"的合同附随义务，这种违约行为就是一种不作为的侵权行为，虽然这种不作为的侵权行为与旅客的死亡结果没有必然的因果关系，但这种因果关系是一种非常可信的可能性，可以构成表见证明，而被告没有证据排除这种可能性，因此，应当承担因不作为侵权引发的损害赔偿责任。

（6）考虑到被告只是没履行合同的附随义务，老人死亡最大可能的真正原因是旅客自身的疾病造成，因此铁路承运人应对此承担一定的责任。

法院调解：审判人员向双方当事人解释了法律的规定，并公开了"心证"的结果。在法律事实清楚、双方责任分明的基础上，原告方提出愿意调解处理，而被告铁路承运人也反省了未履行合同的附随义务的责任，考虑到原告的丧亲之痛和人道主义精神，也愿意调解处理。在审判人员主持下，双方当事人达成了由被告赔付和补偿原告 25 000 元、诉讼费由原告承担的调解协议。

📖 实训任务

任 务 单（一）

作业人员：班级＿＿＿＿　姓名＿＿＿＿　学号＿＿＿＿　成绩＿＿＿＿　评阅人＿＿＿＿

任务要求：将正确答案填写在题中空格的下划线上，加深对处理铁路运输民事纠纷基础知识的理解。

任务内容:

1. 民事纠纷分为_____关系民事纠纷和_____关系民事纠纷两大类。

2. 民事纠纷调解,是指通过双方当事人以外的_____居中调停,促使双方当事人依照法律规定或约定进行协商,自愿达成解决协议的一种民事纠纷处理方式。

3. 民事纠纷的调解,必须遵守的原则是:_____和_____。

4. 民事纠纷的调解,按其性质主要可以分为三种形式:_____调解、_____调解和_____调解。

5. 仲裁最主要的法律依据是《中华人民共和国_____法》。

6. 民事诉讼,最主要的法律依据是《中华人民共和国_____法》。

7. 民事诉讼级别管辖分为:_____人民法院、_____人民法院、_____人民法院和_____人民法院管辖。

8. 铁路运输设置专门法院,在每个铁路局集团公司管内重要的铁路地区设立铁路_____法院,在每个铁路局集团公司设立铁路_____法院,上级主管法院为所在地的省、自治区、直辖市_____人民法院。

9. 民事审判工作的第一审程序为:(1)_____;(2)_____;(3)_____;(4)_____;(5)_____。

10. 人民法院应当按照法定程序,全面、客观地审核证据,依照法律规定,运用_____推理和日常生活_____法则,对证据有无证明力和证明力大小进行判断,并公开判断的理由和结果。

任务单(二)

作业人员: 班级_____姓名_____学号_____成绩_____评阅人_____

任务要求: 将正确答案的英文字母代号填写在题中的括号内,增强对处理铁路运输民事纠纷基本技能的掌握。

任务内容:

1. 财产关系民事纠纷,包括(　　)关系的民事纠纷和(　　)关系的民事纠纷。

A. 人格权　　　　B. 身份　　　　　　C. 财产所有　　　D. 财产流转

2. 人身关系民事纠纷,包括(　　)关系的民事纠纷和(　　)关系的民事纠纷。

A. 人格权　　　　B. 身份　　　　　　C. 财产所有　　　D. 财产流转

3. 铁路交通事故当事人,对事故损害赔偿有争议的,可以请求(　　)或(　　)调解。

A. 组织事故调查组的机关　　　　　　B. 铁路管理机构

C. 国铁集团　　　　　　　　　　　　D. 铁路局集团公司

4. 下列情形的纠纷中(　　)不能仲裁。

A. 收货人领取货物时为货物丢失与到站货运员争吵

B. 旅客对托运的行李损坏程度与铁路定损意见有分歧

C. 年轻父母在旅客列车上对孩子的监护权发生争夺

D. 托运人为行李运费与行李员争执不下

5. 当事人对仲裁协议的效力有异议的,一方请求仲裁委员会做出决定,另一方请求人民法院做出裁定的,由( )裁定。

    A. 仲裁委员会   B. 人民法院

    C. 仲裁委员会或人民法院   D. 仲裁委员会联合人民法院

    6. 法院的判决是当庭宣判的,应当在( )日内将判决书送达当事人;如果是定期宣判的,宣判后应立即发给判决书。

    A. 7   B. 10   C. 15   D. 30

    7. 民事诉讼的上诉期限:当事人不服地方人民法院第一审判决或裁定的,有权在判决书送达之日起( )日内,或在裁定书送达之日起( )日内,向上一级人民法院提起上诉。

    A. 7   B. 10   C. 15   D. 30

    8. 人民法院确定举证期限,第一审普通程序案件不得少于( )日,当事人提供新的证据的第二审案件不得少于( )日。

    A. 7   B. 10   C. 15   D. 30

    9. 未经当事人质证的证据,( )作为认定案件事实的根据。

    A. 可以   B. 应当   C. 准予   D. 不得

    10. 对承运中的货物发生损失,向铁路运输企业要求赔偿的时效期间为( )日。

    A. 30   B. 60   C. 180   D. 365

    11. 对旅客伤亡,向铁路企业要求赔偿的请求权,时效期间为( )年。

    A. 1   B. 2   C. 3   D. 5

    12. 对路外伤亡,向铁路运输企业要求赔偿的时效期间为( )年。

    A. 1   B. 2   C. 3   D. 5

任 务 单 (三)

作业人员:班级_____ 姓名_____ 学号_____ 成绩_____ 评阅人_____

任务要求:在题号前的括号内,正确√,错误×,增强对处理铁路运输民事纠纷问题的判断能力。

任务内容:

    ( )1. 铁路运输民事纠纷主要通过诉讼的方式解决。

    ( )2. 铁路交通事故事当事人,对事故损害赔偿有争议的,可以请铁路局集团公司调解。

    ( )3. 当事人一方不需要经过对方同意,有权提出仲裁,仲裁机构应对此进行仲裁。

    ( )4. 仲裁的裁决具有法律强制性。

    ( )5. 仲裁实行一裁终局制。

    ( )6. 当事人不服仲裁,可以就同一纠纷向人民法院起诉,人民法院应当受理。

    ( )7. 仲裁协议必须采用书面形式,电子邮件不能作为仲裁协议。

    ( )8. 双方当事人选择仲裁解决纠纷,仲裁庭不能调解,必须裁决。

    ( )9. 铁路运输民事纠纷,不能通过仲裁的方式解决。

    ( )10. 铁路货物运输保险合同纠纷,不属于铁路运输法院管辖。

    ( )11. 收货人领取货物时发现货物短少与到站发生货物运输合同纠纷,到站属于地方铁路,不属于铁路运输法院管辖。

（　　）12. 民事审判制度,实行两审终审制。

（　　）13. 第二审人民法院审理上诉案件,不能再进行调解。

（　　）14. 第二审人民法院的判决、裁定,是终审的判决、裁定。

（　　）15. 当事人发现原判决、裁定认定事实的主要证据是伪造的可以提出抗诉。

（　　）16. 铁路对发生法律效力的赔偿货物损失的判决,已赔付了一部分就不再赔偿,收货人不能向人民法院申请执行。

（　　）17. 人民法院对当事人的陈述,应当结合本案的其他证据,审查确定能否作为认定事实的根据。

（　　）18. 发生旅客列车脱轨事故时的录像、录音资料不能作为证据。

（　　）19. 旅客在铁路 12306 网站上的网上购票记录,不能作为购过票的证据。

（　　）20. 突发洪水冲毁行李,铁路可以免责,因只有山区小站职工知道,无需举证。

（　　）21. 当事人及其诉讼代理人不能自行收集的证据,都可以申请人民法院调查收集。

（　　）22. 诉讼时效期间从知道或者应当知道权利被侵害时起计算。

任 务 单 （四）

作业人员:班级＿＿＿＿＿姓名＿＿＿＿＿学号＿＿＿＿成绩＿＿＿＿评阅人＿＿＿＿＿＿

任务要求:将正确答案填写在题下的空白处,增强对铁路运输民事纠纷难点问题的分析能力和解决能力。

任务内容:

一旅客乘坐旅客列车时,被窗外飞石击中头部,血流不止,处于昏迷状态,列车工作人员做了临时处置,列车到站后送往医院救治。经诊断为重型颅脑损伤,施行了开颅血肿清除手术。住院治疗 2 个多月后,旅客与铁路双方认为伤愈可以出院,办理了出院手续,铁路负担全部住院医疗费用,并一次性付清补偿金。双方签订了旅客伤害事故最终处理协议书,并写明"以此一次性付清结案,今后互不追究责任"。此后,受害人用补偿金在家养病,未再工作。受害人先后三次出现抽搐、痉挛、口吐白沫等癫痫病症。经脑科医院诊断为外伤性癫痫。经法院法医学鉴定确认为脑外伤经治疗留有癫痫后遗症。受害人住所村委证明,受害人乘车受伤后未再发生过任何事故,家庭无癫痫病史。受害人因无力再支付医疗费用,提起诉讼要求铁路继续承担赔偿责任。铁路工作人员认为:

双方已签订旅客伤害事故最终处理协议书,并写明"以此一次性付清结案,今后互不追究责任",受害旅客不能再提起诉讼。

试判断铁路工作人员的观点是否符合法律规定,指出依据的法律条文规定并结合上述案情具体分析。

参 考 文 献

[1] 何志．侵权责任判解研究与适用[M]．北京:人民法院出版社,2009.

[2] 全国人大常委会办公厅研究室经济室．合同法释义及适用指南[M]．北京:中国民主法制出版社,1999.

[3] 郑国华．交通运输法教程[M]．2版．北京:中国铁道出版社,2009.

[4] 方仲民,赵继新．物流法律法规基础[M]．北京:机械工业出版社,2015.

[5] 彭进．铁路客运组织[M]．3版．北京:中国铁道出版社,2015.

[6] 戴实．铁路货运组织[M]．3版．北京:中国铁道出版社,2015.

[7] 陈斌．铁路旅客运输中事实旅客的界定[J]．铁道运输与经济,2005,27(6):48-49.

[8] 彭进,陈斌．铁路交通事故路外伤亡法律责任研究[J]．铁道运输与经济,2010,32(6):67-68.